T^le S

PREP@BAC

les bases

Physique-C

enseignement obligatoire
et enseignement de spécialité
programme 2002

Didier Amram
professeur certifié au lycée Rodin à Paris
Étienne Imbert
professeur certifié au lycée Rodin à Paris

HATIER

Maquette de principe : Graphismes
Mise en pages : Alpha-Édit
Schémas : Alpha-Édit
Édition : Agnès Nicol

 2-218-73912-7

SOMMAIRE

PHYSIQUE

Enseignement obligatoire

Enseignement de spécialité

CHIMIE

Enseignement obligatoire

Enseignement de spécialité

AVANT-PROPOS

C'est pour vous, élèves de Terminale S, que ce ***Prép@bac*** a été rédigé.

Conforme aux programmes applicables dès la rentrée de septembre 2002, il couvre à la fois les enseignements obligatoire et de spécialité.

Pour bien vous préparer, chaque chapitre de ce ***Prép@bac*** est conçu en trois parties :

– trois ou quatre pages de cours, claires et concises, pour vous permettre de revoir l'essentiel des connaissances exigibles ;

– quelques exercices simples pour vous donner une plus grande maîtrise et vous permettre de repérer rapidement vos éventuels points faibles ;

– un exercice d'approfondissement qui prolonge le cours et vous fera faire le pas en avant nécessaire.

Pour ceux d'entre vous désireux d'aller plus loin encore, nous signalons que ce ***Prép@bac*** intitulé **« Les bases »** est suivi d'un second ouvrage, **« Les exercices »**.

En espérant que notre travail facilitera le vôtre, nous vous souhaitons une brillante réussite au baccalauréat et des études post-bac enrichissantes.

Les auteurs

PHYSIQUE

1 Ondes mécaniques progressives

LES BASES

1 Qu'est-ce qu'une onde ?

Donnons un mouvement de va-et-vient rapide à l'une des extrémités d'une corde tendue.
Nous constatons que la perturbation ainsi créée se propage de proche en proche tout le long de cette corde.

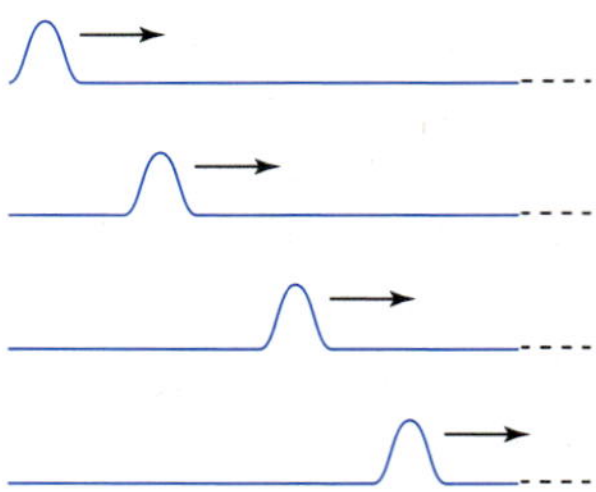

Une onde mécanique progressive se propage le long de la corde.

Refaisons la même expérience après avoir fixé un petit ruban en un point M quelconque de la corde. Nous constatons alors que le ruban vibre verticalement lorsqu'il est atteint par la perturbation puis redescend vers sa position d'équilibre lorsqu'il est dépassé par la perturbation.
Si l'ordonnée y_M du point M varie momentanément pendant le passage de l'onde, l'abscisse x_M reste constante. Contrairement à l'onde, le ruban ne se déplace pas le long de la corde.

Une onde mécanique progressive est une perturbation qui se propage de proche en proche par transfert d'énergie et sans transport de matière.

2 Ondes transversales, ondes longitudinales

Comprimons puis lâchons les premières spires d'un ressort horizontal. Comme pour la corde, une onde mécanique progressive parcourt alors toute la longueur du ressort et lorsqu'une spire est atteinte par l'onde, elle vibre quelques temps autour de sa position initiale avant de retrouver sa position initiale.

Ici encore l'abscisse finale d'un point quelconque du ressort est la même que l'abscisse initiale de ce point. De proche en proche, chacune des spires va vibrer ainsi autour de sa position d'équilibre. Ces vibrations se font dans la même direction que la propagation. De telles ondes sont dites longitudinales. Dans une corde, les vibrations se font perpendiculairement à la direction de la propagation et l'onde est dite transversale.

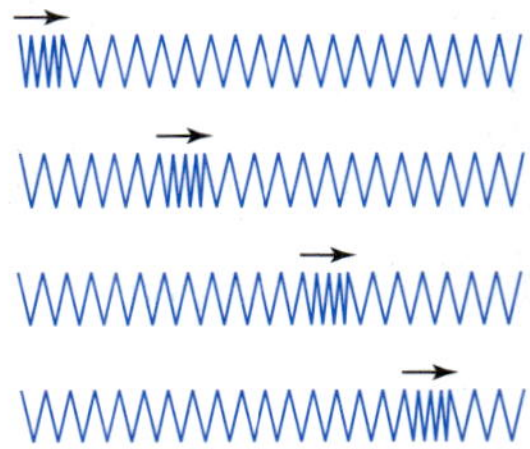

Il existe des ondes longitudinales et des ondes transversales.

3 Ondes à une, deux et trois dimensions

Une onde se propage à partir de sa source et dans toutes les dimensions qui lui sont offertes. Il existe ainsi des ondes qui ne se propagent que dans une seule des trois directions de l'espace, des ondes qui se propagent dans deux des trois directions de l'espace et des ondes qui se propagent dans les trois directions de l'espace.

- Onde mécanique dans une corde → 1 dimension
- Onde à la surface de l'eau → 2 dimensions
- Onde sonore ou ultrasonore → 3 dimensions

Il existe des ondes à une, à deux et à trois dimensions.

4 Célérité (ou vitesse) d'une onde

Pour la clarté de ce qui suit, reprenons la corde dans laquelle une onde mécanique se propage.
À une date t_1 un point M_1 d'abscisse x_1 est à l'élongation maximale. Un peu plus tard, à la date $t_2 > t_1$, c'est au tour du point M_2 d'abscisse $x_2 > x_1$.

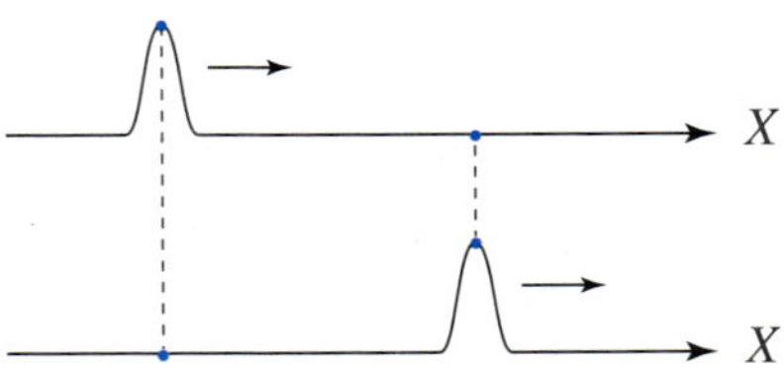

$M_1(x_1\ ;\ t_1)$ $M_2(x_2\ ;\ t_2)$

Entre les instants t_1 et t_2, c'est-à-dire pendant la durée $\Delta t = t_2 - t_1$, l'onde a eu le temps de parcourir la distance $\Delta x = x_2 - x_1$ le long de la corde.

Par définition la célérité de l'onde est :

$$v = \frac{\Delta x}{\Delta t} = \frac{x_2 - x_1}{t_2 - t_1}$$

L'expérience montre que la célérité d'une onde ne dépend que du milieu dans lequel l'onde se propage et non des caractéristiques de l'onde elle-même.

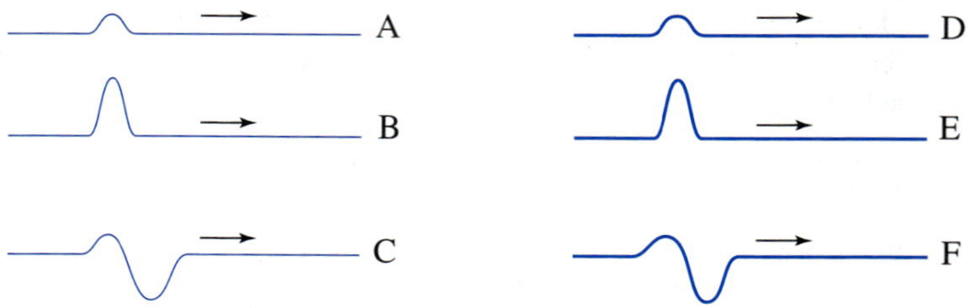

Schémas A et B : même célérité bien que l'amplitude de l'onde change.
Schémas A et C : même célérité bien que la forme de l'onde change.
Schémas A et D : amplitudes et formes identiques mais célérités différentes car les cordes sont elles aussi différentes (idem pour B et E ainsi que pour C et F).
De même pour une onde se propageant à la surface de l'eau, sa célérité ne sera fonction ni de l'amplitude ni de la forme de l'onde mais seulement des caractéristiques du milieu propagateur (profondeur, température, salinité…).
Dans l'air, le tintement d'une clochette et le vrombissement du tonnerre se déplacent tous les deux à la même célérité dans le même milieu aérien.

La célérité d'une onde dépend de son milieu de propagation et non pas de son amplitude.

APPLIQUER LES BASES

1 Une perturbation se propage dans une corde.
À la date $t_M = 0{,}15$ s le point M d'abscisse x_M se trouve à l'élongation maximale et, à la date $t_P = 0{,}35$ s, c'est au tour du point P d'abscisse x_P (schéma ci-contre).

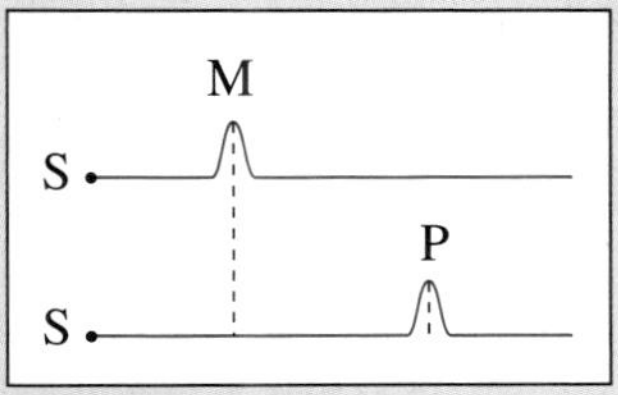

a. La distance MP est égale à 40 cm. En déduire la célérité de l'onde.

b. Calculer la largeur δx, de corde occupée par la perturbation sachant qu'il s'écoule $\delta t = 10$ ms entre l'instant où un point est atteint par l'onde et l'instant où il retrouve sa position de repos.

c. À quelle distance SM du point M se trouve le point source S ($\delta x \ll$ SM) ?

d. Représenter la corde telle qu'elle se présentait à la date $t_N = 0{,}25$ s.

2 Du haut d'un plongeoir, on laisse tomber une à une trois billes à la surface de l'eau d'une vaste piscine. La bille n° 2 entre dans l'eau 0,50 s après la bille n° 1 et elle est suivie 0,25 s plus tard par la bille n° 3.

a. Quelle est la forme géométrique de l'onde prenant naissance quand une bille entre dans l'eau ?

b. Les trois rides seront-elles à égales distances les unes des autres ?

c. La profondeur de l'eau est telle que la célérité des ondes est $v = 2{,}4 \text{ m} \cdot \text{s}^{-1}$. Représenter la surface de l'eau 1,0 s après l'impact de la bille n° 1 (échelle 1/50e demandée).

3 Un enfant émet un « clap » sonore en frappant dans ses mains alors qu'il se trouve adossé à un arbre situé à une distance $D = 80$ m d'une falaise.

a. L'écho se fait entendre 0,50 s après le clap.
Quelle est la célérité v du son dans l'air ?

b. L'enfant revient quelques heures plus tard pour « montrer » l'écho à un ami. Du même endroit, il frappe à nouveau dans ses mains. Cette fois l'écho est plus rapide puisqu'il se fait entendre seulement 0,46 s après le clap. Comment pourriez-vous expliquer cette différence de temps ?

Réponses

1 a. Entre les deux instants t_M et t_P, l'onde a progressé de la distance MP le long de la corde. Par définition, la célérité de l'onde étant égale à la distance parcourue divisée par la durée du parcours, on peut écrire :

$$\boxed{v = \frac{MP}{t_P - t_M}}$$

avec MP = 40 cm = 0,40 m et $t_P - t_M = 0{,}20$ s, on obtient facilement :

$$v = \frac{0{,}40}{0{,}20} = 2 \text{ m} \cdot \text{s}^{-1}$$

b. Quand l'onde atteint un point de la corde (1), celui-ci commence par monter (2) vers son élongation maximale (3) avant de descendre (4) vers sa position de repos (5).

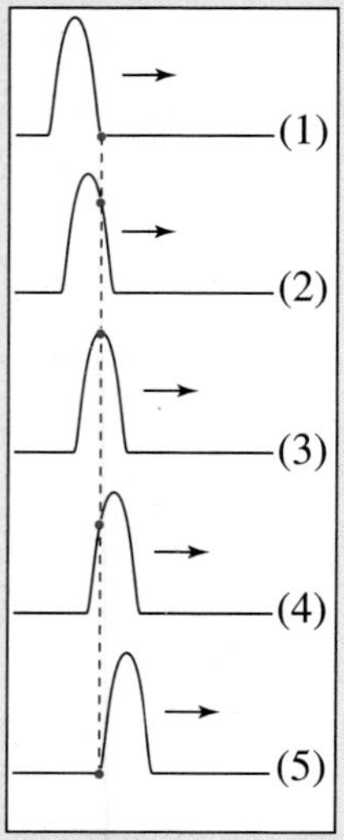

Entre temps, le front de l'onde aura avancé d'une distance égale à la largeur de la perturbation.

Ainsi donc, en un temps δt l'onde progresse à la célérité v d'une distance δx, soit :

$$\begin{aligned} \delta x &= v \times \delta t \\ &= 2 \times 10 \cdot 10^{-3} \\ &= 2 \cdot 10^{-2} \text{ m} \\ &= 2 \text{ cm} \end{aligned}$$

c. L'onde partie de S a atteint M en $t_M = 0{,}15$ s.

C'est donc que :

$$\begin{aligned} SM &= v \times t_M \\ &= 2 \times 0{,}15 \\ &= 0{,}30 \text{ m} \end{aligned}$$

d. À la date $t_N = 0{,}25$ s, l'onde a progressé de :

$$SN = v \times t_N = 2 \times 0{,}25 = 0{,}50 \text{ m}$$

La corde a donc la forme ci-dessous :

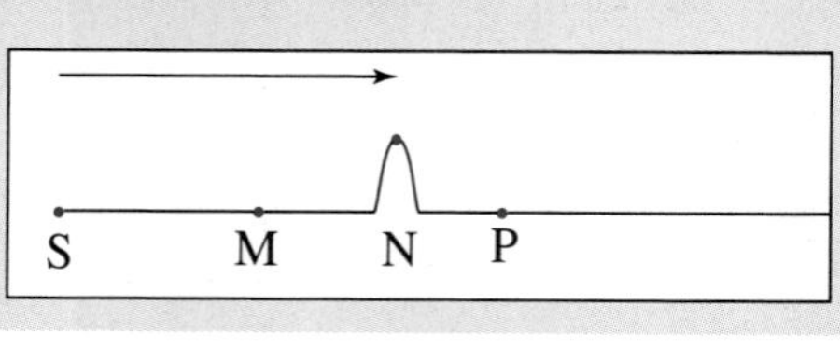

2 **a.** En frappant la surface de l'eau, la bille crée une onde. Cette onde se propage alors dans les deux dimensions du plan d'eau à des célérités égales. Géométriquement, l'onde forme alors une ride circulaire dont le rayon ne cesse de croître au fur et à mesure de la propagation.

Remarque. Plus l'onde avance sur l'eau, plus l'énergie associée à l'onde se dissipe dans le milieu de propagation, l'amplitude de l'onde diminue alors peu à peu : cet amortissement fait que l'onde finit par disparaître.

b. Les billes n'entrent pas dans l'eau à des intervalles de temps identiques.
En effet il s'écoule 0,50 s entre la naissance de l'onde associée à la bille n° 1 et celle associée à la bille n° 2 alors qu'il ne s'écoule que 0,25 s entre les ondes n° 2 et n° 3.
En conséquence, les rides ne peuvent pas être équidistantes.

c. À la date $t = 1{,}0$ s l'onde n° 1 se propage depuis 1,0 s et elle a pu parcourir une distance $d_1 = vt$ soit :

$$2{,}4 \times 1{,}0 = 2{,}4 \text{ m}$$

À cette même date, l'onde n° 2 se propage depuis 0,50 s seulement $(t - 0{,}50)$ et n'a pu parcourir que la distance $d_2 = v(t - 0{,}50)$ soit :

$$2{,}4 \times (1{,}0 - 0{,}50) = 1{,}2 \text{ m}$$

Toujours à cette même date, l'onde n° 3 ne se propage que depuis 0,25 s $(t - 0{,}50 - 0{,}25)$ et n'a parcouru que :

$$d_3 = v(t - 0{,}50 - 0{,}25) = 0{,}6 \text{ m}$$

Avec l'échelle imposée les ondes doivent être représentées par des cercles de rayons :

$$\boxed{R_n = \frac{d_n}{50}}$$

Soit donc :

$R_1 = \dfrac{2{,}4}{50} = 0{,}048$ m soit 4,8 cm ;

$R_2 = \dfrac{1{,}2}{50} = 0{,}024$ m soit 2,4 cm ;

$R_3 = \dfrac{0{,}6}{50} = 0{,}012$ m soit 1,2 cm.

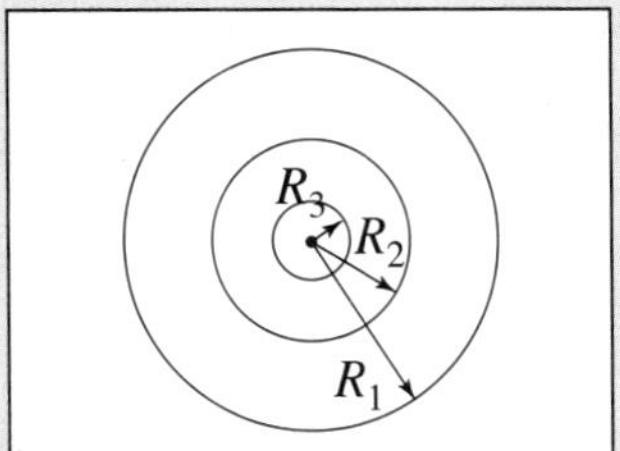

3 **a.** Avant de revenir à l'oreille de l'enfant, le signal sonore (le « clap ») devra se propager de l'enfant vers la falaise où il se réfléchira pour ensuite aller vers l'enfant.

Au total, le clap devra parcourir une distance $2D$, d'où l'on trouve :

$$\boxed{v = \frac{2D}{t}}$$

Avec $D = 80$ m et $t = 0{,}50$ s on obtient :

$$v = 320 \text{ m} \cdot \text{s}^{-1}$$

b. L'écho est plus rapide et la célérité est donc plus grande. En effet, le même calcul que le précédent donne :

$$v' = \frac{2D}{t'} \approx 348 \text{ m} \cdot \text{s}^{-1}$$

Or la célérité de l'onde dépend du milieu de propagation. Si la célérité a changé, ce n'est donc pas parce que l'enfant a tapé plus fort dans ses mains, mais bien parce que le milieu de propagation a changé.
Nous sommes amenés à penser que l'air a changé de température (qui a certainement augmenté) pendant les quelques heures qui ont séparé le second clap du premier.

PROBLÈME TYPE

Deux ondes se propagent le long d'une corde tendue.

À une date t_0, choisie comme origine des temps, les deux ondes sont distantes de $d_0 = 1$ m.

À la date $t_1 = 20$ ms, les ondes ne sont plus séparées que de $d_1 = 60$ cm (voir les schémas 1 et 2 où les carrés en pointillés ont un côté qui vaut 10 cm).

Schéma 1

Schéma 2
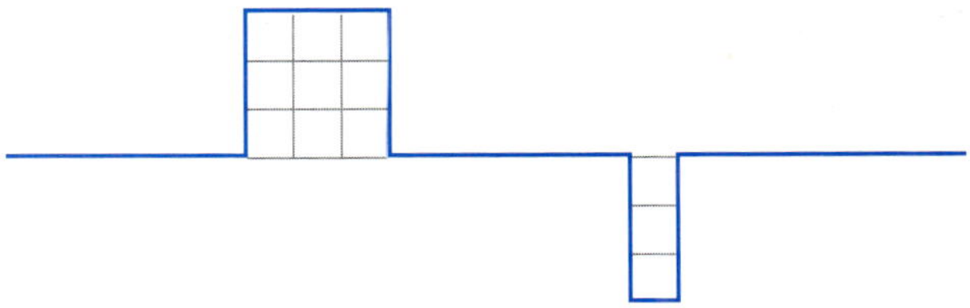

1. a. Dans quel sens chacune de ces ondes se propage-t-elle ?

b. Que vaut la célérité des ondes le long de cette corde ?

c. Pendant combien de temps ces ondes perturbent-elles les points de la corde ?

d. À quelle date t_2 correspond le schéma 3 ?

Schéma 3
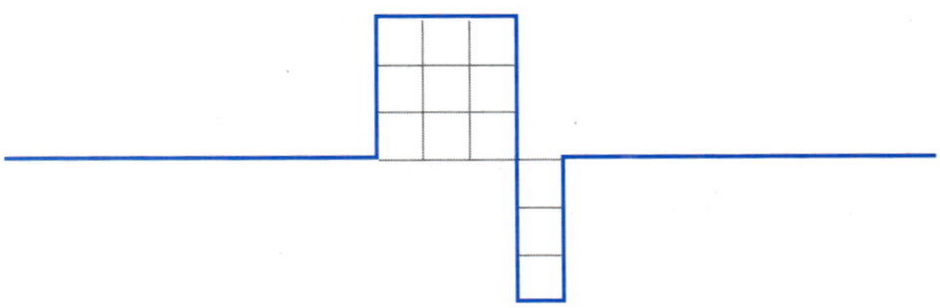

2. Deux ondes qui se déplacent en sens inverse se croisent sans se détruire les élongations ne faisant que s'ajouter algébriquement l'une à l'autre.

a. Montrer qu'à la date $t_3 = 60$ ms, la corde a bien l'allure ci-contre.

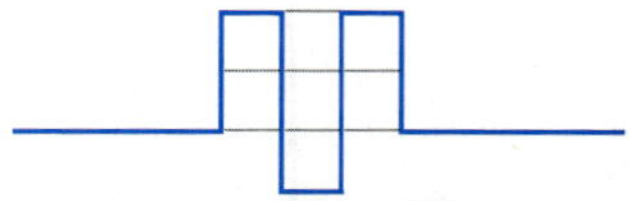

b. Représenter la corde aux dates $t_4 = 65$ ms, $t_5 = 70$ ms et $t_6 = 80$ ms.

3. Les deux ondes du schéma ci-dessous occupent chacune la même longueur de corde.

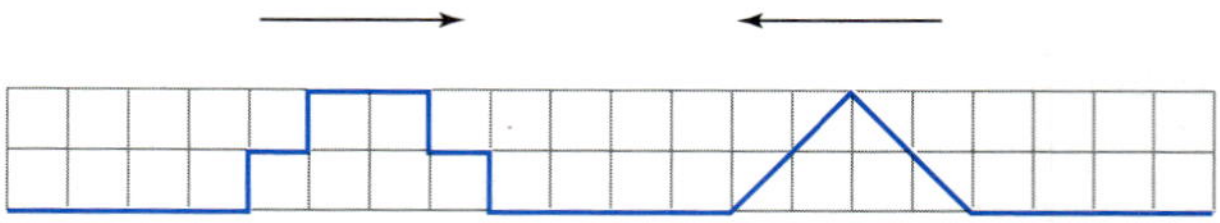

Quelle sera la forme de la corde lorsque les deux ondes seront au même endroit ?

Solution

1. a. Entre t_0 et t_1 l'onde de gauche a avancé vers la droite et l'onde de droite vers la gauche.

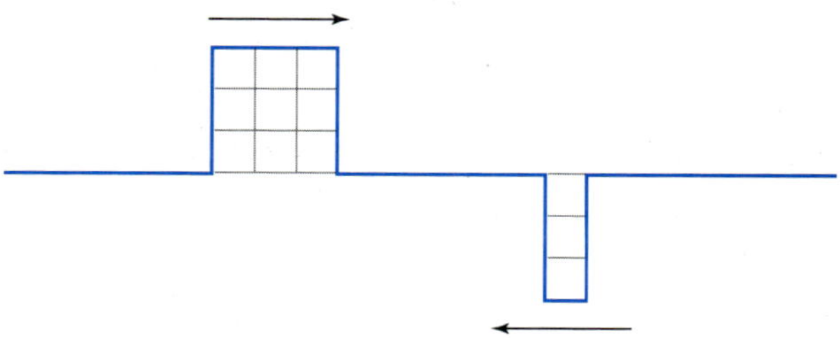

b. En $(t_1 - t_0) = 20$ ms, les ondes se sont rapprochées de 40 cm. Les deux ondes ayant la même célérité (elles se propagent dans la même corde), chacune d'elles a donc avancé, l'une vers la droite et l'autre vers la gauche de 20 cm seulement.

La célérité cherchée est $c = \frac{d}{t} = \frac{0,20}{20 \cdot 10^{-3}} = 10 \text{ m} \cdot \text{s}^{-1}$.

PROBLÈME TYPE

c. Un point M quelconque d'une corde commence à bouger lorsqu'il est atteint par le front F de l'onde (voir B).
Ce même point cessera d'être perturbé dès que l'onde se sera déplacée d'une distance égale à la longueur qu'elle occupe sur la corde et donc dès que le point M correspondra à la queue Q de l'onde (voir C).

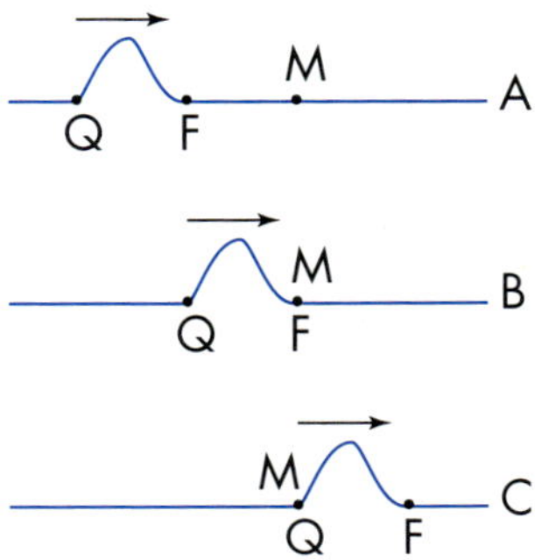

Dans ce problème, le signal de gauche occupe 30 cm de corde et perturbera les points de la corde durant le temps qu'il lui est nécessaire pour se propager de 30 cm, c'est-à-dire pendant un temps :

$$t_G = \frac{L_G}{c} = \frac{0,30}{10} = 0,03\ \text{s} = 30\ \text{ms}$$

De même, $t_D = \dfrac{L_D}{c}$ et puisque le signal de droite n'occupe que L_D = 10 cm de corde alors :

$$t_D = \frac{0,10}{10} = 0,01\ \text{s} = 10\ \text{ms}$$

d. Entre t_1 et t_2 chacune des ondes s'est propagée de d = 30 cm.

C'est donc que $t_2 - t_1 = \dfrac{d}{c} = \dfrac{0,30}{10} = 0,03\ \text{s} = 30\ \text{ms}$.

Finalement :

$$t_2 = t_1 + 30 = 50\ \text{ms}$$

PROBLÈME TYPE

2. a. Entre t_2 et t_3 soit en 10 ms, chacune des ondes a progressé de 10 cm et elles s'ajoutent l'une à l'autre (voir les schémas ci-contre).
Une construction point par point obtenue en additionnant algébriquement les élongations donne bien l'allure proposée.

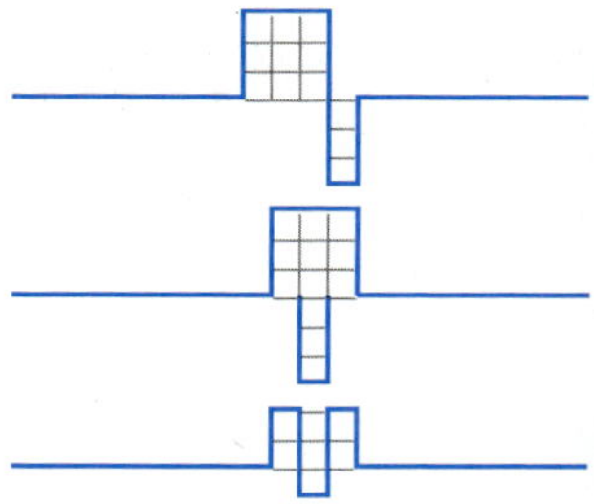

En effet, pour le premier et le troisième tiers de corde perturbée, les points ne sont mis en mouvement que par l'onde de gauche et ils s'élèvent donc de 20 cm.
Les points appartenant au deuxième tiers sont soumis à l'onde de gauche et aussi à celle de droite simultanément. Les élongations s'ajoutent et ces points « s'élèvent » donc au total de :

$$20 + (-30) = -10 \text{ cm}.$$

Nous les trouverons donc bien à 10 cm en dessous de leur position de repos.

b. En procédant point par point, comme au **2.a**, on obtient les formes données ci-dessous :

t_4 = 65 ms

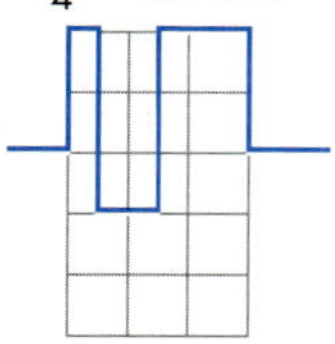

t_5 = 70 ms

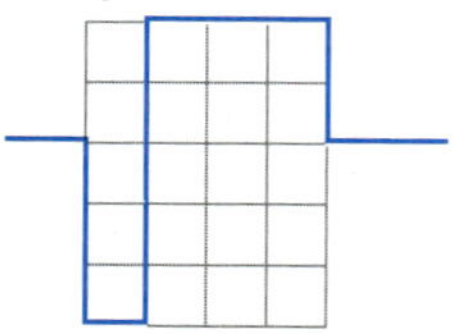

t_6 = 80 ms

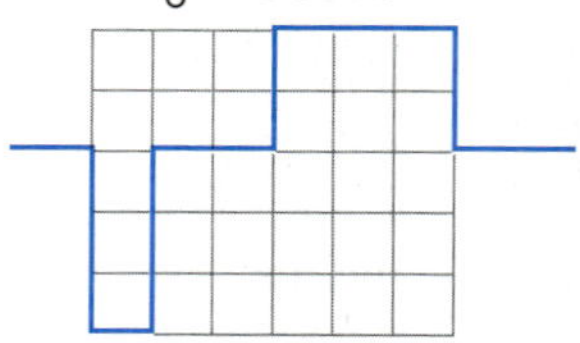

3. Le même procédé de construction permet d'obtenir point après point la corde ci-contre.

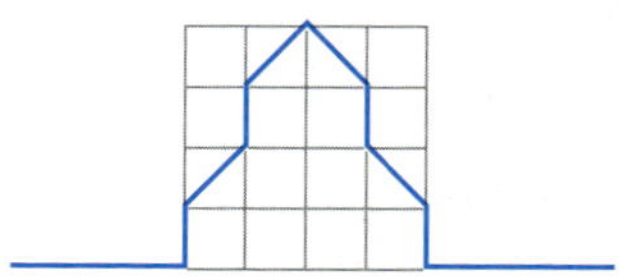

2 Ondes progressives périodiques

LES BASES

1 Comment reconnaître une onde progressive périodique ?

Relions l'extrémité S d'une corde au bout d'une lame vibrante, puis alimentons cette lame sous une tension sinusoïdale de période T et de fréquence f.

Le point source S commence par quitter sa position d'équilibre pour monter vers son élongation maximale puis il redescend, passe par sa position de repos qu'il dépasse pour atteindre l'élongation minimale avant de remonter de passer par sa position d'équilibre (mais cette fois de bas en haut) et de reproduire ce même mouvement et ce aussi longtemps que la lame sera alimentée.

De proche en proche, tous les points de la corde seront en mouvement et reproduiront, avec un certain retard, le mouvement de S.

Ainsi, quelques instants après la mise en fonctionnement du vibreur, tous les points de la corde sont en mouvement et la corde est parcourue par une onde progressive périodique, ce qui a été représenté ci-dessous :

Un schéma comme celui-ci (comme une photo) est bien en mal de montrer le mouvement mais il faut bien comprendre qu'à la date t du schéma, tous les points de la corde sont en mouvement et que :

- certains montent alors que d'autres descendent ;
- certains sont, pour l'instant, à l'élongation maximale alors que d'autres sont à l'élongation minimale ;

• parmi les points qui passent par leur position de repos, certains sont en train de monter, alors que d'autres sont en train de descendre.
On remarquera que, pour la lisibilité du schéma, l'amplitude a été exagérée et que le schéma de la corde a été obtenu en plaçant bout à bout le même motif (ici, 6 fois).

2 Notion de retard

À la date t le point M vient d'atteindre l'élongation maximale alors que P est sur le point d'y arriver.
À la date $(t + \delta t)$ le point P est à l'élongation maximale pendant que M est déjà en train de redescendre vers l'élongation minimale.
Il est à noter que P n'a été atteint qu'après M (puisque SP > SM) et qu'il n'est donc pas surprenant de constater que P soit en retard sur M.

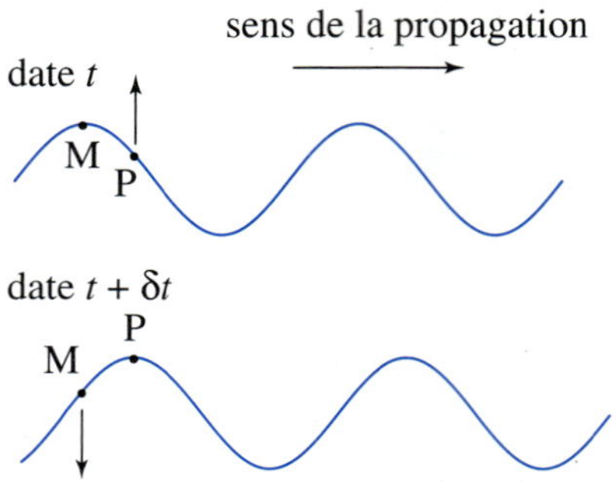

En notant δx le décalage dans l'espace entre M et P, et δt leur décalage dans le temps, il vient :

$$\delta x = v \delta t$$

Le retard de P sur M correspond tout naturellement à la durée de la propagation entre les points M et P.
P et M n'atteignent pas l'élongation maximale au même instant et, s'ils vibrent bien en même temps, ils ne sont pas synchronisés l'un et l'autre, on dit que ces points sont « déphasés ».

3 Notion de période et de longueur d'onde

Comparons maintenant les mouvements de M et Q. La distance MQ est plus grande que MP et le retard de Q sur M est donc plus grand que celui de P sur M.

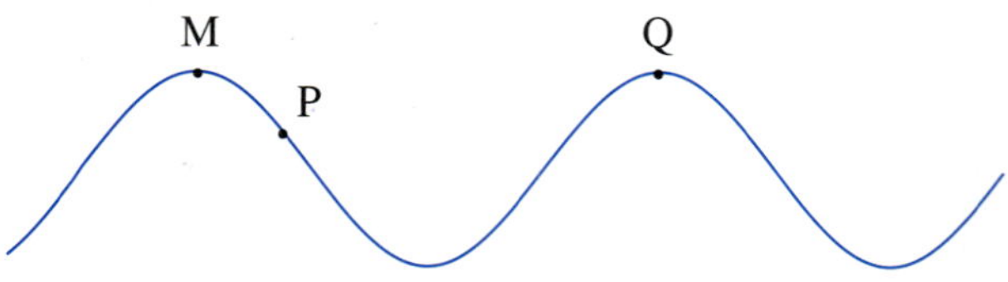

Mais ce point Q a été choisi de façon à ce que M et Q soient synchrones (on dit « en phase ») ; ce qui signifie que M et Q atteignent l'élongation maximale au même instant, puis l'élongation minimale au même instant, etc.
Avec néanmoins une différence : si M atteint l'élongation maximale pour la 127e fois (par exemple) c'est qu'au même instant Q ne l'atteint que pour la 126e fois seulement. On dit que les points M et Q sont décalés dans le temps d'une période T et ils sont décalés dans l'espace d'une longueur d'onde λ.
Ainsi puisque $\delta x = \lambda$ et $\delta t = T$ alors $\delta x = v\delta t$ et l'on trouve :

$$\boxed{\lambda = v \times T}$$

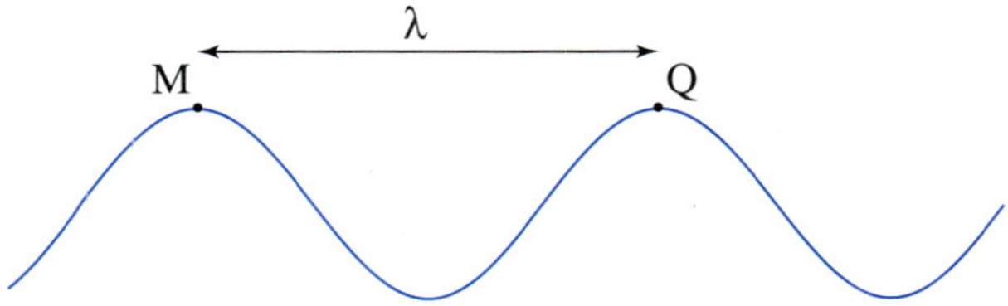

La célérité v s'exprimant en $m \cdot s^{-1}$ et la période T s'exprimant en s, la longueur d'onde λ s'exprime bien en m.
Si un goutte à goutte périodique frappe la surface de l'eau, alors les rides seront concentriques et régulièrement espacées de la distance λ les unes des autres, comme l'illustre le schéma ci-dessous.

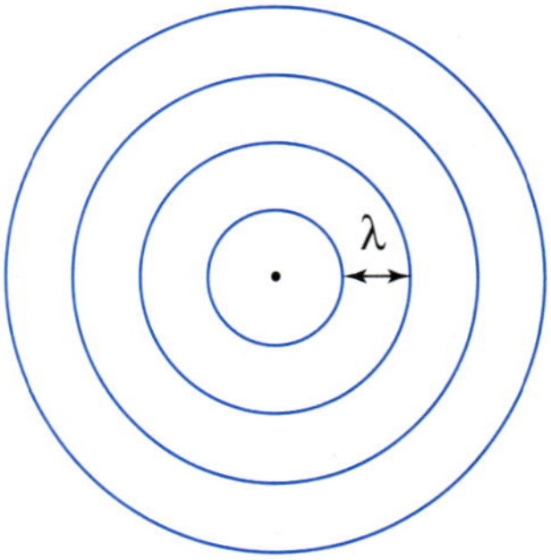

APPLIQUER LES BASES

1 Le schéma ci-contre représente une portion de corde où l'on a noté 8 points dont les projections sur l'axe indiquant la direction de la propagation ont été nommées A, B, C, … et H.

a. Trouver les distances égales à λ.

b. Quelles sont les distances égales à 1,5 λ ?

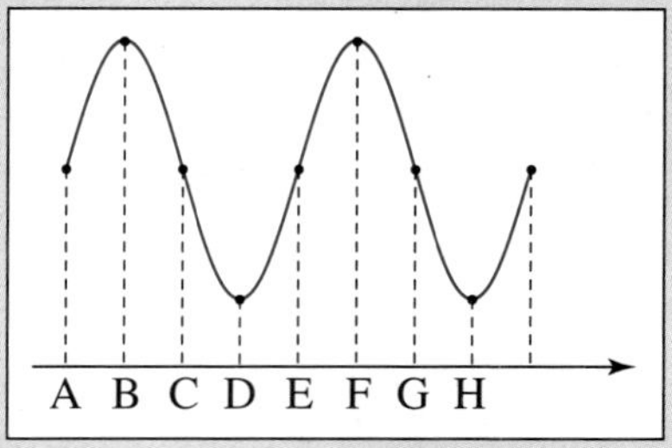

2 Une onde périodique se propage à la surface de l'eau d'une baignoire. Sa fréquence est $f = 10$ Hz et sa longueur d'onde vaut $\lambda = 40$ cm.

a. En déduire la période de la vibration de la pointe qui frappant l'eau est la source de cette onde.

b. Que vaut la célérité de l'onde ?

3 Deux pointes vibrantes S_1 et S_2 frappent la surface d'une eau initialement calme. Ces deux pointes sont distantes de $D = 80$ cm et vibrent en phase avec une fréquence $f = 50$ Hz. La profondeur de l'eau fait que $v = 10\ \text{m} \cdot \text{s}^{-1}$.

Faire un schéma donnant l'allure de la surface de l'eau à l'instant où les pointes S_1 et S_2 entrent dans l'eau pour la quatrième fois.

4 Une explosion a lieu au point A d'un océan. L'équipage d'un bateau, en B, repère cette explosion grâce à deux micros, l'un étant placé dans l'eau et l'autre dans l'air. Ces micros détectent le bruit de l'explosion avec 12 s de décalage dans le temps.

En déduire la distance AB sachant que la vitesse du son dans l'air est $v_{air} = 340\ \text{m} \cdot \text{s}^{-1}$ et que le son se déplace dans l'eau à la vitesse $v_{eau} = 1\,500\ \text{m} \cdot \text{s}^{-1}$.

Réponses

1 **a.** AE : ces deux points passent au même instant par leur position de repos pendant qu'ils descendent vers l'élongation minimale.

BF : ces deux points atteignent au même instant leur élongation maximale.

CG : ces deux points passent au même instant par leur position de repos pendant qu'ils montent vers l'élongation maximale.
DH : ces deux points atteignent au même instant leur élongation minimale.

b. Si AE = λ alors la moitié de AE est égale à la moitié de λ, soit :

$$AC = \frac{\lambda}{2}$$

Or AC = CE = EG et donc $AG = 3\frac{\lambda}{2} = 1{,}5\lambda$.

De même BH = 1,5λ.

2 **a.** Tous les points de la surface vont reproduire fidèlement le mouvement de la pointe qui a donc la même fréquence et la même période que l'onde à laquelle elle a donné naissance.
La pointe a donc pour fréquence $f = 10$ Hz.

Or $T = \frac{1}{f}$ soit donc :

$$T = \frac{1}{10} = 0{,}1 \text{ s}$$

b. La célérité est telle que $\lambda = vT$ soit :

$$v = \frac{\lambda}{T} = \lambda f = 0{,}4 \times 10 = 4 \text{ m} \cdot \text{s}^{-1}$$

3 Entre les premières et les quatrièmes frappes il s'écoule un temps $t = 3T$ comme le montre le schéma ci-dessous :

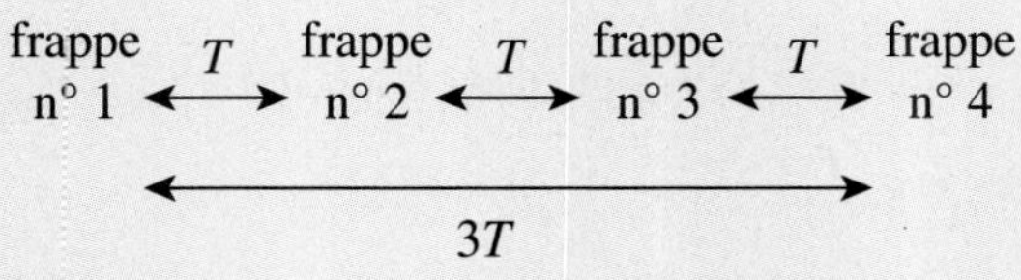

À l'instant où les pointes frappent l'eau pour la 4e fois, des ondes se propagent :

- depuis 3*T* secondes et elles ont donc parcouru 3λ ;
- depuis 2*T* secondes et elles ont donc parcouru 2λ ;
- depuis *T* secondes et elles ont donc parcouru λ.

Après avoir calculé la valeur de λ :

$$\lambda = vT = \frac{v}{f} = \frac{10}{50} = 0{,}2 \text{ m} = 20 \text{ cm}$$

on peut tracer le schéma demandé :

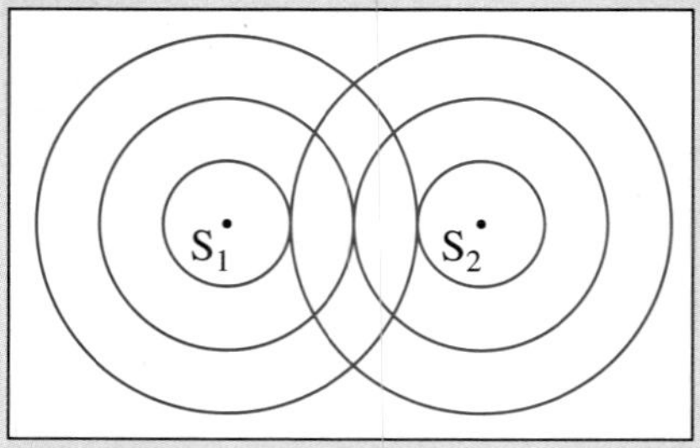

Ce schéma montre les trois rides ayant pris naissance en S_1 (à gauche).
La première a pu progresser de 3λ, la deuxième de 2λ et la troisième de λ.
Il en est bien sûr de même pour les rides issues de S_2 (à droite).
Ces ondes se croisent sans se détruire, ni même se modifier !

4 La propagation du son dans l'air de A jusqu'à B dure :

$$t_{\text{air}} = \frac{\text{AB}}{v_{\text{air}}}$$

La propagation du son dans l'eau de A jusqu'à B dure :

$$t_{\text{eau}} = \frac{\text{AB}}{v_{\text{eau}}}$$

Or $v_{\text{air}} < v_{\text{eau}}$ et donc $t_{\text{air}} > t_{\text{eau}}$; le texte donne $\Delta t = t_{\text{air}} - t_{\text{eau}} = 12$ s.

$\frac{\text{AB}}{v_{\text{air}}} - \frac{\text{AB}}{v_{\text{eau}}} = \Delta t$ soit :

$$\text{AB}\left(\frac{1}{v_{\text{air}}} - \frac{1}{v_{\text{eau}}}\right) = \text{AB}\left(\frac{v_{\text{eau}} - v_{\text{air}}}{v_{\text{air}} \times v_{\text{eau}}}\right) = \Delta t$$

ou encore $\text{AB} = \left(\frac{v_{\text{air}} \times v_{\text{eau}}}{v_{\text{eau}} - v_{\text{air}}}\right)\Delta t = \frac{1\,500 \times 340}{1\,500 - 340} \times 12 = 5\,275{,}86$ m.

L'explosion a donc eu lieu à un peu plus de 5 km des marins.

PROBLÈME TYPE

Un avion est équipé d'une source ultrasonore capable d'émettre des « bips » très brefs, régulièrement espacés dans le temps de la période $T_E = 0{,}1$ s, et qui se propagent à la vitesse $v_{son} = 340$ m · s^{-1}.

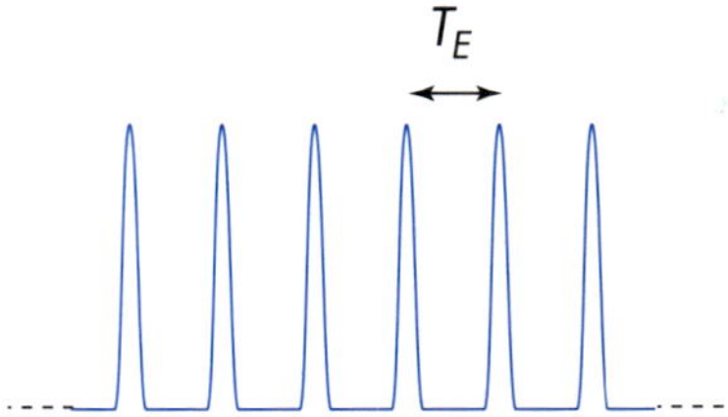

Dans l'espace, les bips se retrouvent sur des sphères (les surfaces d'onde) qui, sur le papier, donnent des cercles.

1. L'avion est immobile à l'une des extrémités de sa piste d'envol alors qu'un observateur, debout à l'autre extrémité de la piste, attend d'être survolé par cet avion.
À la date t_6, lorsque le bip n° 6 est émis, le bip n° 5 voyage dans l'air depuis $T_E = 0{,}1$ s et la surface d'onde qui lui correspond est une sphère S_5 qui donne sur papier un cercle $\mathscr{C}_5$ de rayon $R_5 = v \times T_E$.

a. Choisir une échelle puis tracer les cercles $\mathscr{C}_5$, $\mathscr{C}_4$, $\mathscr{C}_3$, $\mathscr{C}_2$ et $\mathscr{C}_1$.

b. Quelle est la période T_R de l'onde reçue par l'observateur ?

2. L'avion est maintenant en vol de basse altitude à la vitesse $v = 200$ m · s^{-1}.

a. Refaire un schéma où seront représentées cinq surfaces d'onde.

b. Qualitativement, que dire de la période T'_R et de la fréquence f'_R ?

3. Pour calculer la période et donc la fréquence précédente, répondre aux questions suivantes.

PROBLÈME TYPE

a. Compléter le tableau ci-dessous :

Numéro du bip	Date de l'émission	Distance à parcourir	Durée de la propagation	Date de la réception
1	$t_1 = 0$	D	$\dfrac{D}{v_{son}}$	$0 + \dfrac{D}{v_{son}}$
2	$t_2 = T_E$	$D - vT_E$	$\dfrac{(D - vT_E)}{v_{son}}$	$T_E + \dfrac{(D - vT_E)}{v_{son}}$
3				
4				
...	...	...	...	...

b. Combien de temps sépare la réception du n-ième bip de celle du $(n + 1)$-ième ?

c. En déduire la fréquence cherchée.

4. Quelle sera la fréquence f_R'' de l'onde reçue lorsque l'avion s'éloignera ?

Solution

1. a. Le bip n° 5 se propage depuis le temps T_E à la vitesse v_{son} et donc $R_5 = 34$ m. Le bip n° 4 se propage depuis $2T_E$ et donc $R_4 = 68$ m.

Puis, de la même façon :

$R_3 = 102$ m ; $R_2 = 136$ m et enfin $R_1 = 170$ m.

La source sonore étant immobile, les surfaces d'ondes sont concentriques et l'on obtient la figure ci-contre.

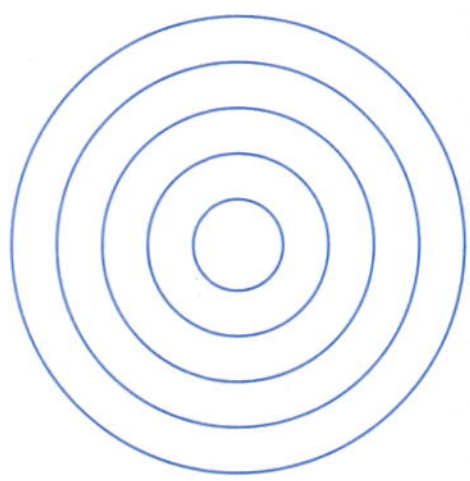

b. L'observateur va donc recevoir d'abord le bip n° 1, puis le bip n° 2 après 0,1 s d'attente puis 0,1 s plus tard le bip n° 3 et ainsi de suite. On a alors $T_R = T_E = 0,1$ s.

PROBLÈME TYPE

2. a. L'avion n'est plus immobile et les lieux d'émission ne seront plus les mêmes.
Les surfaces d'onde ne sont donc plus concentriques et l'on obtient cette fois la figure ci-contre (l'avion se déplaçant de la gauche vers la droite).

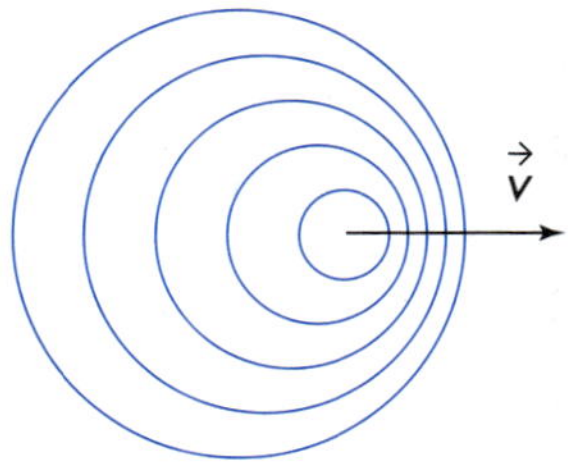

b. L'intervalle de temps qui sépare la réception de deux bips successifs est plus court que tout à l'heure (*cf.* schéma) et donc :

$$T'_R < T_R \text{ soit aussi } f'_R > f_R.$$

3. a. Le tableau complété est le suivant :

Numéro du bip	Date de l'émission	Distance à parcourir	Durée de la propagation	Date de la réception
1	$t_1 = 0$	D	$\frac{D}{v_{son}}$	$0 + \frac{D}{v_{son}}$
2	$t_2 = T_E$	$D - vT_E$	$\frac{D - vT_E}{v_{son}}$	$T_E + \frac{D - vT_E}{v_{son}}$
3	$t_3 = 2T_E$	$D - 2vT_E$	$\frac{D - 2vT_E}{v_{son}}$	$2T_E + \frac{D - 2vT_E}{v_{son}}$
4	$t_4 = 3T_E$	$D - 3vT_E$	$\frac{D - 3vT_E}{v_{son}}$	$3T_E + \frac{D - 3vT_E}{v_{son}}$
...	...	...	...	...

PROBLÈME TYPE

b. Le n-ième bip est reçu à la date :

$$t_n = (n-1)T_E + \frac{D-(n-1)vT_E}{v_{son}}$$

Le $(n + 1)$-ième bip le sera à la date :

$$t_{n+1} = nT_E + \frac{D-nvT_E}{v_{son}}$$

Le décalage dans le temps et donc la période T'_R est donc :

$$T'_R = t_{n+1} - t_n = nT_E + \frac{D-nvT_E}{v_{son}} - (n+1)T_E - \frac{D-(n-1)vT_E}{v_{son}}$$

Après simplification, on arrive à : $T'_R = T_E\left(1 - \frac{v}{v_{son}}\right)$

soit numériquement $T'_R = 0{,}1\left(1 - \frac{200}{340}\right) \approx 0{,}041$ s.

c. $f'_R = \frac{1}{T'_R} = \frac{1}{0{,}04} \approx 24{,}4$ Hz.

4. Pour trouver la nouvelle fréquence, il est possible de reprendre le travail précédent avec un avion qui s'éloigne (voir schéma ci-contre).

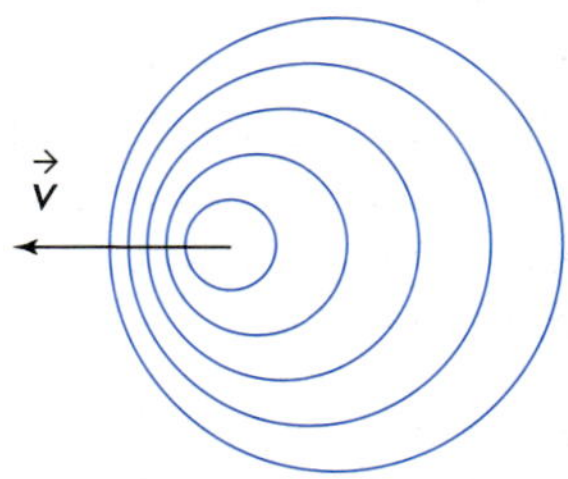

Mais il est bien plus simple, plus élégant et plus rapide de changer v en $-v$ ce qui donne :

$$T''_R = T_E\left(1 - \frac{-v}{v_{son}}\right) \approx 0{,}159 \text{ s puis } f''_R = 6{,}3 \text{ Hz.}$$

Remarque. Lorsque la source est en mouvement, l'onde reçue n'est pas de même fréquence que celle qui a été émise !
Ce phénomène, appelé effet Doppler, concerne tous les types d'ondes et pas seulement les ondes sonores.

3 Diffraction et dispersion

LES BASES

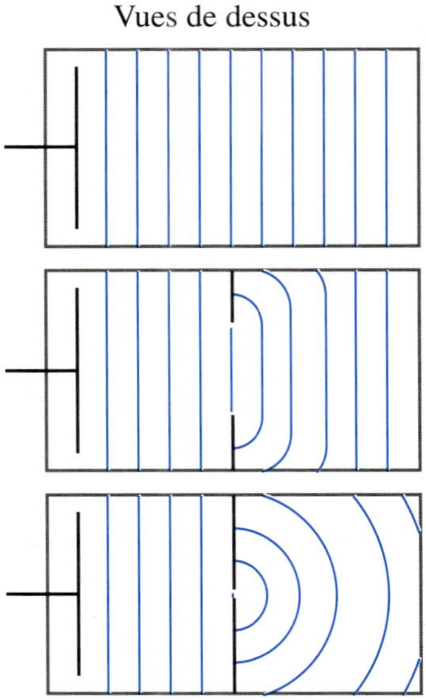

■ Une règle frappe avec une période T la surface d'une cuve à onde.
Les lignes d'onde sont des droites parallèles régulièrement espacées d'une longueur d'onde (λ).
On obtient ainsi des **ondes rectilignes**.

■ Deux obstacles sont placés sur les bords de la cuve.
Ils déforment un peu les lignes d'onde, mais l'ouverture étant malgré tout assez large on reconnaît notre système d'ondes planes.

■ Les obstacles ne ménagent plus qu'une petite ouverture. Les lignes d'onde sont totalement transformées et, après l'obstacle, les ondes planes se sont transformées en **ondes circulaires**.

■ L'obstacle « éparpille » l'onde, ce phénomène s'appelle la **diffraction**.
Les schémas ci-dessous montrent que cette diffraction est d'autant plus importante que la dimension de l'ouverture est plus petite.

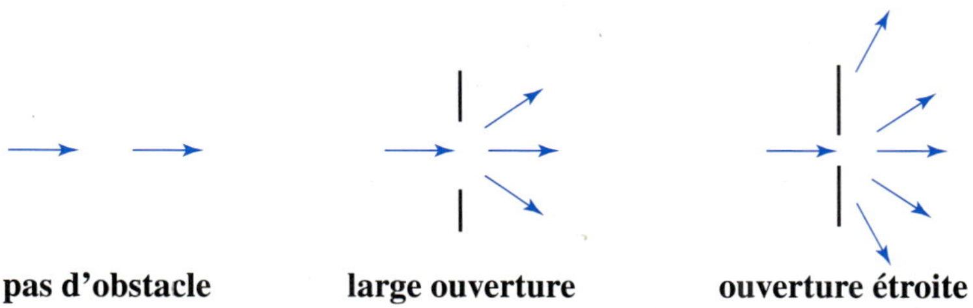

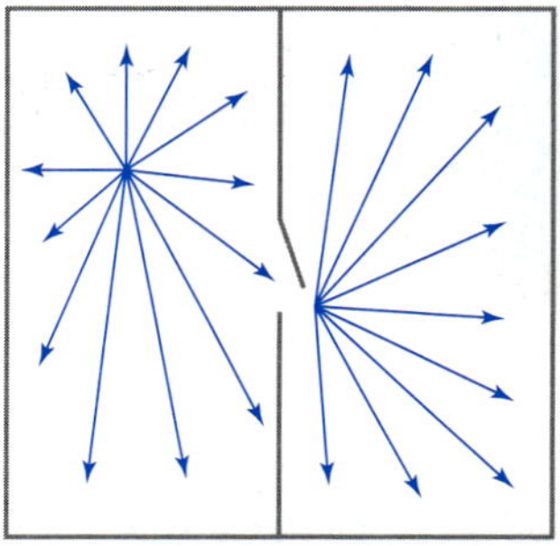

■ Notons que le phénomène de diffraction est commun à tous les types d'ondes et pas seulement aux ondes à la surface de l'eau !
Par exemple pour entendre ce que dit une personne qui vous parle de la pièce d'à côté, il suffit que la porte de communication soit entrebâillée et ceci, quel que soit l'endroit où se tient la personne qui vous parle et quel que soit celui où vous vous trouvez par rapport à la porte.
Ajoutons que, de même, une simple fente laissée entre deux rideaux mal fermés suffit à éclairer par diffraction une pièce entière.
La lumière est donc capable d'être diffractée et cela est suffisant pour affirmer que la lumière est une onde.

■ Revenons à la cuve à onde, à la surface de laquelle une onde mécanique se propage. Prenons pour source une simple pointe qui frappe périodiquement la surface de l'eau avec une fréquence f. La pointe fait naître un système de rides circulaires que l'on « immobilise » au stroboscope. Il est alors assez facile de mesurer la longueur d'onde qui dépend bien sûr de la fréquence.
Nous pourrions obtenir par exemple $\lambda_1 = 4$ cm pour $f_1 = 20$ Hz puis, après avoir fait varier la fréquence du vibreur, $\lambda_2 = 3$ cm pour $f_2 = 30$ Hz.
Le calcul des célérités donne :

$$c_1 = \lambda_1 f_1 = 4 \cdot 10^{-2} \times 20 = 0{,}8 \text{ m} \cdot \text{s}^{-1}$$

$$c_2 = \lambda_2 f_2 = 3 \cdot 10^{-2} \times 30 = 0{,}9 \text{ m} \cdot \text{s}^{-1}$$

Ces mesures et ces calculs montrent que la célérité d'une onde mécanique à la surface de l'eau dépend aussi de la fréquence de l'onde : nous dirons que la cuve à onde est un **milieu dispersif**.
Un milieu non dispersif est un milieu où des ondes de même nature se propagent toutes avec la même célérité, indépendamment de leur fréquence.

La décomposition d'un faisceau de lumière blanche qui traverse certains prismes est une conséquence du phénomène de dispersion. La lumière est donc elle aussi capable de subir le phénomène de dispersion ce qui, une fois encore, nous renseigne sur son caractère ondulatoire.

4 L'onde lumineuse

LES BASES

Comme nous venons de le voir, le fait que la lumière puisse être diffractée et dispersée prouve son caractère ondulatoire.

1 Dispersion

Milieu	Célérité
vide	c
air	$v \approx c$
eau	$v \approx \frac{3}{4}c$
verre	$v \approx \frac{2}{3}c$
diamant	$v \approx \frac{2}{5}c$

La lumière se propage dans les milieux transparents comme le vide, l'air, l'eau, le verre et bien d'autres.
C'est dans le vide que la lumière est la plus rapide ; sa célérité est :

$$c \approx 3 \cdot 10^8 \text{ m} \cdot \text{s}^{-1}$$

Cette célérité est l'une des constantes fondamentales de l'Univers : c'est la vitesse limite, celle qui ne peut être dépassée.
Dans les autres milieux, la célérité de la lumière est donc moindre (voir les ordres de grandeur du tableau ci-contre).

On définit pour chaque milieu transparent un indice de réfraction n (nombre sans dimension et toujours supérieur ou égal à 1) comme étant le rapport de la célérité de la lumière dans le vide par la célérité de la lumière dans le milieu étudié :

$$n = \frac{c}{v}$$

■ Soit un milieu incident d'indice n_1 dans lequel se propage un faisceau lumineux qui entre ensuite dans un autre milieu, d'indice $n_2 \neq n_1$.

L'expérience montre que la direction de propagation change, excepté dans le cas où le rayon lumineux arrive sous incidence normale c'est-à-dire perpendiculairement à la surface de séparation des deux milieux.
Deux cas peuvent se produire.

- Cas ① : $n_2 > n_1$, le rayon transmis s'approche de la normale.
- Cas ② : $n_2 < n_1$, le rayon transmis s'éloigne de la normale.

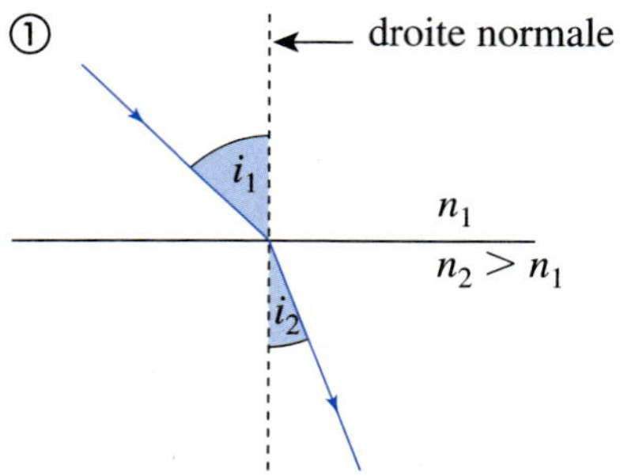

$n_2 > n_1$ le milieu 2 et plus « réfringent » que le milieu 1

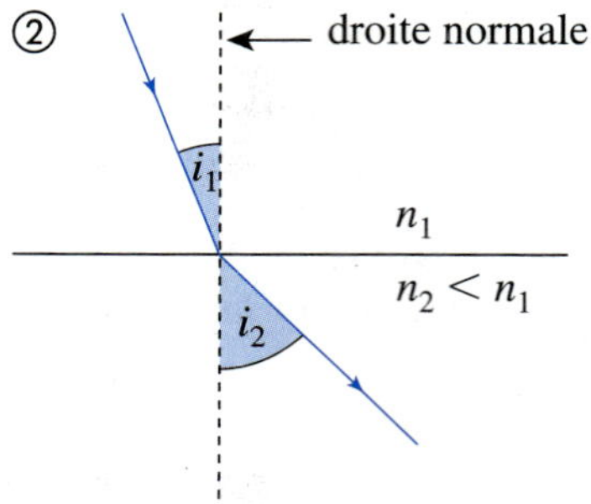

$n_2 > n_1$ le milieu 2 et moins « réfringent » que le milieu 1

C'est la loi de Descartes qui nous donne la relation liant la valeur de l'angle d'incidence i_1 à celle de l'angle de transmission i_2 et aux indices des milieux.
Cette loi s'écrit :

$$n_2 \sin i_2 = n_1 \sin i_1 \quad \text{ou} \quad \sin i_2 = \frac{v_2}{v_1} \sin i_1$$

■ Envoyons maintenant un faisceau de lumière blanche sur un prisme.
À l'entrée de ce prisme, la lumière est réfractée (en passant de l'air au verre, la lumière se rapproche de la normale). La lumière subit une seconde réfraction quand elle sort du prisme (elle s'écarte de la normale).

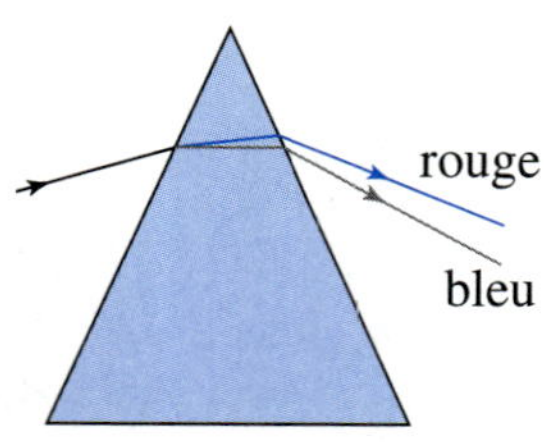

La lumière blanche est décomposée en ses composantes colorées allant du rouge au bleu. Les rayons colorés ne subissent pas la même réfraction ce qui signifie que l'indice du prisme varie selon la couleur de la lumière c'est-à-dire aussi que la célérité de la lumière dépend de sa fréquence.
L'indice de réfraction d'un milieu transparent dispersif est fonction de la fréquence de la lumière qui s'y propage.

2 Diffraction

Comme nous l'avons dit, la lumière subit la diffraction lorsqu'elle rencontre une ouverture de petite dimension. Pour s'en convaincre, il suffit de regarder une ampoule électrique allumée (réverbère par exemple) à travers la toile d'un parapluie, ou de faire danser un cédérom convenablement éclairé afin de pouvoir admirer les très belles irisations produites par la diffraction.
Pour aborder l'étude de ce phénomène étonnant, faisons arriver le faisceau d'un laser sur une fine fente verticale.
Après avoir traversé la fente, la lumière frappe un écran où l'on voit apparaître une figure de diffraction (schéma ci-dessous).

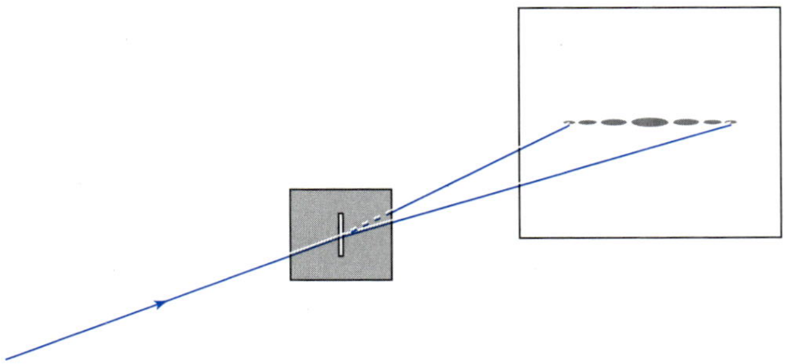

La figure de diffraction obtenue est perpendiculaire à la fente et elle est formée d'une suite de taches lumineuses séparées par des zones d'extinction. L'étendue et la luminosité des taches dépend de leur position par rapport à la tache centrale qui est plus large et plus brillante que toutes les autres.

Le même dispositif vu de profil avec une fente horizontale donne :

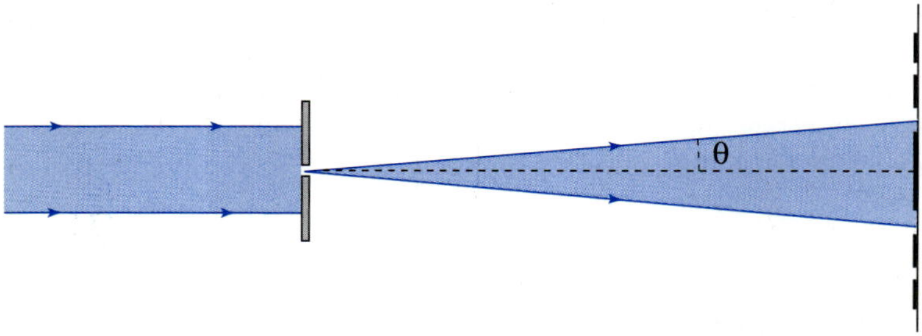

L'écart angulaire θ (rad) entre le centre de la tache centrale et le centre de la première extinction, la largeur a (m) de la fente et la longueur d'onde λ (m) de la lumière monochromatique utilisée sont liés par une relation simple prévue par la théorie et confirmée par l'expérience :

$$\boxed{\theta = \frac{\lambda}{a}}$$

Pour que la diffraction soit importante (θ assez grand pour être mesurable) il faut une fente très fine (a petite) car les longueurs d'onde de la lumière visible ne s'étalent que de 400 nm pour le violet à 800 nm pour le rouge.

Remarques :

■ En envoyant le pinceau lumineux sur un fil de faible diamètre (comme un cheveu par exemple) nous obtenons la même figure de diffraction que celle obtenue avec une fente.

■ Si, par contre, la fente est remplacée par un trou, alors la figure de diffraction n'est plus la même et on obtient des taches circulaires et concentriques.

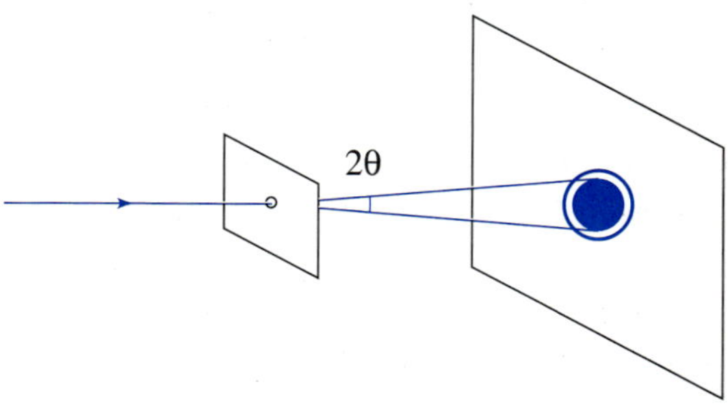

Nous aurions cette fois $\theta \approx 1{,}22\,\frac{\lambda}{a}$ (le coefficient 1,22 est un facteur de correction dû à la géométrie du trou).

APPLIQUER LES BASES

1 Une radiation monochromatique de fréquence f_1, de longueur d'onde λ_1 et de célérité v_1 passe d'un milieu 1 à un milieu 2, est-il vrai que :

a. la fréquence change et $f_2 \neq f_1$?

b. la célérité change et $v_2 \neq v_1$?

c. la longueur d'onde change et $\lambda_2 \neq \lambda_1$?

2 Un rayon lumineux monochromatique se propageant dans l'air entre dans l'eau.
Calculer l'angle de réfraction r lorsque l'angle d'incidence i vaut 30°.

3 Sortant d'un bloc de verre, un rayon lumineux s'écarte de la normale et si l'angle d'incidence vaut $i = 40°$ alors l'angle de réfraction vaut $r = 67°$.
En déduire la célérité de la lumière dans le bloc de verre.

4 Lorsqu'un rayon lumineux passe d'un milieu 1 plus réfringent (d'indice de réfraction $n_1 = 1{,}5$) à un milieu 2 moins réfringent (d'indice $n_2 = 1{,}33$) nous observons que le rayon lumineux s'écarte de la normale et $r > i$. Bien sûr, la plus grande valeur possible pour l'angle de réfraction r est 90°.
Quelle est la plus grande valeur possible de l'angle d'incidence i permettant une transmission au milieu 2 ?

5 Un rayon lumineux pénètre horizontalement dans le prisme à faces parallèles ci-contre taillé dans un verre d'indice $n = 1{,}45$.
Le rayon ressort du prisme en ayant été dévié d'un angle α de sa direction initiale.
Calculer α et montrer que le résultat ne dépend pas de la valeur de n.

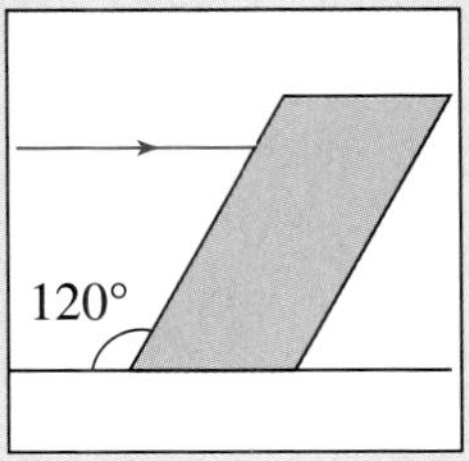

6 Un rayon lumineux monochromatique de longueur d'onde $\lambda = 700$ nm traverse une fente de largeur a. Quelle largeur doit-on donner à cette fente pour obtenir un écart angulaire $\theta = 2°$?

7 Une onde lumineuse de longueur d'onde dans le vide $\lambda = 700$ nm est diffractée par une fente horizontale de largeur $a = 20$ µm. La figure de diffraction est visible sur un écran placé à $D = 2$ m de la fente.

a. Quelle sera la largeur L de la tache centrale obtenue ?

b. Comment peut-on faire pour élargir cette tache ?

c. Quel est l'inconvénient de chacune de ces méthodes ?

Réponses

1 **a.** La fréquence f d'une onde ne change pas lors d'une transmission.

b. Les milieux 1 et 2 ne sont pas les mêmes et les célérités changent.

c. $\lambda = v \times T = \dfrac{v}{f}$ si v varie alors que f reste constante c'est que λ varie.

2 La loi de Descartes est connue sous la forme ci-dessous où l'indice 1 désigne le milieu d'incidence (ici l'air) et l'indice 2 le milieu de transmission (ici l'eau) :

$$n_1 \times \sin i_1 = n_2 \times \sin n_2.$$

Cette loi s'écrit ici :

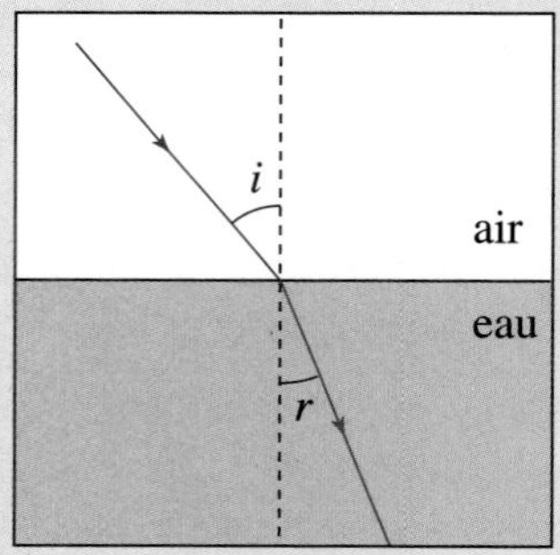

$$\boxed{n_{\text{air}} \times \sin i = n_{\text{eau}} \times \sin r}$$

Donc $\quad \sin r = \dfrac{n_{\text{air}}}{n_{\text{eau}}} \times \sin i = \dfrac{1}{1{,}33} \sin 30.$

Le calcul donne $\sin r = 0{,}376$ et l'angle de réfraction vaut donc $r \approx 22°$.

3 La loi de Descartes s'écrit : $n_{\text{ver}} \times \sin i = n_{\text{air}} \times \sin r.$
De cette loi nous déduisons que :

$$\boxed{n_{\text{ver}} = n_{\text{air}} \times \frac{\sin r}{\sin i}}$$

soit donc $n_{\text{ver}} = 1 \times \dfrac{\sin 67}{\sin 40} = 1{,}433$ et puisque $n_{\text{ver}} = \dfrac{c}{v_{\text{ver}}}$, alors :

$$v_{\text{ver}} = \frac{c}{n_{\text{ver}}} = \frac{3 \cdot 10^8}{1{,}433} \approx 2{,}1 \cdot 10^8 \text{ m} \cdot \text{s}^{-1}$$

4 À la plus grande valeur de r correspond la plus grande valeur de i.
La loi de Descartes s'écrit donc :

$$n_1 \sin i_{\text{max}} = n_2 \sin r_{\text{max}}, \text{ soit aussi } n_1 \sin i_{\text{max}} = n_2 \sin 90 = n_2$$

L'angle cherché est donc tel que :

$$\sin i_{\text{max}} = \frac{n_2}{n_1} = \frac{1{,}33}{1{,}5} = 0{,}887$$

L'angle limite de réfraction i_{max} (souvent noté Λ) vaut donc environ 62,5°.

5 En passant de l'air au verre, le rayon va se rapprocher de x degrés de la normale. Puis en passant du verre à l'air, ce même rayon va s'écarter de x degrés de la normale. Au total, la déviation α cherchée est nulle et ce, quelle que soit la valeur de l'indice du prisme.
La traversée d'un prisme à faces parallèles n'a pour effet que de décaler les rayons lumineux.

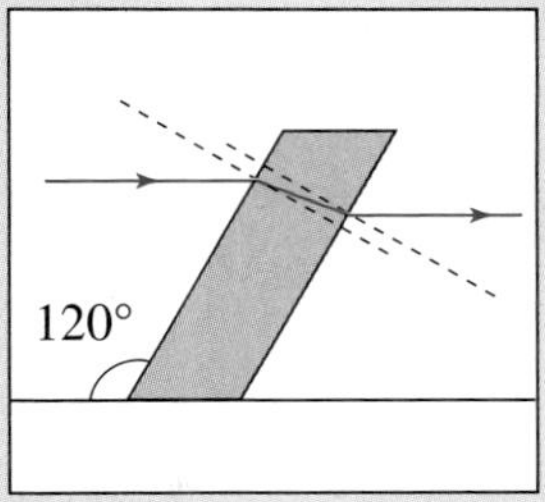

6 L'écart angulaire θ est lié à la largeur a de la fente et à la longueur d'onde λ par la relation :

$$\theta = \frac{\lambda}{a} \text{ soit aussi } a = \frac{\lambda}{\theta}$$

Avec $\lambda = 700 \text{ nm} = 7 \cdot 10^{-7}$ m et $\theta = 2° = 2 \times \frac{2\pi}{360}$ rad $= 0{,}035$ rad,

on obtient $a = \frac{7 \cdot 10^{-7}}{0{,}035} = 2 \cdot 10^{-5}$ m $= 20$ µm.

7 **a.** En traçant le schéma ci-contre, on peut immédiatement écrire que :

$$\tan\theta = \frac{\frac{L}{2}}{D} = \frac{L}{2D}$$

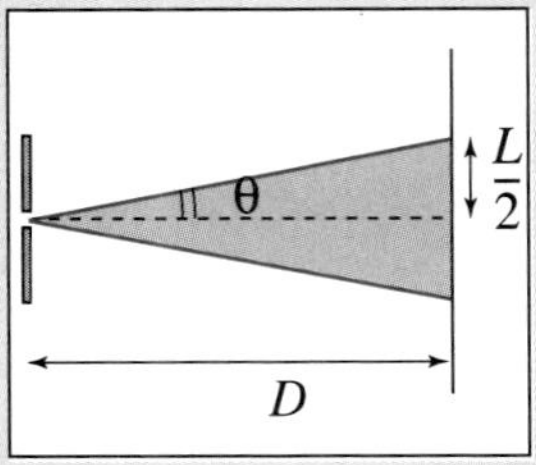

D'autre part, l'écart angulaire θ étant petit, on a $\tan\theta \approx \theta = \frac{\lambda}{a}$, soit donc $\frac{L}{2D} = \frac{\lambda}{a}$ et :

$$L = \frac{2D\lambda}{a} = \frac{2 \times 2 \times 700 \cdot 10^{-9}}{20 \cdot 10^{-6}} = 0{,}140 \text{ m} = 14 \text{ cm}$$

b. Pour augmenter L, nous pouvons soit augmenter la longueur d'onde, soit augmenter la distance D, soit diminuer la largeur de la fente.

c. Si l'on augmente la longueur d'onde qui vaut déjà $\lambda = 700$ nm, nous nous rapprochons de la limite supérieure du spectre visible (800 nm) la figure de diffraction risque de disparaître de l'écran. Si on augmente D, la surface d'écran frappée augmente mais pas l'énergie associée à l'onde ; la figure obtenue sur l'écran sera alors de moins en moins contrastée !
Il est possible de diminuer la largeur a de la fente, mais nous courons le risque de ne plus laisser passer assez de lumière pour obtenir une figure de diffraction suffisamment brillante pour être exploitable.

PROBLÈME TYPE

Trois objets sont taillés dans un verre dispersif pour lequel l'indice de réfraction vaut $n_R \approx 1,52$ pour la lumière rouge et $n_B = 1,55$ pour la lumière bleue.

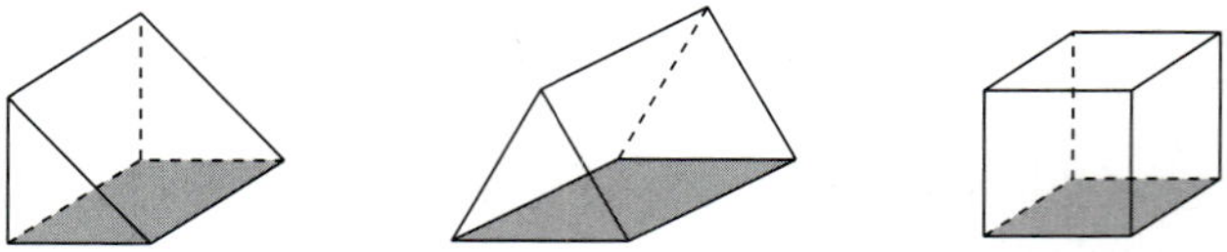

L'objet A est un prisme dont deux des cinq faces ont la forme d'un triangle rectangle isocèle, l'objet B est aussi un prisme mais dont les faces triangulaires sont équilatérales et l'objet C est un cube. La base de chacun de ces trois objets a été dépolie de façon à ce qu'elle ne puisse plus ni réfléchir ni réfracter les rayons lumineux.

1. Un rayon de lumière entre dans l'objet A comme indiqué par le schéma ci-contre.
Que devient ce rayon lumineux s'il s'agit d'une lumière rouge ?
Obtiendrions-nous le même cheminement en lumière bleue ?

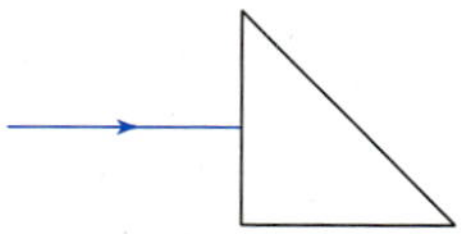

2. Un rayon incident pénètre dans l'objet B comme le montre le deuxième schéma.

a. Calculer la déviation D obtenue en lumière rouge.

b. Qu'arriverait-il en lumière bleue ?

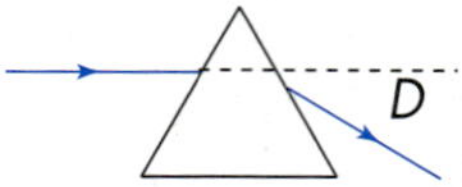

3. On traite un rayon de lumière blanche de façon à lui ôter ses radiations violettes.
Ce rayon lumineux est ensuite envoyé sur l'objet C.
L'entrée se fait à une distance égale au quart de l'arrête sous la face supérieure et avec l'incidence $i = 45°$.

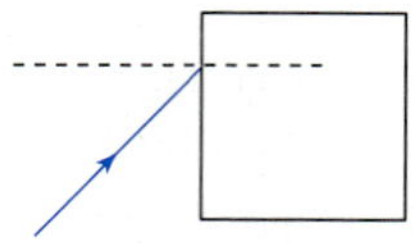

PROBLÈME TYPE

a. Montrer qu'aucune radiation ne pourra sortir du cube par le haut puisque toutes subissent la réflexion totale sur la face supérieure.

b. Après être sorties du cube par la face opposée à la face d'entrée, les radiations lumineuses se dirigent vers un écran situé à une distance $L = 1{,}5$ m bien plus grande que l'arrête du cube. Ces radiations y dessinent un spectre de dispersion.
Quelle est la largeur d de ce spectre à l'écran ?

Solution

1. Le rayon entre dans le prisme sous incidence normale et il y pénètre donc sans subir de déviation. Il frappera la face opposée sous une incidence de valeur $i = 45°$.

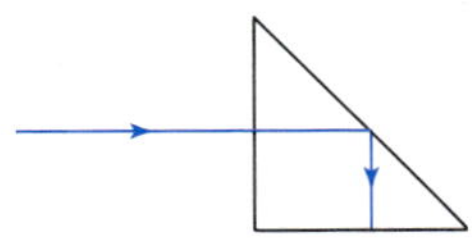

Or l'angle de réfraction limite pour une lumière rouge passant du verre à l'air est tel que :

$$n_R \sin \Lambda_R = n_{air} \sin 90 \quad \text{soit} \quad \sin \Lambda_R = \frac{n_{air}}{n_R} = \frac{1}{1{,}52} = 0{,}658$$

Ce qui conduit à $\Lambda_R \approx 41°$. Puisque $i > \Lambda_R$ la radiation rouge ne sera pas transmise à l'air mais subira une réflexion totale.
Un même calcul donne $\Lambda_B = 40°$ soit $i > \Lambda_B$ et le cheminement de la radiation bleue sera donc le même que celui de la rouge.

2. a. L'angle d'incidence au point E est $i = 30°$ l'angle de réfraction r est l'angle CES, sa valeur est telle que :

$$n_{air} \sin i = n_R \sin r$$

Le calcul donne $r = 19{,}2°$.
On a alors :
AES = AEC – r
AES = 90 – 19,2
AES = 70,8°

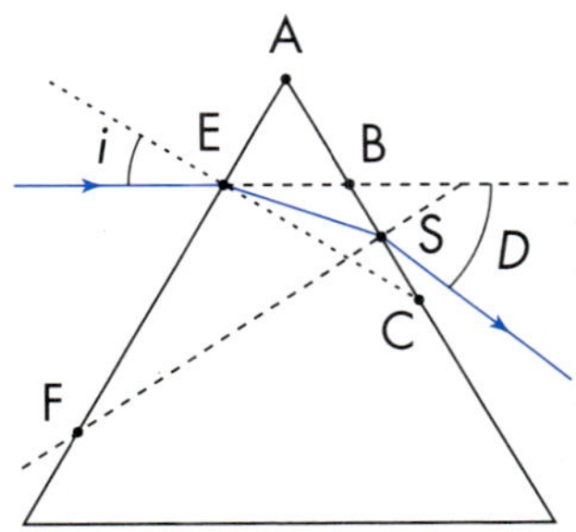

Ensuite :
ASE = 180 – EAB – AES
ASE = 180 – 60 – 70,8 = 49,2°
L'angle d'incidence sur la face de sortie est ESF = ASF – ASE, soit :

$$ESF = 90 - 49,2 = 40,8°$$

Puisque l'angle d'incidence ESF est inférieur à Λ_R (40,8° < 41,14°) le rayon peut être transmis à l'air, l'angle de transmission i' nous est donné par :

$$n_R \sin ESF = n_{air} \sin i'$$

soit $\sin i' = \dfrac{n_R}{n_{air}} \sin ESF = \dfrac{1,52}{1} \sin 40,8 = 0,993$

donc $i' = \sin^{-1} 0,993 \approx 83,3°$.
La déviation D cherchée est égale à la somme des déviations subies à chaque réfraction soit :

$$\boxed{D = (i - CES) + (i' - ESF)}$$

$D = (30 - 19,2) + (83,3 - 40,8) = 53,3°$

b. Le même calcul mais appliqué à une lumière bleue pour laquelle l'indice est $n_B = 1,55$ donnera :

$$i = 30° \Rightarrow r = 18,8°$$

Donc AES = 71,2° ⇒ ASE = 48,8° ⇒ ESF = 41,2°
L'angle d'incidence ESF étant supérieur à Λ_B, la lumière bleue ne se transmet pas à l'air, elle est réfléchie vers la base dépolie du prisme !

3. a.

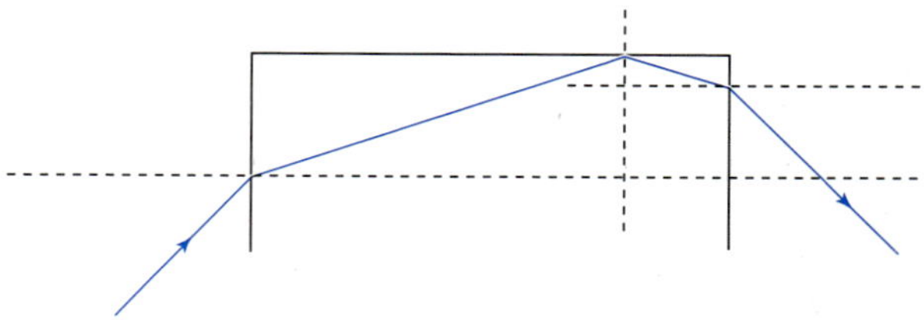

Lors du passage de l'air au verre, l'angle d'incidence est $i = 45°$ et l'angle de réfraction r sera donné par la loi de Descartes.

PROBLÈME TYPE

$n_{ver} \sin r = n_{air} \sin i$, d'où $\sin r = \dfrac{n_{air}}{n_{ver}} \times \sin i$ et enfin :

$$r = \sin^{-1}\left(\frac{n_{air}}{n_{ver}} \times \sin i\right)$$

- Pour la lumière rouge $n_{ver} = 1{,}52$ et cela donne :

$$r = r_R = 27{,}7°$$

- Pour la lumière bleue $n_{ver} = 1{,}55$ et cela donne :

$$r = r_B = 27{,}1°$$

Pour toutes les autres radiations l'indice est $1{,}52 < n < 1{,}55$ et l'angle de réfraction r sera tel que $27{,}1° < r < 27{,}7°$.
Retenons que quelle que soit la couleur de la lumière, $r < 28°$ et dans ces conditions l'incidence sur la face supérieure se fait avec un angle i' tel que $i' > 90 - 28 = 62°$.
Donc i' est plus grand que chacun des angles limite de réfraction. Toutes les radiations lumineuses sont réfléchies en totalité par la face supérieure du cube.

b. Après avoir été réfléchis par la face supérieure, les rayons lumineux atteignent la face verticale opposée à la face d'entrée avec un angle d'incidence que nous noterons i''.
La lumière arrivant d'un milieu plus réfringent vers un milieu moins réfringent, il n'y a pas de risque de réflexion totale, toutes les radiations passeront dans l'air et iront frapper l'écran.
Calculons les angles pour la radiation rouge, puis pour la bleue.

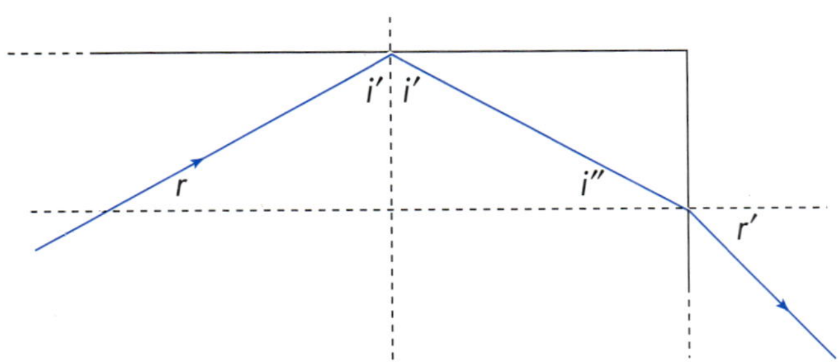

PROBLÈME TYPE

Ce schéma montre que $i'' = r$ et donc que $n_{air} \cdot \sin r' = n_{ver} \cdot \sin r$ soit :

$$r' = \sin^{-1}\left(\frac{n_{ver}}{n_{air}} \cdot \sin r\right)$$

Les deux valeurs extrêmes de r' sont :

- $r'_R = \sin^{-1}\left(\frac{1,52}{1}\sin 27,7\right) = 45,0°$ pour la radiation rouge ;
- $r''_R = \sin^{-1}\left(\frac{1,55}{1}\sin 27,1\right) = 44,9°$ pour la radiation bleue.

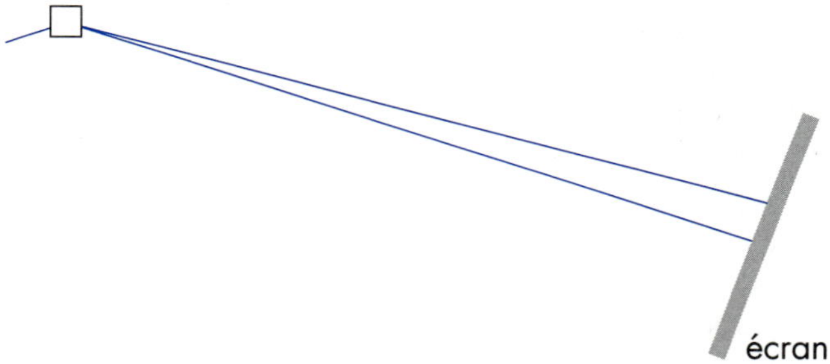

$r'_R - r''_R = \delta r = 0,1° \approx 1,75 \cdot 10^{-3}$ rad

$\tan \delta r \approx \delta r = \frac{d}{L}$, d'où $d = L\delta r$

$d = 1,5 \times 1,75 \cdot 10^{-3} \approx 2,6 \cdot 10^{-3}$ m $= 2,6$ mm.

5 La radioactivité

LES BASES

■ Le noyau d'un atome est formé de nucléons, c'est-à-dire de protons et de neutrons. Si Z est le nombre de protons et N le nombre de neutrons, alors le nombre de nucléons A est tel que :

$$A = Z + N$$

***Z* est aussi appelé numéro atomique.**
***A* est aussi appelé nombre de masse.**

On note : $$^{A}_{Z}\mathrm{X}$$

■ Tous les noyaux de même Z appartiennent au même élément chimique et possèdent le plus souvent des isotopes, c'est-à-dire des noyaux qui diffèrent les uns des autres par leur nombre de neutrons. À titre d'illustration, l'élément hydrogène possède trois isotopes :

- $^{1}_{1}\mathrm{H}$ (1 proton et 0 neutron soit 1 nucléon) ;
- $^{2}_{1}\mathrm{H}$ (1 proton et 1 neutron soit 2 nucléons) ;
- $^{3}_{1}\mathrm{H}$ (1 proton et 2 neutrons soit 3 nucléons).

S'il n'existe qu'une centaine d'éléments chimiques, la très grande majorité d'entre eux possèdent des isotopes et la nature compte un millier de noyaux différents.

■ Dans le diagramme (N, Z) où le numéro atomique Z est en abscisse et où le nombre de neutrons $N = A - Z$ est en ordonnée, chaque noyau est représenté par un point.
À titre d'exemple, on a représenté ci-contre deux isotopes de l'élément aluminium.

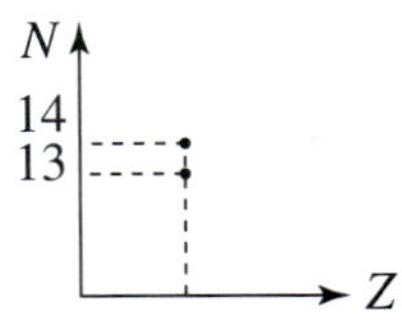

Le point du haut correspond ici à l'isotope le plus abondant ($Z = 13$, $N = 14$ et $A = 27$) et le point du bas correspond alors à l'isotope le plus rare ($Z = 13$, $N = 13$ et $A = 26$).

En plaçant tous les noyaux (N, Z) sur un tel diagramme, on obtient un millier de points qui dessinent une sorte de bande qui devient de plus en plus large à mesure qu'elle s'élève.

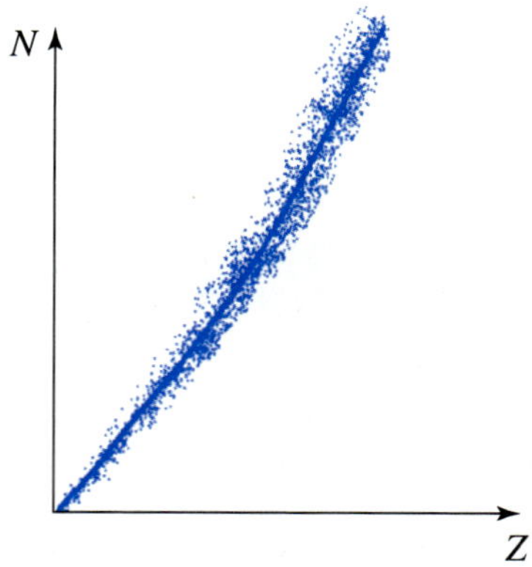

Au centre de cette bande, on trouve des points qui représentent des noyaux stables (c'est la « vallée de la stabilité »).

Au-dessus de cette vallée le rapport $\frac{N}{Z}$ est un peu trop grand pour que les noyaux puissent être stables et au-dessous les noyaux sont instables car le rapport $\frac{N}{Z}$ est un peu trop petit.

■ Lorsqu'un noyau n'est pas stable, il se désintègre spontanément pour se transformer en un noyau plus stable et cette désintégration s'accompagne de l'émission d'une particule. Ces réactions nucléaires spontanées constituent le phénomène de radioactivité.

Ces désintégrations obéissent toutes à quatre lois de conservation :

- conservation de la « quantité de mouvement » (hors programme) ;
- conservation de l'énergie (voir plus loin) ;
- conservation du nombre de nucléons ;
- conservation du nombre de charges.

Radioactivité α :

émission d'une particule α notée ${}_{2}^{4}\alpha$.

Radioactivité β^- :

émission d'un électron noté ${}_{-1}^{0}e^-$.

Radioactivité β^+ :

émission d'un positron noté ${}_{+1}^{0}e^+$.

Radioactivité γ :

émission d'un photon noté ${}_{0}^{0}\gamma$.

Si X est le noyau instable (le père) et Y le noyau plus stable (le fils), les trois premières désintégrations se notent alors :

• désintégration α : ${}^{A_1}_{Z_1}\mathrm{X} \rightarrow {}^{A_2}_{Z_2}\mathrm{X} + {}^{4}_{2}\alpha$

$(A_2 = A_1 - 4 \text{ et } Z_2 = Z_1 - 2)$

• désintégration β⁻ : ${}^{A_1}_{Z_1}\mathrm{X} \rightarrow {}^{A_2}_{Z_2}\mathrm{Y} + {}^{0}_{-1}e^-$

$(A_2 = A_1 \text{ et } Z_2 = Z_1 + 1)$

• désintégration β⁺ : ${}^{A_1}_{Z_1}\mathrm{X} \rightarrow {}^{A_2}_{Z_2}\mathrm{Y} + {}^{0}_{+1}e^+$

$(A_2 = A_1 \text{ et } Z_2 = Z_1 - 1)$

En ce qui concerne le quatrième type de désintégration, les choses sont plus simples car la particule émise n'est pas une particule matérielle.
Il arrive que le fils naisse avec un « trop-plein » d'énergie, on dit que le noyau est dans un état excité que l'on repère par le signe *.
Pour acquérir une stabilité plus grande, le noyau doit alors se débarrasser de ce trop-plein d'énergie et c'est ce qui se passe lors d'une émission γ :

• désintégration γ : ${}^{A}_{Z}\mathrm{X}^* \rightarrow {}^{A}_{Z}\mathrm{X} + {}^{0}_{0}\gamma.$

Loi de décroissance radioactive

■ Un noyau instable, que ce soit un émetteur α, β^-, β^+ ou γ, se désintégrera pour donner un noyau plus stable. Mais il n'y a aucun moyen de savoir quand aura lieu cette désintégration. La désintégration est un phénomène aléatoire qui reste indépendant des conditions physico-chimiques (température, pression, nature de l'élément, ...). Ceci étant, le moindre échantillon de matière radioactive contient tant et tant d'atomes qu'une étude statistique, donnant de très bons résultats, est toujours possible.
Cette étude nous conduit à la loi de décroissance radioactive que nous allons établir.
Considérons un échantillon contenant N atomes instables à la date t.
Un peu plus tard, à la date $(t + \mathrm{d}t)$ le nombre de noyaux capables de se désintégrer a diminué et vaut maintenant $(N + \mathrm{d}N)$ où $\mathrm{d}N$ est une quantité négative.
Bien sûr, $|\mathrm{d}N|$ sera d'autant plus grand que N et $\mathrm{d}t$ sont grands. Donc :

$$\mathrm{d}N = \lambda N \mathrm{d}t \quad \text{soit aussi} \quad \frac{\mathrm{d}N}{N} = -\lambda \mathrm{d}t$$

où λ (en s^{-1}) est appelée **constante radioactive.**

■ En notant N_0 le nombre de noyaux instables existants à la date $t_0 = 0$, il est possible de trouver le nombre N de noyaux instables restants à la date t en effectuant le calcul d'intégration suivant :

$$\int_{N_0}^{N} \frac{\mathrm{d}N}{N} = \int_0^t -\lambda \mathrm{d}t \text{ soit alors } \ln\frac{N}{N_0} = -\lambda t \text{ ou encore } \frac{N}{N_0} = \mathrm{e}^{-\lambda t} \text{ et enfin :}$$

$$\boxed{N = N_0 \mathrm{e}^{-\lambda t}}$$

On montre que l'activité A (mesurée en becquerel Bq) d'un échantillon s'écrit de même :

$$\boxed{A = A_0 \mathrm{e}^{-\lambda t}}$$

■ En notant τ (constante de temps) la grandeur $\frac{1}{\lambda}$ la loi de décroissance radioactive ci-dessus établie peut s'écrire :

$$\boxed{N = N_0 \mathrm{e}^{-\frac{t}{\tau}}}$$

■ On appelle période radioactive (ou demi-vie) la valeur T telle que si $t = T$ alors $N = \frac{N_0}{2}$. Grâce à la loi de décroissance établie ci-dessus, on écrit :

$$N = \frac{N_0}{2} = N_0 \mathrm{e}^{-\lambda T}, \text{ soit aussi } \frac{1}{2} = \mathrm{e}^{-\lambda T} \text{ ou } \ln\left(\frac{1}{2}\right) = \ln(\mathrm{e}^{-\lambda t})$$

$\ln(1) - \ln(2) = -\lambda T$ et puisque $\ln(1) = 0$, on a $\ln(2) = \lambda T$ et pour finir :

$$\boxed{T = \frac{\ln(2)}{\lambda} = \frac{0{,}693}{\lambda} = 0{,}693\tau}$$

Ainsi après T secondes, le nombre de noyaux instables est divisé par 2, après $2T$ secondes il est divisé par 4, après $3T$ secondes par 8, etc.

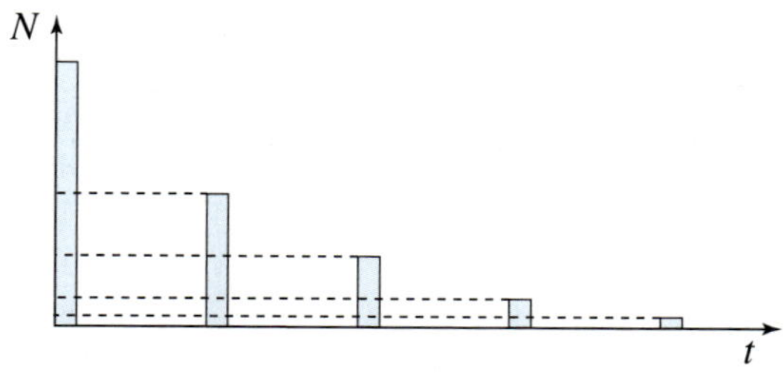

Les demi-vies sont extrêmement variées. Comparons par exemple celle du ^{204}Pb qui est 10 milliards de milliards d'années avec celle du ^{215}Po qui, elle, vaut moins de 0,2 ms et ce bien que tous deux soient des émetteurs α !

APPLIQUER LES BASES

1 **a.** Quand dit-on d'un noyau qu'il est radioactif ?

b. Quelle est la différence entre les radioactivités β^- et β^+ ?

c. Soit un noyau instable (Z ; A).
Que dire du noyau fils si le père est un émetteur α ? un émetteur β^- ? un émetteur β^+ ?

d. Qui était monsieur Becquerel ?
Qu'appelle-t-on becquerel (Bq) ?

2 **a.** L'uranium (92 ; 238) est un émetteur α.
Écrire l'équation de cette désintégration.

b. Le césium (55 ; 137) est un émetteur β^-.
Écrire l'équation de cette désintégration.

c. Le cobalt (27 ; 53) est un émetteur β^+.
Écrire l'équation de cette désintégration.

3 Compléter le tableau suivant :

Père	$^{210}_{84}Po$	C	^{216}At	$^{14}_{7}N$
Émetteur	α	β^-		
Fils	Pb	$^{14}_{7}N$	$^{212}_{83}Bi$	$_{6}C$

4 On dispose d'un échantillon radioactif, de demi-vie $T = 100$ ans et d'activité 10^6 Bq.

a. Quelle était son activité il y a 100 ans ?

b. Quelle sera son activité dans 100 ans ?

c. Quelle sera son activité dans 200 ans ?

d. Dans combien de temps son activité sera-t-elle 100 fois inférieure à l'activité actuelle ?

Réponses

1 **a.** On dit d'un noyau qu'il est radioactif lorsqu'il est capable de se désintégrer spontanément pour donner un noyau plus stable en émettant une particule.

b. Lors d'une désintégration de type β^-, la particule émise est un électron. Lors d'une désintégration de type β^+, la particule émise est un positron.
c. Si le père est émetteur α, la conservation du nombre de nucléons nous permet de dire que le fils possédera 4 nucléons de moins que le père et la conservation de la charge électrique nous dit que parmi ces 4 nucléons en moins, 2 sont des protons :

$$\text{père } (Z ; A) \rightarrow \text{fils } (Z - 2 ; A - 4) + \text{particule } \alpha \ (2 ; 4)$$

Ces mêmes lois de conservation nous disent que :
- si le père est émetteur β^- alors :

$$\text{père } (Z ; A) \rightarrow \text{fils } (Z + 1 ; A) + \text{électron } (-1 ; 0)$$

- si le père est émetteur β^+ alors :

$$\text{père } (Z ; A) \rightarrow \text{fils } (Z - 1 ; A) + \text{positron } (1 ; 0)$$

d. Henri Becquerel (1852 – 1908) était un physicien français qui, faisant des recherches sur la phosphorescence, découvrit la radioactivité en 1896. Son nom a été donné à l'unité d'activité :

$$1 \text{ Bq} = 1 \text{ désintégration par seconde.}$$

2 **a.** ${}^{238}_{92}\text{U} \rightarrow {}^{234}_{90}\text{Th} + {}^{4}_{2}\alpha$

b. ${}^{137}_{55}\text{Cs} \rightarrow {}^{137}_{56}\text{Ba} + {}^{0}_{-1}e^-$

c. ${}^{53}_{27}\text{Co} \rightarrow {}^{53}_{26}\text{Fe} + {}^{0}_{+1}e^+$

3 Le tableau complété est :

Père	${}^{210}_{84}\text{Po}$	${}^{14}_{6}\text{C}$	${}^{216}_{85}\text{At}$	${}^{14}_{7}\text{N}$
Émetteur	α	β^-	α	β^+
Fils	${}^{206}_{82}\text{Pb}$	${}^{14}_{7}\text{N}$	${}^{212}_{83}\text{Bi}$	${}^{14}_{6}\text{C}$

Colonne 1 : le polonium est un émetteur α, donc le fils a pour nombre de masse 210 – 4 = 206 et pour numéro atomique celui du plomb 84 – 2 = 82.
Colonne 2 : le père est émetteur β^- et un électron est donc émis.
L'électron n'étant pas un nucléon, le fils et le père ont même nombre de masse (14).

La conservation de la charge électrique nous permet de trouver le numéro atomique du père :
Charge du père = charge du fils + charge de l'électron ;
Charge du père = nombre de protons du noyau père = 7 + (–1) = 6.
Colonne 3 : A (fils) = A (père) – 4.
Ceci indique une radioactivité α.
Par la suite Z(fils) = Z(père) – 2 et donc Z(père) = 83 + 2 = 85.
Colonne 4 : Z(fils) = Z (père) – 1.
Ceci indique une radioactivité β^+.
Et le nombre de nucléons du fils reste identique à celui du père.

4 **a.** Il y a 100 ans, c'est-à-dire une demi-vie plus tôt, l'activité de l'échantillon était deux fois plus importante, soit donc $2 \cdot 10^6$ Bq.
b. Dans 100 ans, c'est-à-dire une demi-vie plus tard, l'activité de l'échantillon sera deux fois plus petite, soit $5 \cdot 10^5$ Bq.
c. Dans deux demi-vies, l'activité aura été divisée par 2 puis encore par 2. L'activité aura donc été divisée par 4 elle sera égale à $2{,}5 \cdot 10^5$ Bq.

d. Dans $1T$ l'activité sera passée de A_0 à A_1 telle que $A_1 = \frac{A_0}{2^1}$.

Dans $2T$ l'activité sera passée de A_0 à A_2 telle que $A_2 = \frac{A_1}{2^2}$.

Dans $3T$ l'activité sera passée de A_0 à A_3 telle que $A_1 = \frac{A_0}{2^3}$.
...
Dans nT l'activité sera passée de A_0 à A_n telle que $A_n = \frac{A_0}{2^n}$.
On cherche donc n tel que :

$$2^n = \frac{A_0}{A_n} = \frac{10^6}{10^4} = 100 \quad \text{soit} \quad \ln 2^n = n \ln 2 = \ln 100$$

et donc $n = \frac{\ln 100}{\ln 2} = \frac{4{,}605}{0{,}693} = 6{,}645 \approx 6{,}65$.
Il faudrait donc attendre $6{,}65 \times 100 = 665$ ans pour obtenir une activité résiduelle égale à 1 % seulement de l'activité actuelle.

PROBLÈME TYPE

Si un radioélément existe encore en quantité non négligeable sur Terre c'est peut-être parce que sa demi-vie n'est pas négligeable devant l'âge du globe (exemple : la demi-vie du potassium 40 est égale à 1,3 milliard d'années).
Le carbone 14 a une demi-vie très courte devant l'âge de la Terre et il ne devrait plus en rester de nos jours. Pourtant ce radioélément est toujours présent car pendant qu'il s'en détruit par désintégrations spontanées, il s'en fabrique continuellement dans la haute atmosphère.
Quand un neutron cosmique frappe un noyau d'azote, il se forme un atome de carbone 14 et un atome d'hydrogène. Le carbone ainsi formé s'entourant d'oxygène, se retrouve à l'état de dioxyde de carbone atmosphérique et participe ainsi aux cycles naturels. Tant qu'un organisme est vivant, la teneur en carbone 14 de ses tissus est constante. Après le décès de cet organisme, cette teneur ne peut que diminuer puisque la quantité de carbone 14 diminue du fait des désintégrations sans qu'il puisse y avoir de renouvellement.
Le carbone 14 est un émetteur β^- de demi-vie $T \approx 5\,600$ ans.

1. Écrire l'équation qui traduit la désintégration d'un noyau de carbone 14.

2. Un échantillon d'une peinture à base de pigments végétaux est extrait d'une toile supposée ancienne. On mesure alors son activité A.
Une peinture identique à celle du tableau est fabriquée en respectant les techniques de l'époque. Un échantillon de même masse que le précédent est prélevé et son activité A_{ref} est mesurée.

Le rapport $r = \dfrac{A}{A_{ref}}$ a pour valeur 0,948. En déduire l'âge de la toile.

3. Un morceau de chêne a été retrouvé dans une grotte jadis habitée. L'activité A d'un échantillon de ce bois est mesurée puis comparée à celle d'un échantillon de même masse d'un même chêne fraîchement abattu.

Le rapport $r = \dfrac{A}{A_{ref}} = 0{,}352$.

PROBLÈME TYPE

a. En utilisant la loi de décroissance radioactive, donner l'âge du chêne trouvé dans cette grotte.
b. Retrouver graphiquement l'ordre de grandeur du résultat précédent.

4. Il y a longtemps déjà, monsieur Onrk nous quittait. De lui, il ne nous reste qu'une simple molaire dont l'activité est cinq fois plus faible que celle d'une molaire contemporaine.
Quand a eu lieu le décès de M. Onrk ?

5. La datation au carbone 14 peut-elle être utilisée pour dater un os de dinosaure ? Justifiez votre réponse.

Solution

1. Le carbone 14 est un émetteur β^- et donc la désintégration d'un tel noyau conduit à un noyau fils dont le numéro atomique est supérieur d'une unité à celui du père, et à l'émission d'un électron.
L'équation de cette désintégration s'écrit :

$$^{14}_{6}C \rightarrow {}^{14}_{7}C + {}^{0}_{-1}e^-$$

2. À une date t quelconque, le nombre de noyaux instables de l'échantillon est $N = N_0 e^{-\lambda t}$ et son activité est donc $A = A_0 e^{-\lambda t}$.

Ainsi donc $\dfrac{A}{A_0} = e^{-\lambda t}$ et :

$$e^{-\lambda t} = r$$

En prenant le logarithme népérien de chacun des deux membres de cette équation, on obtient $-\lambda t = \ln r$.

Or $T = \dfrac{\ln 2}{\lambda}$ d'où :

$$t = -T\frac{\ln r}{\ln 2}$$

Le calcul donne :

$$t = -5\,600 \times \frac{-0{,}053}{0{,}693} \approx 430 \text{ ans}$$

3. a. De même que pour l'échantillon de peinture, le morceau de bois a un âge tel que :

$$t = -T\left(\frac{\ln r}{\ln 2}\right) = -5\,600\left(-\frac{1{,}044}{0{,}693}\right) \approx 8\,500 \text{ ans}$$

b. En traçant la courbe de décroissance avec soin, il est possible de retrouver l'âge calculé avec une précision satisfaisante car la pente de la courbe est assez grande au point d'ordonnée $A = 0{,}352\ A_0$.

4. Au point d'ordonnée $A = 0{,}2\ A_0$, la pente de la courbe de décroissance n'est plus assez grande pour espérer obtenir une bonne précision.
Seul le calcul peut être assez fiable :

$$t = -T\left(\frac{\ln r}{\ln 2}\right) = -5\,600\left(-\frac{1{,}609}{0{,}693}\right) \approx 13\,000 \text{ ans}$$

5. Les derniers dinosaures ont disparu il y a 65 millions d'années et l'activité résiduelle du carbone 14 d'un de leur os n'est plus mesurable.
On ne peut donc pas dater ces os grâce au carbone 14.
Cette datation se fait grâce à un élément radioactif, présent en quantité non négligeable dans de tels os et dont la demi-vie est bien plus grande que celle du carbone 14.

6 Noyaux, masse et énergie

LES BASES

1 Le défaut de masse

La masse des électrons sera négligée devant celle des nucléons, ce qui revient à assimiler la masse de l'atome à celle, M, de son seul noyau.

La théorie et les expériences montrent que la masse M d'un noyau est toujours inférieure à la somme des masses Σm de chacun des nucléons dont il est formé :

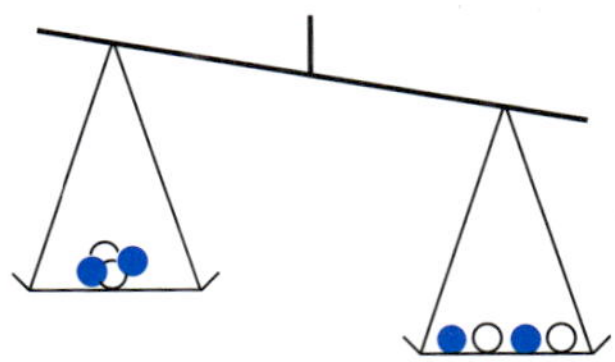

$$M < \Sigma m = Zm_p + (A - Z)m_N$$

La différence Δm est le défaut de masse :

$$\boldsymbol{\Delta m = Zm_p + (A - Z)m_N - M}$$

Remarque. $m_P < m_N$, en effet $m_P \approx 1{,}672 \cdot 10^{-27}$ kg et $m_N \approx 1{,}674 \cdot 10^{-27}$kg.

■ Exemple de l'hélium ^4_2He

$M \approx 6{,}642 \cdot 10^{-27}$ kg alors que $\Sigma m = 2m_P + 2m_N \approx 6{,}692 \cdot 10^{-27}$ kg

soit donc $\Delta m \approx \Sigma m - M \approx 0{,}050 \cdot 10^{-27}$ kg.

En choisissant comme unité de masse u le douzième de la masse d'un atome de carbone 12, on obtient :

- $1 \text{ u} = 1{,}66 \cdot 10^{-27}$ kg ;
- $\Sigma m = \dfrac{6{,}692 \cdot 10^{-27}}{1{,}66 \cdot 10^{-27}} = 4{,}031$ u ;
- $M = \dfrac{6{,}642 \cdot 10^{-27}}{1{,}66 \cdot 10^{-27}} = 4{,}001$ u ;
- $\Delta m = \dfrac{0{,}050 \cdot 10^{-27}}{1{,}66 \cdot 10^{-27}} = 0{,}030$ u.

2 Équivalence masse-énergie

C'est Einstein qui a découvert que la masse est une forme d'énergie et il a su donner la relation qui lie ces deux grandeurs l'une à l'autre.
La fameuse équation d'Einstein révèle que :

$$E = mc^2$$

où E est en J, m en kg, c en $m \cdot s^{-1}$.
Ainsi, au défaut de masse correspond une énergie. Cette énergie est celle qui permet au noyau de garder sa cohésion, on l'appelle **énergie de liaison** E_L.
L'énergie de liaison d'un noyau est liée au défaut de masse et elle s'écrit :

$$E_L = \Delta m c^2$$

Il est alors possible de définir une **énergie de liaison par nucléon** E_a en divisant l'énergie de liaison du noyau par le nombre de nucléons dont il est formé :

$$E_a = \frac{E_L}{A} = \frac{\Delta m c^2}{A}$$

■ **Exemple de l'hélium ^4_2He**

$\Delta m \approx 0{,}050 \cdot 10^{-27}$ kg

$E_L = \Delta m c^2 \approx 0{,}050 \cdot 10^{-27} \times (3 \cdot 10^8)^2 = 4{,}5 \cdot 10^{-12}$ J

$E_a = \dfrac{E_L}{A} \approx \dfrac{4{,}5 \cdot 10^{-12}}{4} \approx 1{,}13 \cdot 10^{-12}$ J.

Une unité plus adaptée à ces énergies que le joule est l'électron-volt défini par 1 eV = $1{,}6 \cdot 10^{-19}$ J.
Par suite 1 Mev = 10^6 eV = $1{,}6.10^{-13}$ J.
On a alors :

- $E_L = \dfrac{4{,}5 \cdot 10^{-12}}{1{,}6 \cdot 10^{-19}} \approx 2{,}8 \cdot 10^7$ eV = 28 MeV ;
- $E_a \approx \dfrac{28}{4} = 7$ MeV.

■ D'autre part, puisque $m = \dfrac{E}{c^2}$, il est astucieux de convenir d'une nouvelle unité de masse : le MeV/c^2.
Ce faisant, masse et énergie auront toujours la même valeur numérique.

Exemple.

Une masse de 24,56 MeV/c^2 équivaut à une énergie de 24,56 MeV ;
une énergie de 145,6 MeV équivaut à une masse de 145,6 MeV/c^2.

1 u = 1,66 · 10^{-27} kg

1 u = 931,5 MeV/c^2

3 Courbe d'Aston

Tous les noyaux ne possèdent pas la même énergie de liaison par nucléon.
Pour certains noyaux, l'énergie E_a est importante et ces noyaux sont très stables alors que, pour d'autres, E_a est faible et ces noyaux sont moins stables voire même instables.

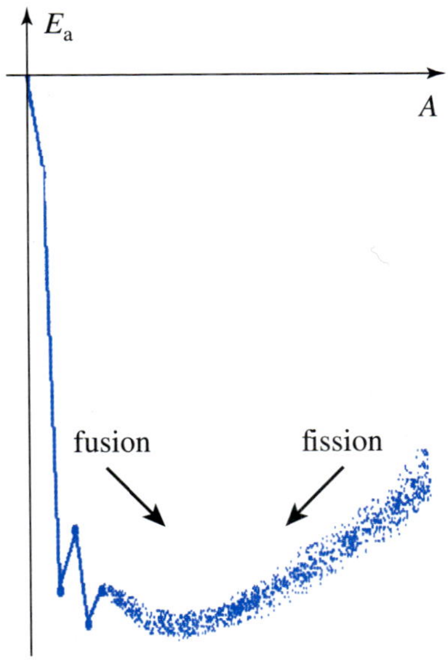

La courbe d'Aston donne E_a en fonction du nombre de masse A de chacun des noyaux.

Pour bien comprendre cette courbe, sachez que le noyau est plus stable que les nucléons isolés.
Son énergie est donc inférieure à celle des nucléons isolés et que si l'on choisit l'état non lié comme zéro des énergies alors les toutes les énergies de liaison par nucléon E_a sont négatives !
Chaque noyau est représenté par un point (il y en a un millier et non pas cent car les isotopes n'ont pas été oubliés).
Les noyaux les plus stables sont ceux pour lesquels l'énergie $-E_a$ est la plus petite, ce qui se produit pour des nombres de masse voisins de $Z = 56$ c'est-à-dire proches du fer.
En détruisant un noyau, on libère son énergie de liaison ; cette destruction est donc productrice d'énergie.
La courbe d'Aston montre qu'une libération d'énergie est possible si l'on casse un noyau lourd (c'est la fission) ou si, à partir de noyaux légers, on fabrique un noyau plus lourd (c'est la fusion).

4 Fission nucléaire

En envoyant un neutron lent sur un noyau instable (^{235}U ou ^{239}Pu) il est possible de casser ce noyau qui se scinde en deux parties tout en émettant quelques neutrons.

$$^{235}_{92}\mathrm{U} + {}^{1}_{0}\mathrm{n} \rightarrow {}^{A_1}_{Z_1}\mathrm{X}_1 + {}^{A_2}_{Z_2}\mathrm{X}_2 + k\,{}^{1}_{0}\mathrm{n}$$

- Conservation du nombre de nucléons :

$$A_1 + A_2 + k = 235 + 1 = 236$$

- Conservation du nombre de charges :

$$Z_1 + Z_2 = 92 + 0 = 92$$

■ Exemple de fission : $^{235}_{92}\mathrm{U} + {}^{1}_{0}\mathrm{n} \rightarrow {}^{95}_{39}\mathrm{Y} + {}^{138}_{53}\mathrm{I} + 3\,{}^{1}_{0}\mathrm{n}$

La courbe d'Aston indique une énergie de liaison par nucléon E_a de 7,6 MeV pour l'uranium et de 8,5 MeV pour les produits de fission : yttrium 95 et iode 138.
Une énergie de 0,9 MeV par nucléon soit $0{,}9 \times 235 = 212$ MeV est donc libérée chaque fois qu'un noyau d'uranium est cassé.
La fission d'un seul gramme d'uranium 235 libère autant d'énergie que trois tonnes de charbon.

5 Fusion nucléaire

C'est une réaction au cours de laquelle des noyaux légers s'unissent pour former un noyau plus lourd. La fusion contrôlée n'en est encore qu'au stade expérimental et n'est donc pas encore exploitée industriellement. Mais on sait que c'est elle qui permet aux étoiles de rayonner autant d'énergie !

■ Exemple de fusion : $^{2}_{1}\mathrm{H} + {}^{3}_{1}\mathrm{H} \rightarrow {}^{4}_{2}\mathrm{He}^{\circ} + {}^{1}_{0}\mathrm{n}$

La conservation de l'énergie montre que 17,6 MeV sont libérés pour chaque atome d'hélium formé, soit donc environ $1{,}7 \cdot 10^{12}$ J par mole (4 g) et donc une énergie libérée 200 millions de fois plus importante que la combustion du charbon !

APPLIQUER LES BASES

1 **a.** Quelle est l'unité de masse la mieux adaptée en physique nucléaire ?
Quelle est l'unité d'énergie la mieux adaptée en physique nucléaire ?
b. Combien vaut la masse d'un proton lorsqu'elle est exprimée en u ?
Combien vaut la masse d'un neutron dans cette même unité ?
c. Un moucheron de masse $m = 0{,}1$ g vole à la vitesse $v = 1 \text{ cm} \cdot \text{s}^{-1}$.
Quelle est son énergie cinétique en J ? Combien vaut-elle en eV ?
d. La masse d'un électron est $m_{\text{el}} \approx 9{,}1 \cdot 10^{-31}$ kg.
À quelle vitesse se déplace-t-il si son énergie cinétique est $E_{\text{c}} = 1$ eV ?

2 **a.** Quelle est la masse de 3 protons additionnée à celle de 4 neutrons ?
b. La masse M d'un noyau de lithium ($Z = 3$; $A = 7$) est-elle supérieure égale ou inférieure à la masse calculée au **2** **a.** ? Pourquoi ?
c. Que vaut le défaut de masse (en u) pour un noyau de lithium sachant que l'énergie de liaison par nucléon y est égale à 5,6 MeV ?

3 Du fait des réactions de fusion qui se produisent en son cœur, la masse du Soleil diminue, chaque seconde, de 4 milliards de tonnes !
Quelle est l'énergie rayonnée par le Soleil chaque année ?

4 La demi-vie du carbone (6 ; 14) est si courte qu'il ne devrait plus exister de nos jours. Pourtant le taux de carbone (6 ; 14) dans l'atmosphère reste constant car les désintégrations auquel il est sujet sont compensées par des régénérations qui se produisent dans la haute atmosphère, où des neutrons (0 ; 1) réagissent avec de l'azote (7 ; 14) pour donner du carbone (6 ; 14) et de l'hydrogène (1 ; 1). Comment s'écrit cette réaction nucléaire ? Est-ce une fission, une fusion, ou ni l'un ni l'autre ?

5 Un noyau d'uranium (92 ; 235) peut se fissurer pour donner deux noyaux fils (40 ; 92) et (52 ; 142). En s'aidant d'une classification périodique, écrire l'équation de cette fission nucléaire.

6 Au centre du Soleil des noyaux d'hélium sont l'aboutissement d'une suite de réactions dont le bilan global peut se dire ainsi : « Pour obtenir un noyau d'hélium il faut que quatre noyaux d'hydrogène fusionnent entre eux ».
Comment peut-on écrire cette équation bilan ?

Réponses

1 a. L'unité de masse la mieux adaptée est l'unité de masse atomique (u) qui correspond approximativement à la masse d'un nucléon : $1{,}66 \cdot 10^{-27}$ kg.

b. L'unité d'énergie la mieux adaptée est le MeV = 10^6 eV qui, en ordre de grandeur, correspond à l'énergie de liaison d'un nucléon dans un noyau :

$$1 \text{ eV} = 1{,}6 \cdot 10^{-19} \text{ J} \quad \text{et donc} \quad 1 \text{ MeV} = 1{,}6.10^{-13} \text{ J}$$

c. L'énergie cinétique du moucheron s'écrit, par définition $E_c = \frac{1}{2}mv^2$.

Soit donc ici :

$$E_c = 0{,}5 \times 0{,}1 \cdot 10^{-3} \times (10^{-2})^2 = 5 \cdot 10^{-19} \text{ J}$$

soit aussi $E_c = \dfrac{5 \cdot 10^{-19}}{1{,}6 \cdot 10^{-19}} \approx 3{,}1 \cdot 10^{10} \text{ eV} = 3{,}1 \cdot 10^4 \text{ MeV}.$

d. L'énergie cinétique de l'électron est $E_c = \frac{1}{2}mv^2$ soit :

$$\boxed{v = \sqrt{\frac{2E_c}{m}}}$$

$$v = \sqrt{\frac{2 \times 1{,}6 \cdot 10^{-19}}{9{,}1 \cdot 10^{-31}}} \approx 5{,}93 \cdot 10^5 \text{ m} \cdot \text{s}^{-1} \quad \text{soit} \quad v \approx 600 \text{ km} \cdot \text{s}^{-1}$$

2 a. $\Sigma m = 3 \times m_P + 4 \times m_N = (3 \times 1{,}672 \cdot 10^{-27}) + (4 \times 1{,}674 \cdot 10^{-27})$

$$\Sigma m = 11{,}712 \cdot 10^{-27} \text{ kg} = \frac{11{,}712 \cdot 10^{-27}}{1{,}66 \cdot 10^{-27}} = 7{,}055 \text{ u}$$

b. La masse M du noyau de lithium est inférieure à Σm ci-dessus calculée puisqu'à l'énergie de liaison des nucléons correspond un défaut de masse.

c. Le noyau est formé de A nucléons soit donc $E_L = AE_a$.
La relation d'Einstein nous apprend aussi que $E_L = \Delta m c^2$.
Soit $\Delta m c^2 = AE_a$ et donc :

$$\boxed{\Delta m = \frac{AE_a}{c^2}}$$

Avec $A = 3 + 4 = 7$; $c = 3 \cdot 10^8 \text{ m} \cdot \text{s}^{-1}$
et $E_a = 5{,}6 \text{ MeV} = 5{,}6 \times 1{,}6 \cdot 10^{-13} = 8{,}96 \cdot 10^{-13}$ J,

on obtient :

$$\Delta m = \frac{7 \times 8{,}96 \cdot 10^{-13}}{(3 \cdot 10^8)^2} = 6{,}97 \cdot 10^{-29}\ \text{kg} = 0{,}042\ \text{u}$$

Enfin, $M = \Sigma m - \Delta m = 7{,}055 - 0{,}042 = 7{,}013$ u.

3 La masse du Soleil diminue de 4 milliards de tonnes ($4 \cdot 10^{12}$ kg) à chaque seconde.
En un an la masse du Soleil diminue de $\approx 4 \cdot 10^{12} \times (365{,}25 \times 24 \times 3\,600)$ kg soit une variation de masse $\Delta m \approx 1{,}262 \cdot 10^{20}$ kg. En considérant que cette masse perdue se transforme intégralement en énergie E_{ray}, on a :

$$E_{ray} = \Delta m c^2 = 1{,}262 \cdot 10^{20} \times (3 \cdot 10^8)^2 \approx 1{,}17 \cdot 10^{37}\ \text{J}$$

4 La réaction nucléaire s'écrit :

$$^{14}_{7}\text{N} + {}^{1}_{0}\text{n} \rightarrow {}^{14}_{6}\text{C} + {}^{1}_{1}\text{H}$$

Ce n'est pas une fission car la réaction ne produit pas de neutrons.
Ce n'est pas une fusion car on obtient deux noyaux et non pas un seul.

Remarque. Cette réaction est une **transmutation**.

5 La classification périodique nous rappelle que les éléments de numéro atomique 40 et 52 sont le zirconium (Zr) et le tellure (Te).

La réaction s'écrit donc $^{235}_{92}\text{U} + {}^{1}_{0}\text{n} \rightarrow {}^{92}_{40}\text{Zr} + {}^{142}_{52}\text{Te} + x\,{}^{1}_{0}\text{n}$.

La loi de conservation de la charge est respectée : $92 + 0 = 40 + 52 + 0$.
La loi de conservation des nucléons s'écrit $235 + 1 = 92 + 142 + x$, soit donc $x = 2$ et enfin :

$$^{235}_{92}\text{U} + {}^{1}_{0}\text{n} \rightarrow {}^{92}_{40}\text{Zr} + {}^{142}_{52}\text{Te} + 2\,{}^{1}_{0}\text{n}$$

6 En écrivant $4\,{}^{1}_{1}\text{H} \rightarrow {}^{4}_{2}\text{He}$ on constate que si le nombre de nucléons est bien respecté, il n'en est pas de même pour le nombre de charges.
Il y a donc émission de particules. Ces particules, chargées positivement, ne peuvent pas être des protons (le nombre de nucléons est bon) il s'agit donc de positrons qui se forment par deux.
L'équation bilan de la fusion proposée est donc :

$$4\,{}^{1}_{1}\text{H} \rightarrow {}^{4}_{2}\text{He} + 2\,{}^{0}_{1}e^{+}$$

PROBLÈME TYPE

Un noyau d'uranium 235 absorbe un neutron lent et l'équation bilan de la fission qui s'ensuit peut s'écrire :

$$^{235}_{92}U + ^{1}_{0}n \rightarrow ^{136}_{54}Xe + ^{88}_{x}Sr + y\,^{1}_{0}n$$

1. En utilisant les lois de conservation, trouver x et y.

2. a. Calculer le défaut de masse, exprimé en u puis en kg, qui correspond à cette fission en utilisant les valeurs ci-contre.

b. En déduire l'énergie libérée lors de la fission d'un seul noyau d'uranium.

c. Combien d'énergie peut-on alors tirer de la fission d'un kilogramme de ce combustible nucléaire si l'on suppose toutes les fissions identiques à celle proposée ?

Élément	Masse
$^{1}_{0}n$	1,009 u
$^{235}_{92}U$	235,039 u
$^{136}_{54}Xe$	135,904 u
$^{88}_{x}Sr$	87,904 u

3. Le pouvoir calorique du charbon est de 25 $MJ \cdot kg^{-1}$, celui du pétrole est de 40 $MJ \cdot kg^{-1}$.
Quel est celui de l'uranium 235 ?

4. Une centrale nucléaire a une puissance P = 100 MW.
Pendant combien de temps cette centrale peut-elle fonctionner avec 1 kg d'uranium ?

5. On suppose que les produits de fission formés sont assez massifs pour pouvoir être considérés comme immobiles et que toute l'énergie libérée est emportée sous forme cinétique par les neutrons. Quelle est alors la vitesse moyenne des neutrons formés ?

6. À quelle condition ces neutrons pourront-ils servir à déclencher d'autres fissions ?

7. À quoi servent les barres de contrôles des réacteurs nucléaires ?

PROBLÈME TYPE

Solution

1. L'équation est $^{235}_{92}U + ^{1}_{0}n \rightarrow ^{136}_{54}Xe + ^{88}_{x}Sr + y^{1}_{0}n$

Conservation du nombre de charges :

$$92 + 0 = 54 + x + 0, \text{ soit } x = 92 - 54 = 38$$

Conservation du nombre de nucléons :

$$235 + 1 = 136 + 88 + y, \text{ soit } y = 236 - 224 = 12.$$

Ainsi : $\boxed{^{235}_{92}U + ^{1}_{0}n \rightarrow ^{136}_{54}Xe + ^{88}_{38}Sr + 12^{1}_{0}n}$

2. a. $\Delta m = [m_{Xe} + m_{Sr} + 12m_n] - [m_U + m_n]$

$\Delta m = [135,904 + 87,904 + (12 \times 1,009)] - [235,039 + 1,009]$

$\Delta m = -0,132$ u

b. $\Delta m = -0,132$ u et 1 u = 931,5 MeV/c^2 donc :

$$\Delta m = -0,132 \times 931,5 \approx -123 \text{ Mev/c}^2$$

La variation d'énergie est de – 123 MeV.

La fission d'un seul noyau d'uranium libère 123 MeV.

c. 1 u = $1,66 \cdot 10^{-27}$ kg et $m_U = 235,039$ u $\approx 3,9 \cdot 10^{-25}$ kg.

Si la fission de $3,9.10^{-25}$ kg d'uranium libère 123 MeV, c'est que la fission d'un kilogramme libère :

$$\frac{123}{3,9 \cdot 10^{-25}} = 3,15 \cdot 10^{26} \text{ MeV}$$

soit aussi $3,15 \cdot 10^{26} \times 1,6 \cdot 10^{-13} \approx 5 \cdot 10^{13}$ J.

La fission d'un kilogramme d'uranium libère donc une énergie environ égale à $5 \cdot 10^{7}$ MJ.

3. Le pouvoir calorique de l'uranium est $5 \cdot 10^{7}$ MJ $\cdot$ kg^{-1} ;

il est donc $\dfrac{5 \cdot 10^7}{25}$ fois plus grand que celui du charbon ;

il est aussi $\dfrac{5 \cdot 10^7}{40}$ fois plus grand que celui du pétrole.

Le pouvoir calorique de l'uranium est 2 millions de fois plus grand que celui du charbon et 1,25 millions de fois plus grand que celui du pétrole.

PROBLÈME TYPE

4. En supposant que tous les noyaux se fissurent, avec 1 kg d'uranium la centrale produit une énergie :

$$E_{\text{prod}} = 5 \cdot 10^{7}\ \text{MJ} = 5 \cdot 10^{13}\ \text{J}$$

Puisque la puissance de cette centrale est :

$$P_{\text{cent}} = 100\ \text{MW} = 10^{8}\ \text{W}$$

elle peut fonctionner pendant un temps t tel que :

$$t = \frac{E_{\text{prod}}}{P_{\text{cent}}} = \frac{5 \times 10^{13}}{10^{8}} = 5 \cdot 10^{5}\ \text{s} \quad \text{soit près de 6 jours}$$

5. Chacun des12 neutrons libérés par une fission emporte avec lui une énergie cinétique égale au 1/12ᵉ de l'énergie libérée par la fission, c'est-à-dire $E_{\text{c}} = \dfrac{123}{12} = 10{,}25\ \text{MeV}$.

Comme $\quad E_{\text{c}} = \dfrac{1}{2} m_{\text{n}} v^{2} \quad$ alors : $\quad v = \sqrt{\dfrac{2E_{\text{c}}}{m_{\text{n}}}}$

$E_{\text{c}} = 10{,}25 \times 1{,}6 \cdot 10^{-13} = 1{,}64 \cdot 10^{-12}\ \text{J}$
$m_{\text{n}} = 1{,}009 \times 1{,}66 \cdot 10^{-27} = 1{,}675 \cdot 10^{-27}\ \text{kg}$
$v = 4{,}4 \cdot 10^{7}\ \text{m} \cdot \text{s}^{-1}$.

6. Ces neutrons sont bien trop rapides pour pouvoir être absorbés par des noyaux d'uranium pour finalement les fissurer.
Il faudra donc les ralentir.

7. Les fissions produisent $k = 12$ neutrons. Si chacun de ces neutrons est ralenti et libre d'aller frapper un noyau, alors à partir d'un seul neutron on obtient très vite 12, puis 144, puis 1 728, puis 20 736 … fissions.
Les énergies libérées deviennent considérables et cette réaction en chaîne aboutit, si elle n'est pas contrôlée, à un accident dramatique.
Les barres de contrôle sont là pour éviter de telles catastrophes.
Elles sont enfoncées dans les réacteurs pour faire baisser le nombre de neutrons efficaces et le ramener à $k = 1$.
À l'inverse, si ces barres sont trop enfoncées, alors $k < 1$ et la réaction s'arrête assez vite.

7 Dipôle RC

LES BASES

1 Le condensateur

Un condensateur est constitué de deux armatures conductrices A et B séparées par un isolant. Le symbole d'un condensateur rappelle cette constitution.

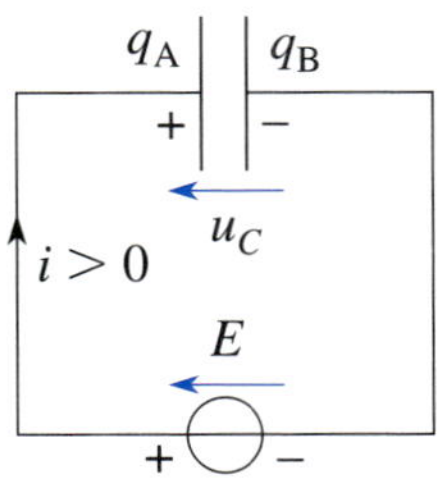

Lorsque le condensateur est relié à un générateur qui entretient entre ses bornes une tension continue E alors le pôle positif de ce générateur arrache des électrons à l'armature A pendant que le pôle négatif dépose des électrons sur l'armature B.
Les électrons déplacés ne pouvant pas traverser l'isolant, des charges s'accumulent sur chacune des armatures : l'armature A porte alors la charge $q_A > 0$ pendant que l'armature B porte une charge $q_B < 0$ telle qu'à chaque instant $q_A = -q_B = q$.
Tant que la tension u_C qui apparaît entre les armatures n'est pas égale à E, des électrons sont déplacés de l'armature A vers l'armature B et les valeurs de q et de u_C augmentent. Aussitôt que $u_C = E$, ce déplacement de charges cesse et les armatures portent des charges telles que :

$$q_A = Cu_C \text{ et } q_B = -Cu_C$$

où C est la capacité du condensateur (en F).
La relation liant la charge q portée par les armatures à la tension u_C qui existe entre ces armatures est :

$$\boxed{q = Cu_c}$$

Par définition, l'intensité du courant dans un conducteur correspond au débit de charges, c'est-à-dire à la quantité de charges transportées par unité de temps dans ce conducteur.

Pour un temps assez long Δt, une charge Δq est transportée, l'intensité moyenne pendant Δt est donc $i = \frac{\Delta q}{\Delta t}$.

Pour un temps plus court δt, on peut écrire $i = \frac{\delta q}{\delta t}$ et pour un temps encore plus court, quand $\delta t \to 0$:

$$i = \frac{\mathrm{d}q}{\mathrm{d}t}$$

puisque $q = Cu_C$ et $i = \frac{\mathrm{d}q}{\mathrm{d}t}$ alors $i = \frac{\mathrm{d}}{\mathrm{d}t}(Cu_C) = C\frac{\mathrm{d}u_C}{\mathrm{d}t}$.

La relation liant l'intensité instantanée $i(t)$ du courant à la tension instantanée $u_C(t)$ est :

$$i(t) = C\frac{\mathrm{d}u_C(t)}{\mathrm{d}t}$$

Si la charge du condensateur se fait à intensité constante, c'est que la dérivée de $u_C(t)$ par rapport au temps est une constante et que donc $u_C(t) = at + b$.

À la date $t = 0$, la charge est nulle et $u_C(0) = b = 0$.

Pendant sa charge, la tension $u_C(t)$ aux bornes d'un condensateur est fonction affine du temps. Ensuite $u_C(t) = E$.

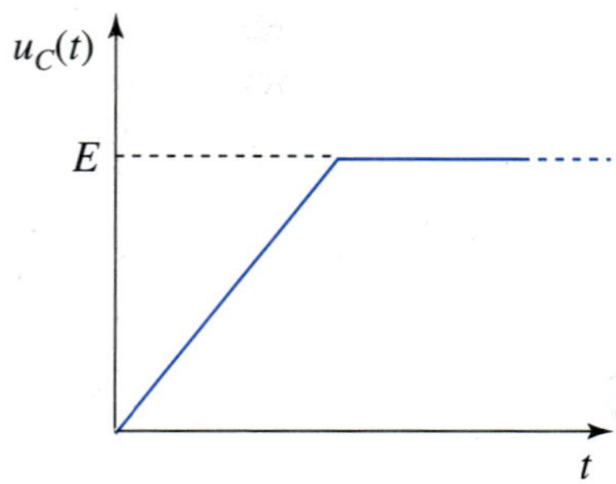

2 Dipôle *RC* et échelon de tension

Le dipôle *RC* est l'association en série d'un condensateur et d'une résistance.

On dit que le dipôle *RC* est soumis à un échelon de tension E s'il est soumis à une tension variant « brutalement » d'une valeur nulle à une valeur E.

On suppose le condensateur déchargé lorsque l'on ferme l'interrupteur à la date $t_0 = 0$ et donc aussi que $u_C(0) = 0$. Dès que l'interrupteur est abaissé, le dipôle *RC* est soumis à un échelon de tension de valeur E.

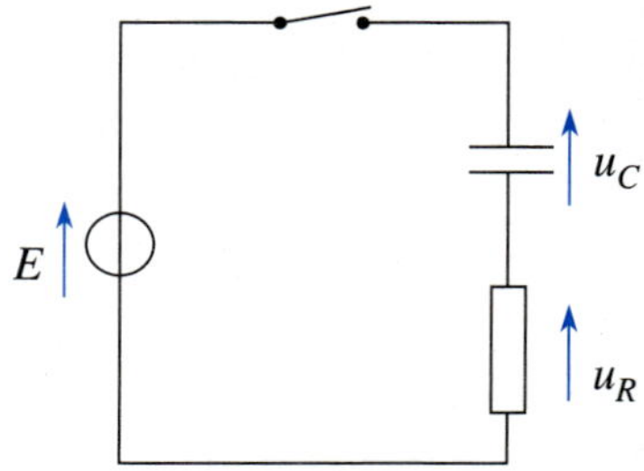

Pour $t > 0$ on a $u_R + u_C = E$. Or $u_R = Ri$ et $i = C\frac{du_C}{dt}$ donc :

$RC\frac{du_C}{dt} + u_C = E$ soit encore :

$$\frac{du_C}{dt} + \frac{1}{\tau}u_C = \frac{E}{\tau} \quad \text{en posant} \quad \tau = RC$$

Sachant que la solution est de la forme $u_C = ae^{-\alpha t} + b$, on obtient :

$$\frac{d}{dt}(ae^{-\alpha t} + b) + \frac{1}{\tau}(ae^{-\alpha t} + b) = \frac{E}{\tau}$$

$$-\alpha ae^{-\alpha t} + \frac{a}{\tau}e^{-\alpha t} + \frac{b}{\tau} = \frac{E}{\tau}$$

où a, b et α sont trois constantes à déterminer.

Pour $t \to \infty$, $e^{-\alpha t} \to 0$ et donc $\frac{b}{\tau} = \frac{E}{\tau}$, soit $b = E$, d'où :

$$\frac{d}{dt}(ae^{-\alpha t} + E) + \frac{1}{\tau}(ae^{-\alpha t} + E) = \frac{E}{\tau}$$

$$-\alpha ae^{-\alpha t} + \frac{1}{\tau}ae^{-\alpha t} + \frac{E}{\tau} = \frac{E}{\tau}$$

$$-\alpha ae^{-\alpha t} + \frac{1}{\tau}ae^{-\alpha t} = \frac{E}{\tau} - \frac{E}{\tau} = 0 \quad \text{soit} \quad \alpha = \frac{1}{\tau}$$

La solution est donc $u_C(t) = ae^{-\frac{t}{\tau}} + E$.

Pour $t = 0$: $u_C = 0$ et $e^{-\frac{t}{\tau}} = 1$ donc $a + E = 0$ $a = -E$.

La réponse du condensateur à un échelon de tension E est une tension $u_C(t)$ continue qui vaut :

$$u_C(t) = E\left(1 - e^{-\frac{t}{\tau}}\right)$$

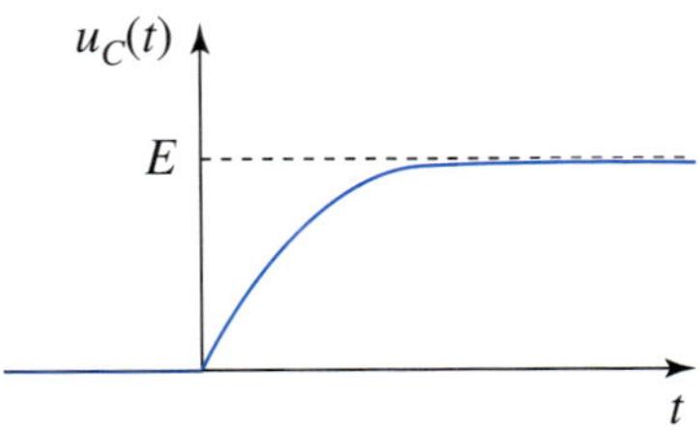

On obtient maintenant facilement :

$$q(t) = Cu_C(t) = CE\left(1 - e^{-\frac{t}{\tau}}\right) \quad \text{puis} \quad \left(i(t) = \frac{dq(t)}{dt} = \frac{E}{R}e^{-\frac{t}{\tau}}\right)$$

3 Décharge d'un condensateur

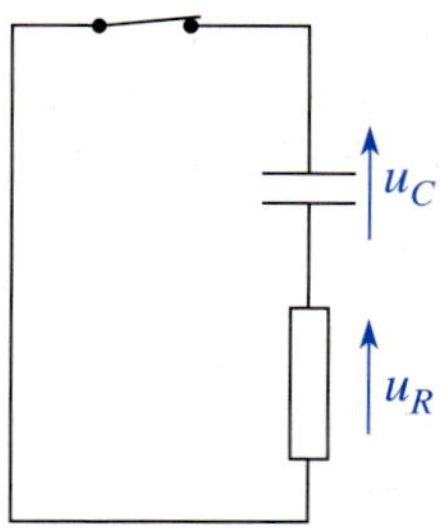

On suppose que le condensateur est complètement chargé sous la tension E au moment où on abaisse l'interrupteur (date $t_0 = 0$).

Dès la fermeture de l'interrupteur $u_C + u_R = 0$, soit :

$$u_C + RC\frac{\mathrm{d}u_C(t)}{\mathrm{d}t} = 0 \quad \text{soit aussi} \quad \frac{\mathrm{d}u_C(t)}{\mathrm{d}t} + \frac{1}{\tau}u_C = 0$$

Sachant que la solution est de la forme :

$$u_C = a\,\mathrm{e}^{-\alpha t} + b$$

on obtient $\frac{\mathrm{d}}{\mathrm{d}t}(a\mathrm{e}^{-\alpha t} + b) + \frac{1}{\tau}(a\mathrm{e}^{-\alpha t} + b) = 0$ ou encore :

$$-\alpha a\mathrm{e}^{-\alpha t} + \frac{a}{\tau}\mathrm{e}^{-\alpha t} + \frac{b}{\tau} = 0$$

Pour $t \to \infty$, $\mathrm{e}^{-\alpha t} \to 0$ et on a alors $\frac{b}{\tau} = 0$ ce qui donne $b = 0$.

L'équation devient $\left(\frac{1}{\tau} - \alpha\right)a\mathrm{e}^{-\alpha t} = 0$ et ceci conduit à $\alpha = \frac{1}{\tau}$.

La solution s'écrit maintenant $u_C(t) = a\mathrm{e}^{-\frac{t}{\tau}}$.

Pour $t = 0$, $\mathrm{e}^{-\frac{t}{\tau}} = 1$ et $u_C(t) = a = E$ soit $a = E$.

Lors de la décharge d'un condensateur dans une résistance la tension, qui reste continue, s'écrit :

$$u_C(t) = E\mathrm{e}^{-\frac{t}{\tau}}$$

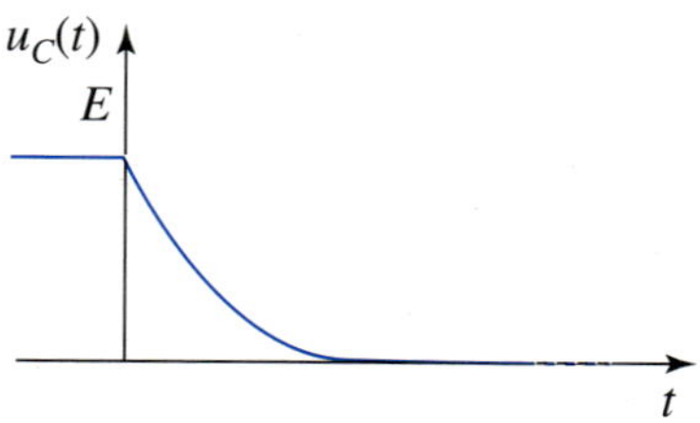

On obtient alors facilement :

$$q(t) = Cu_C(t) = CE\mathrm{e}^{-\frac{t}{\tau}} \quad \text{puis} \quad i(t) = \frac{\mathrm{d}q(t)}{\mathrm{d}t} = -\frac{E}{R}\mathrm{e}^{-\frac{t}{\tau}}$$

4 La constante de temps

Dans les équations et les solutions précédentes, nous avons posé $\tau = RC$.
Il n'est pas difficile de montrer que le produit RC a les dimensions d'un temps et c'est la raison pour laquelle τ est appelée constante de temps du dipôle RC.

τ est la constante de temps du dipôle *RC*, elle s'exprime en secondes.

Lors de sa charge, un condensateur atteint 67 % de sa charge finale après le temps τ. Inversement, τ secondes après le début de sa décharge, il lui reste encore 33 % de sa charge initiale (voir les courbes ci-dessous).
Une autre façon de trouver graphiquement la valeur de la constante de temps consiste à tracer la tangente à la courbe $u_C(t)$ à la date $t = 0$ et de voir où elle coupe la droite $u_C(t) = E$, s'il s'agit d'une charge ou la droite $u_C(t) = 0$, s'il s'agit d'une décharge.

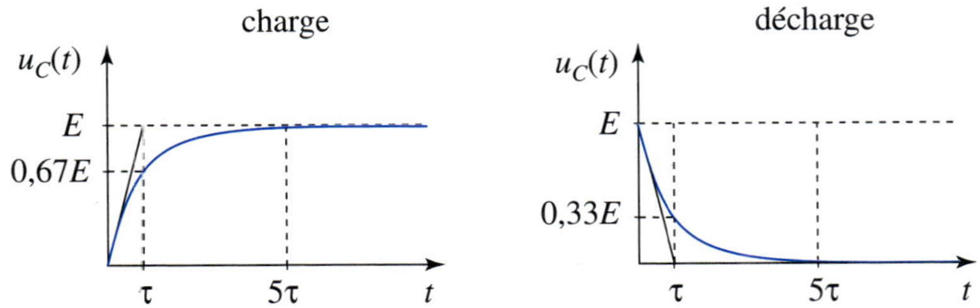

Nous considérerons la charge ou la décharge terminée après le temps $t = 5\tau$.

Lors de la charge ou de la décharge d'un condensateur, le régime transitoire durant lequel la tension $u_C(t)$ varie a une durée égale à 5τ.

5 Aspect énergétique

Des expériences de cours montrent que le condensateur stocke de l'énergie électrique pendant sa charge et qu'il peut la restituer lors de sa décharge.
Cette énergie, que nous noterons E_{cond}, peut s'écrire soit en fonction de C et de U, soit de Q et de U soit aussi en fonction de Q et de C :

$$E_{\text{cond}} = \frac{1}{2}CU^2 = \frac{1}{2}QU = \frac{1}{2}\frac{Q^2}{C}$$

Mieux vaut ne retenir que la première de ces expressions et retrouver, si besoin, les deux autres en se souvenant que $Q = CU$.

APPLIQUER LES BASES

1 **a.** À quelle tension doit-on soumettre les armatures d'un condensateur de capacité $C = 150$ nF si on désire que sa charge finale soit $Q = 1{,}8$ µC ?
b. Un condensateur de capacité 10 µF a pu stocker, lors de sa charge, une énergie de 2 mJ.
Sous quelle tension la charge a-t-elle été faite ?

2 **a.** Tracer l'allure des courbes $u_C(t)$, $q(t)$ et $i(t)$ en fonction du temps lors de la charge d'un condensateur de capacité C soumis à une tension E.
b. Tracer les trois courbes que l'on obtiendrait à la décharge de ce même condensateur.

3 Un condensateur de capacité $C = 180$ µF est en train de se décharger dans une résistance de valeur $R = 10$ kΩ. Puisque le condensateur se décharge, la tension entre ses armatures décroît depuis une valeur initiale $U = 12$ V jusqu'à s'annuler totalement.
Après combien de temps cette tension passe-t-elle par la valeur $u_C = 6$ V ?

4 Le flash d'un appareil photographique comporte un condensateur de capacité $C = 10$ mF. Il est relié à deux piles de f.é.m. $E = 1{,}5$ V montées en série. Lors d'une prise de vue, il ne faut que 0,5 ms au condensateur pour qu'il puisse se décharger.
Quelle est la puissance de ce flash ?

5 Un dipôle RC soumis à une tension en créneaux assurée par un GBF.
a. La tension aux bornes du GBF passe de 0 à 4 V à la fréquence $f = 500$ Hz. Représenter la tension ainsi décrite pour un intervalle de temps égal à deux périodes.
b. La capacité du condensateur est $C = 100$ nF et la résistance a pour valeur $R = 1$ kΩ. En déduire la constante de temps du dipôle RC avant d'ajouter au tracé précédent l'évolution de la tension $u_C(t)$.

6 Un circuit électrique comporte une pile, un interrupteur, une résistance, une DEL et un condensateur.
a. Lorsqu'on ferme l'interrupteur, la DEL s'allume. Pourquoi ?
b. La DEL ne reste allumée que quelques instants. Pourquoi ?
c. La résistance vaut 1 kΩ et la capacité du condensateur 0,1 mF.
Pendant combien de temps la DEL pourra-t-elle briller ?

Réponses

1 **a.** Par définition de la capacité on a $Q = CU$ soit aussi $U = \frac{Q}{C}$.
Puisque $Q = 1{,}8\ \mu F = 1{,}8 \cdot 10^{-6}$ F et $C = 150$ nF $= 1{,}5 \cdot 10^{-7}$ F on a :

$$U = \frac{1{,}8 \cdot 10^{-6}}{1{,}5 \cdot 10^{-7}} = 12 \text{ V}$$

b. L'énergie électrique stockée dans le condensateur peut s'écrire :

$$E = \frac{1}{2}CU^2 \text{ soit aussi } U = \sqrt{\frac{2E}{C}} = \sqrt{\frac{2 \times 2 \cdot 10^{-3}}{10 \cdot 10^{-6}}} = \sqrt{400} = 20 \text{ V}$$

2 **Charge d'un condensateur** **Décharge d'un condensateur**

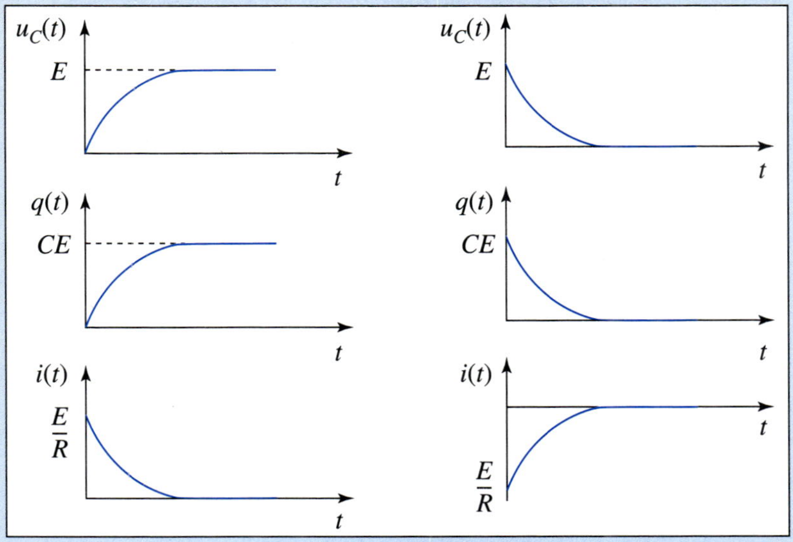

3 La tension aux bornes d'un condensateur qui se décharge est donnée par $u_C(t) = Ue^{-\frac{t}{\tau}}$; pour que $u_C(t)$ diminue de moitié (de 12 V à 6 V), il faut attendre un temps t tel que $u_C(t) = Ue^{-\frac{t}{\tau}} = \frac{U}{2}$ soit $e^{-\frac{t}{\tau}} = \frac{1}{2}$.
En prenant le logarithme népérien des deux membres on a : $-\frac{t}{\tau} = -\ln 2$ et $t = \tau \ln 2 = 0{,}693\ RC = 0{,}693 \times 10 \cdot 10^3 \times 180 \cdot 10^{-6}$ soit $t \approx 1{,}25$ s.

4 La puissance du flash est $P = \frac{E}{t}$ où E représente l'énergie libérée par le condensateur et t la durée de la décharge. Puisque les deux piles sont en série, c'est que le condensateur a été chargé sous la tension $U = 2E$ et $E = \frac{1}{2}C(2E)^2 = 2CE^2$. La puissance cherchée vaut donc $P = \frac{2CE^2}{t}$.

Avec $C = 10$ mF $= 10^{-2}$ F ; $E = 1{,}5$ V et $t = 0{,}5$ ms $= 5 \cdot 10^{-4}$ s, on a :

$$P = \frac{2 \times 10^{-2} \times (1{,}5)^2}{5 \cdot 10^{-4}} = 90 \text{ W}$$

5 **a.** La fréquence est $f = 500$ Hz et la période est donc $T = \frac{1}{500} = 2 \cdot 10^{-3}$ s.

Le tracé demandé est donné ci-dessous (en pointillés).

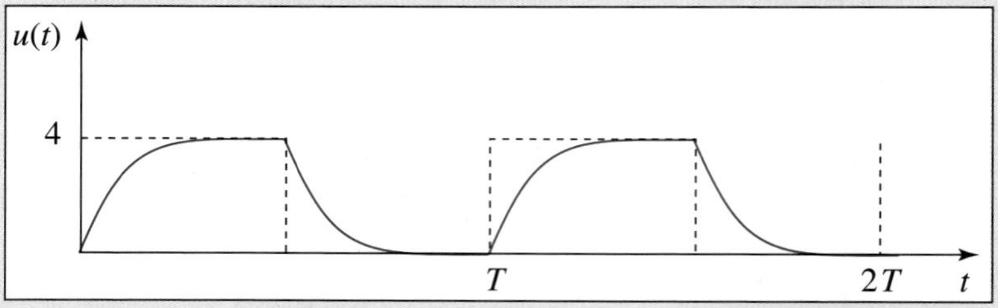

b. La constante de temps est $\tau = RC = 10^3 \times 100 \cdot 10^{-9} = 10^{-4}$ s, soit :

$$t = \frac{T}{20} \text{ ou aussi } \frac{T}{2} = 10\tau$$

Chaque demi-période dure deux fois plus longtemps que le temps (5τ) qu'il faut au condensateur pour se charger ou pour se décharger.
Le tracé demandé a été superposé au premier (voir trait plein).

6 **a.** En abaissant l'interrupteur, le pôle (+) de la pile arrache des électrons à l'armature A du condensateur et le pôle (–) en dépose sur l'armature B. Un courant circule donc dans le sens passant de la DEL qui peut donc s'allumer.

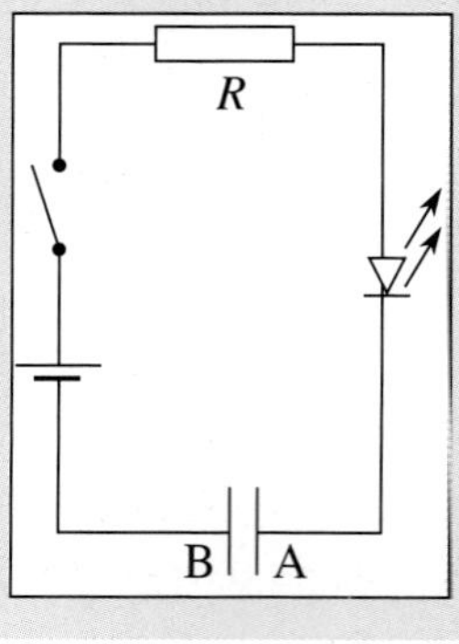

b. Le courant de charge ne circule que pendant le régime transitoire et dès que le condensateur est chargé, la DEL s'éteint.

c. La DEL va donc briller pendant le temps :
$t = 5\tau = 5\,RC = 5 \times 10^3 \times 0{,}1 \cdot 10^{-3} = 0{,}5$ s.

PROBLÈME TYPE

On dispose d'un générateur de f.e.m. $E = 12$ V et de résistance interne négligeable, d'une résistance $R = 10$ kΩ d'un interrupteur K et de deux condensateurs de capacité C_1 et C_2 inconnues.

1. a. Ces éléments sont associés comme le montre le schéma ci-dessous où l'on constate que les condensateurs ont été placés en parallèle.

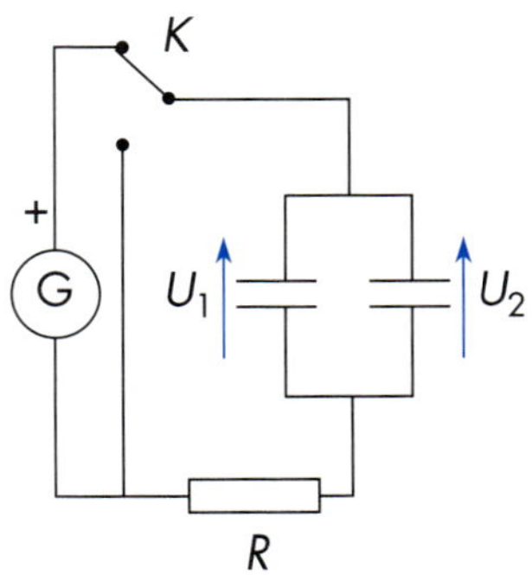

Montrer que cette association pourrait être remplacée par un condensateur unique de capacité C telle que :

$$C = C_1 + C_2$$

b. On bascule l'interrupteur afin de permettre aux condensateurs de se décharger dans la résistance R.

Un voltmètre (non représenté) a été placé aux bornes de l'un des condensateurs.

Grâce à cet appareil et à un chronomètre, on relève les valeurs du tableau ci-dessous où $u(t)$ est donné en volts et t en minutes :

$u(t)$	12,0	10,3	8,9	7,7	6,6	5,7	2,7	1,3
t	0	1	2	3	4	5	10	15

Montrer que la constante de temps vaut bien $t \approx 360$ s, puis en déduire que la capacité équivalente C est bien égale à 36 mF.

PROBLÈME TYPE

2. a. Ces mêmes éléments sont montés de façon à mettre les condensateurs en série.

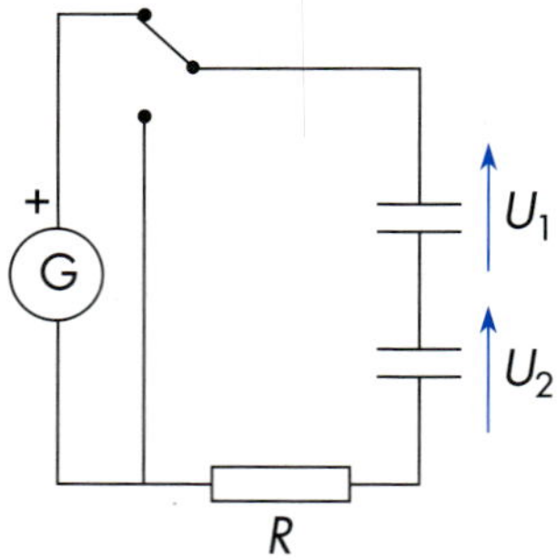

Dans ces conditions : $\dfrac{1}{C'} = \dfrac{1}{C_1} + \dfrac{1}{C_2}$.

Après basculement de l'interrupteur, il est possible de vérifier que la décharge peut être considérée comme complète après 7 minutes et 30 secondes.

Que valent alors les capacités C_1 et C_2 si elles sont égales ?

b. Les valeurs de C_1 et de C_2 sont-elles bien en accord avec la capacité équivalente C trouvée au **1.a.** ?

Solution

1. a. D'une part, les condensateurs sont soumis à des tensions égales.

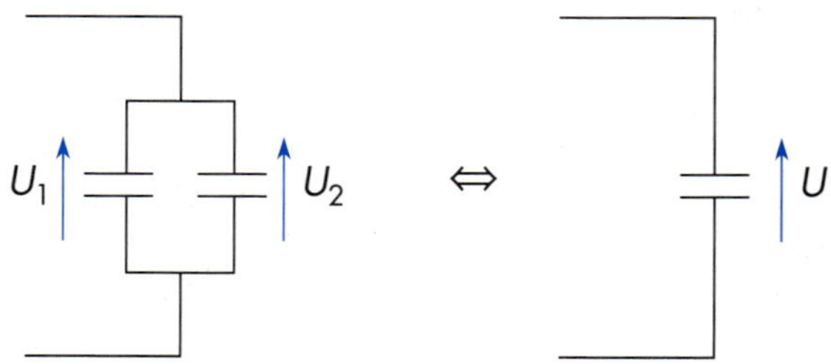

d'où :

$$U = U_1 = U_2$$

PROBLÈME TYPE

D'autre part la charge Q du condensateur équivalent est :

$$Q = Q_1 + Q_2$$

soit alors : $CU = C_1U_1 + C_2U_2 = C_1U + C_2U$ et l'on retrouve bien le résultat qu'il nous fallait établir :

$$C = C_1 + C_2$$

b. La courbe tracée à partir du tableau admet une tangente à l'origine qui coupe l'axe des temps en $\tau = 6$ min.

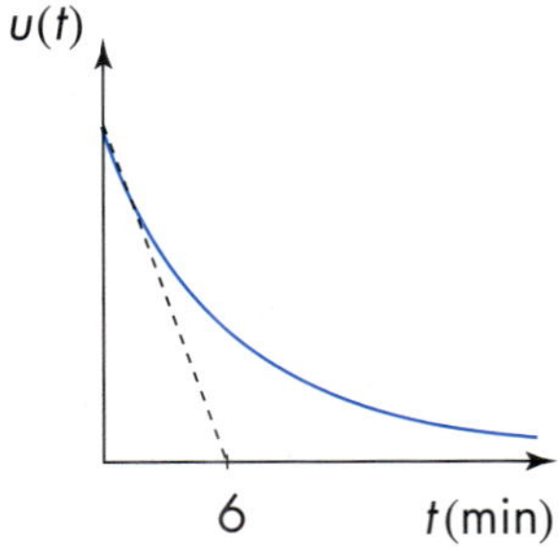

Or $\tau = RC$, soit donc $C = \dfrac{\tau}{R}$;

avec $\tau = 360$ s et $R = 10^4\ \Omega$,
il vient :

$$C = \frac{360}{10^4} = 0{,}036 \text{ F} = 36 \text{ mF}$$

2. a. La décharge peut être considérée comme complète après un temps qui est égal à cinq fois la nouvelle constante de temps τ'.

Soit $5\tau' = 450$ s et $\tau' = \dfrac{450}{5} = 90$ s on a ensuite $C' = \dfrac{\tau'}{R} = 9$ mF.

D'autre part, si $C_1 = C_2$ alors :

$$\frac{1}{C'} = \frac{1}{C_1} + \frac{1}{C_2} = \frac{2}{C_1} \text{ soit } C_1 = 2C'$$

et puisque $C' = 9$ mF c'est que $C_1 = C_2 = 18$ mF.

b. Si les capacités valent 18 mF alors on retrouve, sans difficulté, le résultat du **1.a.** car alors nous avons bien :

$$C = 18 + 18 = 36 \text{ mF}$$

8 Dipôle *RL*

LES BASES

1 Généralités

■ Une bobine est constituée par l'enroulement d'un long fil conducteur recouvert d'un verni isolant afin que les spires ne puissent pas être en contact direct les unes avec les autres. Un noyau de fer doux peut être placé à l'intérieur de la bobine si l'on souhaite renforcer ses propriétés.
Si la résistance de la bobine peut être négligée devant les autres résistances du circuit on dit que la bobine est idéale.
La résistance d'une bobine réelle ne peut pas être négligée, ce qui nous amène à préciser le symbole de la bobine ou même, ce qui se révèle souvent pratique, à en donner un schéma série.

ou

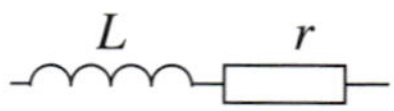

■ La tension aux bornes d'une bobine dépend des caractéristiques de cette bobine qui sont : sa résistance interne r et son inductance L. Elle s'écrit :

$$u_{\mathrm{B}} = ri + L\frac{\mathrm{d}i}{\mathrm{d}t}$$

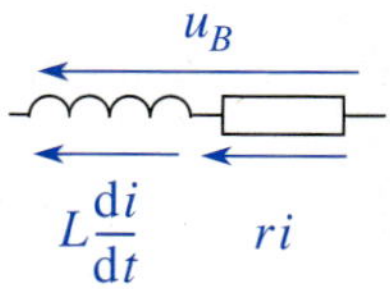

r est en Ω, L en H, i en A, t en s, u_{B} en V.

■ En courant permanent, l'intensité i reste constante, $\frac{\mathrm{d}i}{\mathrm{d}t} = 0$ et $u_{\mathrm{B}} = ri$.
La bobine se comporte alors comme une simple résistance.
Si l'intensité varie, l'inductance L permet à la bobine de s'opposer, pour un temps, aux variations du courant qui la traverse.
Cette inductance permet aussi à la bobine de stocker de l'énergie magnétique qui peut être restituée au circuit. Pour une intensité I = cte cette énergie s'écrit :

$$E_{\mathrm{B}} = \frac{1}{2}LI^2$$

❷ Établissement d'un courant

Une bobine est soumise à un échelon tension E (voir Y_1 en pointillés).
La courbe (voir Y_2 en trait plein) permettant de visualiser la tension $r'I$ aux bornes de la résistance et donc aussi le courant $i(t)$ montrent que le courant reste continu et que la bobine provoque un certain retard.

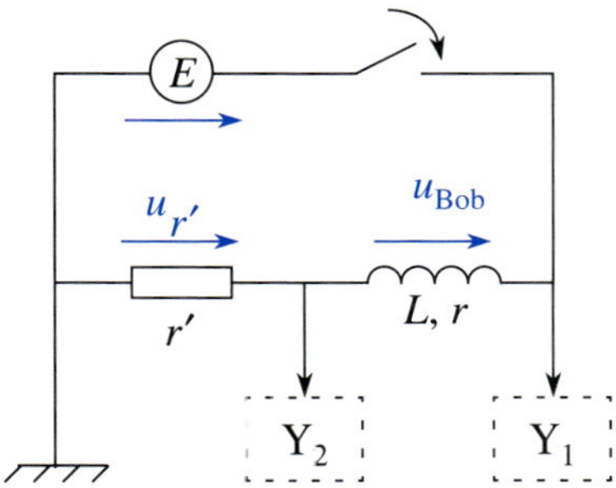

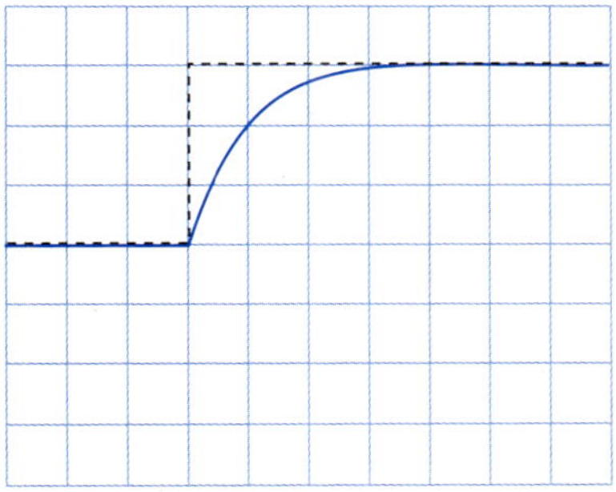

Dès que l'interrupteur est abaissé, la tension u_{RL} aux bornes du dipôle RL devient égale à E et on peut donc écrire :

$$u_{RL} = r'i + u_{\text{bob}} = r'i + ri + L\frac{\mathrm{d}i}{\mathrm{d}t} = Ri + L\frac{\mathrm{d}i}{\mathrm{d}t} = E \text{ (en posant } R = r' + r)$$

On a donc aussi $\dfrac{\mathrm{d}i}{\mathrm{d}t} + \dfrac{R}{L}i = \dfrac{E}{L}$ **qui admet pour solution :**

$$\boxed{i(t) = A\mathrm{e}^{-\alpha t} + B}$$

Puisque $i(t) = A\mathrm{e}^{-\alpha t} + B$ c'est que $\dfrac{\mathrm{d}i}{\mathrm{d}t} = -\alpha A\mathrm{e}^{-\alpha t}$ on obtient :

$$-\alpha A\mathrm{e}^{-\alpha t} + \frac{R}{L}(A\mathrm{e}^{-\alpha t} + B) = \frac{E}{L} \text{ soit aussi } A\mathrm{e}^{-\alpha t}\left(\frac{R}{L} - \alpha\right) + B\frac{R}{L} = \frac{E}{L}.$$

Quand $t \to \infty$: $\mathrm{e}^{-\alpha t} \to 0$ et $B = \dfrac{E}{R}$ et ainsi donc $A\mathrm{e}^{-\alpha t}\left(\dfrac{R}{L} - \alpha\right) = 0.$

Cette équation est vraie quel que soit t et cela implique que $\alpha = \dfrac{R}{L}.$

Deux des trois constantes sont déterminées et $i(t) = A\mathrm{e}^{-\frac{R}{L}t} + \dfrac{E}{R}.$

Mais $i(0) = 0$ soit : $A\mathrm{e}^{0} + \dfrac{E}{R} = A + \dfrac{E}{R} = 0$ et $A = -\dfrac{E}{R}.$

Les trois constantes A, B et α sont trouvées et nous savons maintenant que :

$$i(t) = \frac{E}{R}\left(1 - e^{-\frac{R}{L}t}\right) \quad \text{ou} \quad i(t) = \frac{E}{R}\left(1 - e^{-\frac{t}{\tau}}\right) \quad \text{avec} \quad \tau = \frac{L}{R}.$$

Si l'interrupteur a été abaissé depuis au moins 5τ, on a $i(t) = \frac{E}{R}$.

3 Rupture du courant

L'intensité $\frac{E}{R}$ étant établie dans le circuit, on ouvre l'interrupteur au temps $t = 0$ ce qui revient à annuler E.

On a alors : $\frac{\mathrm{d}i}{\mathrm{d}t} + \frac{R}{L}i = 0$ et, en introduisant la constante de temps :

$$\frac{\mathrm{d}i}{\mathrm{d}t} + \frac{1}{\tau}i = 0$$

La solution a la même forme que lors de l'établissement du courant et l'intensité est :

$$i(t) = Ae^{-\alpha t} + B$$

En remplaçant : $-\alpha A e^{-\alpha t} + \frac{1}{\tau}Ae^{-\alpha t} + \frac{B}{\tau} = 0$ et $Ae^{-\alpha t}\left(\frac{1}{\tau} - \alpha\right) + \frac{B}{\tau} = 0.$

Quand $t \to \infty$, $e^{-\alpha t} \to 0$ et $B = 0$ on a alors $Ae^{-\alpha t}\left(\frac{1}{\tau} - \alpha\right) = 0.$

Ceci est vrai quel que soit t, ce qui veut dire que $\alpha = \frac{1}{\tau} = \frac{R}{L}$.

Deux des trois constantes sont connues et nous savons que $i(t) = Ae^{-\frac{t}{\tau}}$; la troisième constante A vient très facilement :

$$i(0) = 0 \text{ donne } A = \frac{E}{R}$$

Finalement la solution $i(t)$ s'écrit :

$$i(t) = \frac{E}{R}e^{-\frac{t}{\tau}}$$

APPLIQUER LES BASES

1 Un circuit électrique est formé de divers dipôles dont une bobine idéale d'inductance $L = 0{,}6$ H. À la fermeture de ce circuit, l'intensité passe d'une valeur nulle à $I = 2{,}5$ A en un temps $t = 5$ ms.
En déduire la valeur de la tension qui apparaît aux bornes de la bobine pendant le régime transitoire.

2 Une bobine réelle d'inductance $L = 1{,}2$ H et de résistance $r = 15\ \Omega$ est parcourue par un courant.

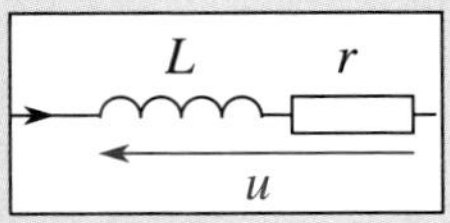

a. Que vaut la tension u du schéma quand l'intensité reste égale 0,5 A ?
b. Quelle est l'intensité stockée dans cette bobine ?

3 Un dipôle RL formé d'une résistance R et d'une bobine idéale est soumis à la tension $u(t)$ décrite par la première des courbes ci-dessous. Déterminer les grandeurs représentées par les deux autres courbes.

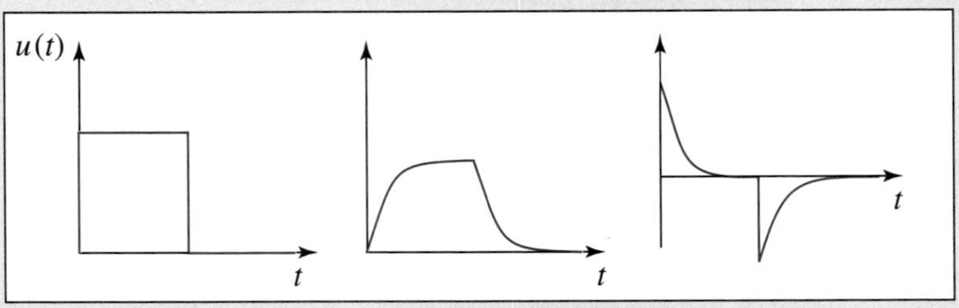

4 Un GBF alimente le dipôle RL du schéma ci-contre. La tension $u_G(t)$ est représentée.

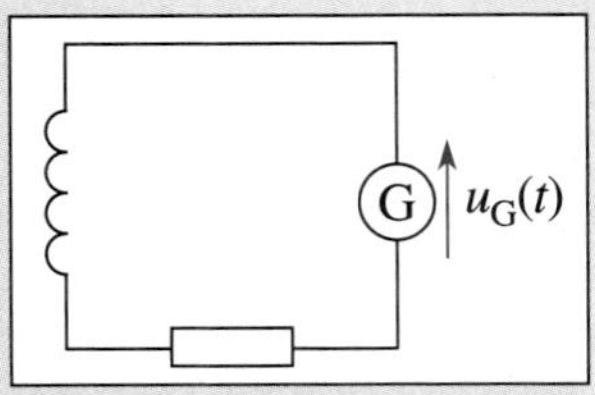

a. Flécher les tensions $u_L(t)$ et $u_R(t)$.
b. Indiquer comment brancher un oscilloscope pour visualiser $u_L(t)$ en voie A et la tension $u_{RL}(t)$ en voie B.

Réponses

1 La tension aux bornes d'une bobine idéale s'écrit $u = L\dfrac{\mathrm{d}i}{\mathrm{d}t}$ (car $r \approx 0$)

L'intensité varie de 2,5 A en $5 \cdot 10^{-3}$ s donc : $u = 0{,}6 \times \dfrac{2{,}5}{5 \cdot 10^{-3}} = 300$ V.

Pendant un bref instant, la tension aux bornes de la bobine dépasse de beaucoup celle qui existe aux bornes du générateur lui-même, ce qui constitue le phénomène de surtension.

2 a. En régime permanent, une bobine se comporte comme un simple conducteur ohmique et la tension entre ses bornes s'obtient en multipliant la valeur de sa résistance (en Ω) par celle de l'intensité qui la parcourt (en A). Ainsi donc : $u = 15 \times 0{,}5 = 7{,}5$ V.

b. La bobine stocke une énergie $E_{\text{bob}} = \frac{1}{2}LI^2 = 0{,}5 \times 1{,}2 \times (0{,}5)^2 = 0{,}5$ J.

3

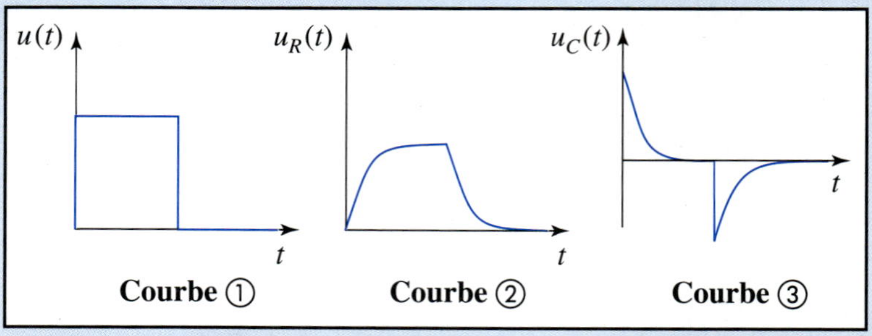

La courbe ① représente un échelon de tension.
L'intensité $i(t)$ est continue ; elle est donc représentée par la courbe ② obtenue en visualisant la tension aux bornes du résistor soit : $u_R(t) = Ri(t)$.
La courbe ③, discontinue, représente la tension aux bornes de la bobine.

4 a. Les tensions demandées ont été tracées en respectant la convention récepteur.

b. La position de la masse commune de l'oscilloscope ne peut se trouver qu'entre le générateur et la bobine.
Le schéma ci-contre montre bien que $u_{RL}(t)$ n'est pas différente de $u_G(t)$.

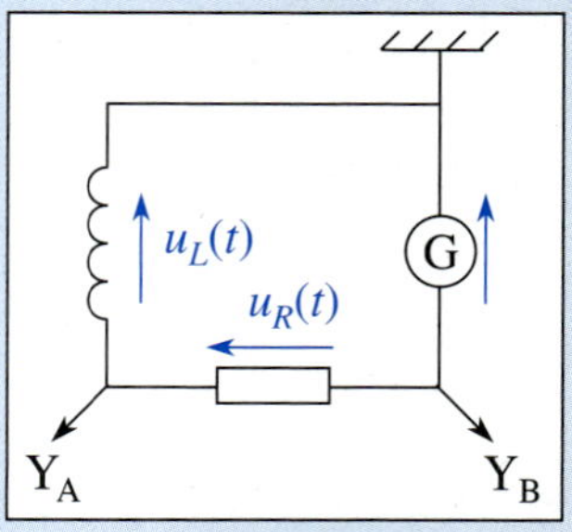

PROBLÈME TYPE

La bobine du circuit ci-dessous peut être considérée comme idéale puisque la résistance avec laquelle elle est montée en série vaut $R = 10\ \text{k}\Omega$.

Un oscilloscope bicourbe permet d'obtenir l'écran reproduit.

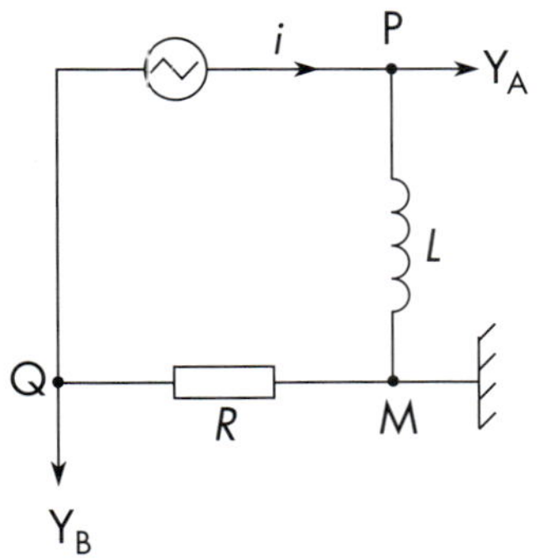

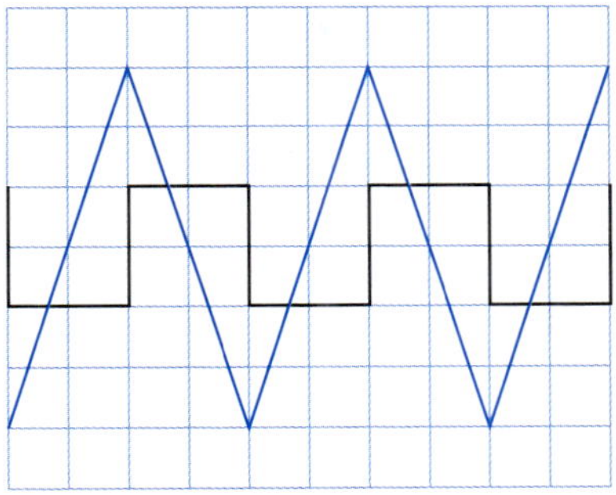

1. Le sens positif choisi pour $i(t)$ est celui qui a été indiqué sur le schéma.

a. Représenter la tension $u_{PM}(t)$ visualisée en voie A.

b. Comment peut-on exprimer cette tension ?

2. a. Représenter la tension $u_{QM}(t)$ visualisée en voie B.

b. Comment peut-on exprimer cette tension ?

3. Exprimer $u_{PM}(t)$ en fonction de la dérivée par rapport au temps de $u_{QM}(t)$.

4. Justifier la forme des courbes affichées à l'écran de l'oscilloscope.

5. La base temps a été réglée sur 10 ms/div et les sensibilités ont pour valeur : 5 V/div pour la voie A et 20 mV/div pour la voie B. Que vaut *L* ?

Solution

1. a. En convention récepteur, la tension aux bornes de la bobine est représentée par une flèche de sens opposé au sens positif choisi pour le courant.
La tension $u_{PM}(t)$ demandée est donc une tension positive.

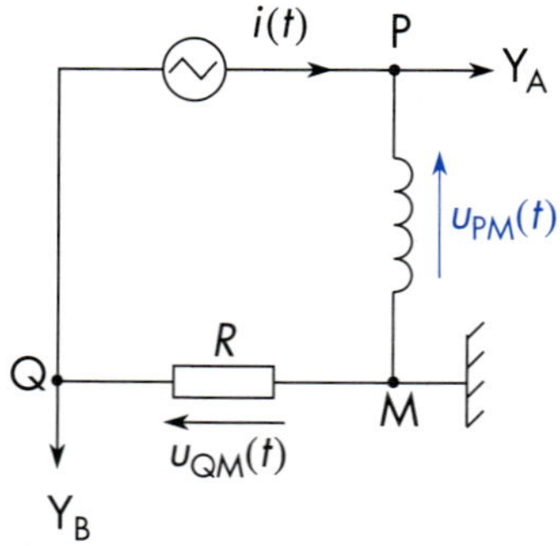

b. La bobine étant considérée comme idéale, la tension entre ses bornes est donc :

$$u_{PM}(t) = u_L(t) = L\frac{di}{dt}$$

2. a. En convention récepteur, la tension aux bornes d'une résistance est elle aussi représentée par une flèche de sens contraire à celui de $i(t)$.
La tension demandée est donc négative.

b. $u_{QM}(t) = -u_{MQ}(t) = -Ri(t)$.

3. $i(t) = -\frac{u_{QM}(t)}{R}$ soit :

$$\frac{di}{dt} = -\frac{1}{R}\frac{du_{QM}(t)}{dt}$$

et donc :

$$u_{PM}(t) = -\frac{L}{R}\frac{du_{QM}(t)}{dt}$$

PROBLÈME TYPE

4. Le GBF impose une tension en dents de scie et la tension aux bornes de la résistance ainsi que l'intensité sont donc de la même forme.

La tension visualisée sur l'autre voie est celle qui apparaît aux bornes de la bobine. Son expression montre qu'elle est :

- proportionnelle à la dérivée de $i(t)$ par rapport au temps ;
- positive quand cette dérivée est négative ;
- négative quand cette dérivée est positive.

5. La tension $Ri(t)$ aux bornes de la résistance passe de –15 V à +15 V (et varie ainsi de 30 V) en l'espace de $2 \times 10 = 20$ ms.

$\Delta Ri(t) = R\Delta i(t)$ et donc $i(t)$ varie de $\Delta i(t) = \dfrac{30}{10^4} = 3 \cdot 10^{-3}$ A en $\Delta t = 20$ ms ; d'où le rapport :

$$\frac{\Delta i}{\Delta t} = \frac{3 \cdot 10^{-3}}{20 \cdot 10^{-3}} = 0{,}15 \text{ A} \cdot \text{s}^{-1}$$

La seconde courbe montre que pendant ce temps la tension aux bornes de la bobine est telle que :

$$|u_L(t)| = 20 \text{ mV} = 2 \cdot 10^{-2} \text{ V}$$

Puisque $|u_L(t)| = L\dfrac{\Delta i}{\Delta t}$ c'est que :

$$L = \frac{|u_L(t)|}{\dfrac{\Delta i}{\Delta t}} = \frac{2 \cdot 10^{-2}}{0{,}15} = 0{,}133 \text{ H} \approx 130 \text{ mH}$$

9 Dipôle RLC

LES BASES

1 Description du dipôle *RLC*

Le condensateur une fois chargé sous la tension E, on bascule l'interrupteur en position 2.
Un système d'acquisition permet de suivre la tension $u_C(t)$.

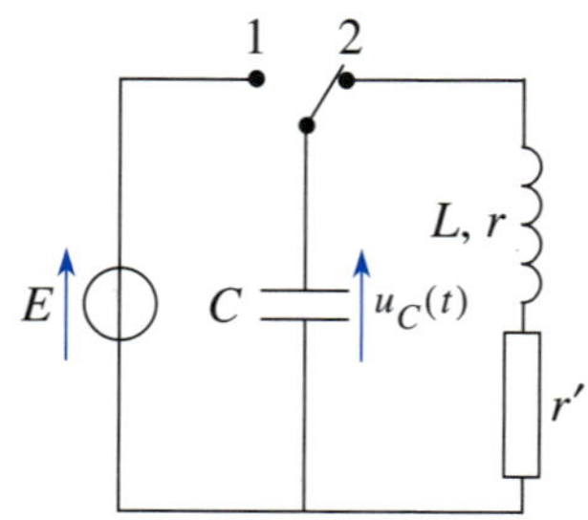

On constate alors plusieurs choses.

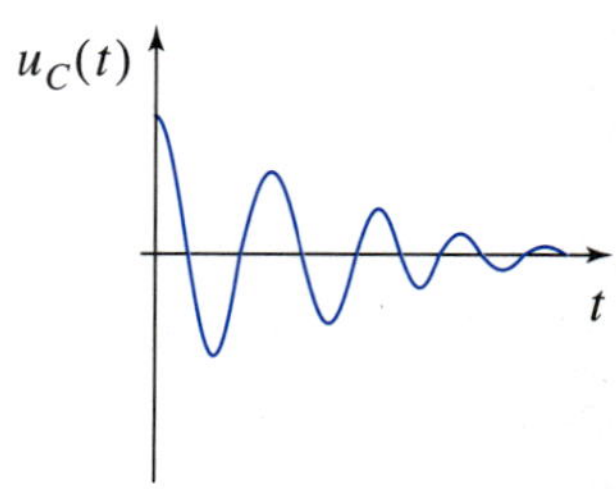

- La décharge du condensateur est oscillante car $u_C(t)$ est tantôt positive et tantôt négative.
- L'intervalle de temps qui sépare deux maximums successifs est toujours le même et « librement choisi » par le dipôle *RLC*.
- La valeur maximale de la tension $u_C(t)$ est de plus en plus faible.

Dans un circuit *RLC*, la décharge du condensateur donne des oscillations libres, amorties et pseudo-périodiques.

L'amortissement augmente si $R = r + r'$ augmente. Pour R supérieure ou égal à une valeur critique R_C, l'amortissement est assez important pour empêcher toute oscillation et $u_C(t)$ décroît jusqu'à s'annuler sans jamais passer par une valeur négative.

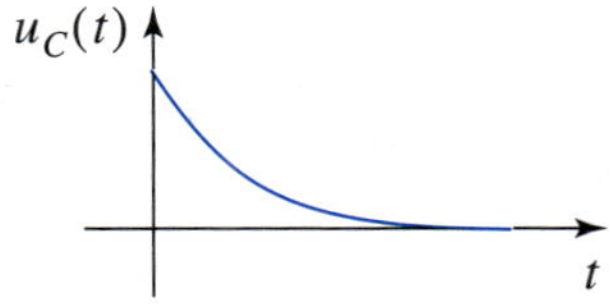

Si $R \geqslant R_C$ il n'y a pas d'oscillations : le régime est apériodique.

2 Interprétation énergétique

En positionnant l'interrupteur en position 1, on a stocké dans le condensateur une énergie électrique E_{cond}. En basculant l'interrupteur en position 2, nous permettons à ce condensateur de se décharger dans la bobine qui stocke alors une énergie magnétique E_{bob}.
Ensuite c'est la bobine qui se déchargera dans le condensateur et ainsi de suite ; c'est la raison pour laquelle nous pouvons observer des oscillations.
Le passage du courant dans le résistor (et aussi, pour une moindre part dans la bobine) fait que l'énergie du circuit se dissipe peu à peu par effet Joule. Nous comprenons alors pourquoi les oscillations sont amorties par R mais aussi que si $R \approx 0$ (dipôle LC) il n'y a plus d'amortissement. Dans ce cas, nous obtenons la tension $u_C(t)$ donnée par la courbe ci-dessous :

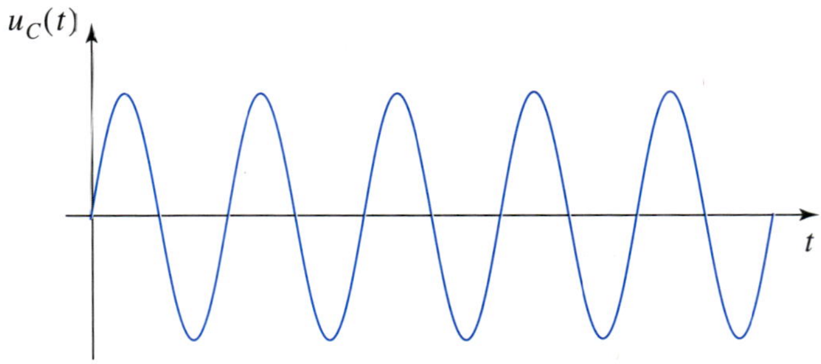

3 Cas d'un circuit *LC*

Un condensateur chargé se décharge intégralement dans une bobine qui se décharge ensuite intégralement dans le condensateur etc… Le circuit n'ayant pas de résistance, il n'y a pas d'effet Joule et l'énergie du circuit se conserve éternellement (le dipôle LC est un modèle).

Les chapitres précédents nous ont montré que :

$$i = \frac{\mathrm{d}q}{\mathrm{d}t} \quad q = Cu_C \quad \text{et} \quad u_L = L\frac{\mathrm{d}i}{\mathrm{d}t}$$

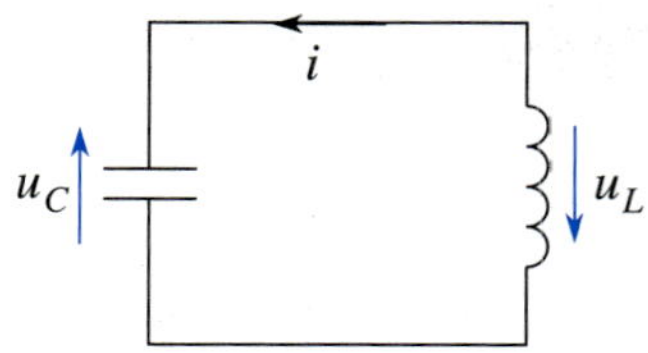

Le schéma ci-contre permet d'écrire que :

$$u_C + u_L = 0$$

soit aussi en allant plus loin :

$$u_C + L\frac{\mathrm{d}}{\mathrm{d}t}\left(\frac{\mathrm{d}q}{\mathrm{d}t}\right) = u_C + \frac{\mathrm{d}}{\mathrm{d}t}\left(\frac{\mathrm{d}q}{\mathrm{d}t}\right) = u_C + L\frac{\mathrm{d}^2q}{\mathrm{d}t^2} = 0$$

et puisque $q = Cu_C$, cette équation s'écrit aussi :

$$u_C + LC\frac{\mathrm{d}^2u_C}{\mathrm{d}t^2} = 0$$

Soit aussi et enfin (équation différentielle du 2e ordre) :

$$\boxed{\frac{\mathrm{d}^2u_C}{\mathrm{d}t^2} + \frac{1}{LC}u_C = 0}$$

Nous pouvons vérifier que la tension $u_C = U_{\text{Max}}\cos(\omega_0 t + \varphi) = 0$ est solution.

Dans cette solution, U_{Max} est la valeur maximale ou amplitude de u_C(V), $\omega_0 = \frac{1}{\sqrt{\text{LC}}}$ est la pulsation propre (rad · s^{-1}) et φ est la phase à l'origine (rad).

Nous en déduisons immédiatement la période propre :

$$\boxed{T_0 = \frac{2\pi}{\omega_0} = 2\pi\sqrt{LC}}$$

4 Entretien des oscillations

Dans le cas d'un circuit *LC*, l'énergie se conserve au cours du temps, mais ce n'est qu'une idéalisation de la réalité puisque les conducteurs ohmiques ont toujours une résistance.

Dans la réalité, l'énergie se dissipe et les oscillations cessent vite.

Afin de garder un circuit *RLC* en oscillations aussi longtemps que nécessaire, il est possible d'ajouter au dipôle *RLC* un autre dipôle capable d'apporter de l'énergie au premier afin de compenser l'énergie perdue à chaque oscillation.

(Ce dipôle contient un amplificateur opérationnel et agit comme une résistance dont la valeur serait négative !)

APPLIQUER LES BASES

1 On laisse un condensateur se décharger dans un circuit électrique. Une fois ce même condensateur rechargé, on le décharge dans un autre circuit, et l'on procède de même deux fois encore.
On obtient ainsi les quatre saisies de $u_C(t)$ suivantes :

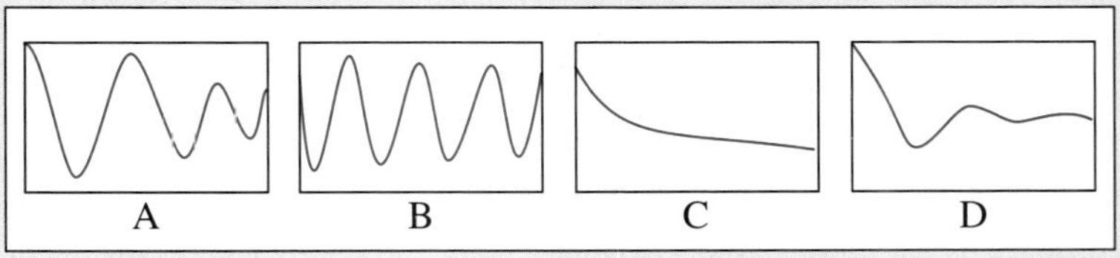

Interpréter ces quatre courbes en précisant le régime oscillatoire et en décrivant rapidement le circuit dans lequel la décharge se fait.

2 Un condensateur de capacité $C = 10$ µF se décharge dans une bobine d'inductance $L = 0{,}5$ H et de résistance $r = 10\ \Omega$.
a. Montrer que la période des oscillations est bien $T_0 \approx 0{,}014$ s = 14 ms.
b. Vérifier que l'unité de T_0 est bien la seconde.
c. On ajoute une résistance R.
La période T_0 changera-t-elle ?

3 Sur un même graphe, tracer les courbes donnant l'évolution en fonction du temps des énergies stockées dans le condensateur et dans la bobine d'un circuit *LC*, ainsi que celle montrant l'énergie totale du circuit.

4 L'équation différentielle dont la charge $q(t)$ d'un condensateur est solution est :

$$\frac{\mathrm{d}^2 q(t)}{\mathrm{d}t^2} + \alpha q(t) = 0$$

a. Les oscillations ont-elles lieu dans un circuit *RC*, *LC* ou *RLC* ?
b. La capacité du condensateur est $C = 10$ mF et la constante α qui apparaît dans l'équation différentielle vaut $2{,}5 \cdot 10^3$ S.I.
En déduire la valeur de l'inductance L de la bobine.
c. Quelle sera la période des oscillations si on introduit dans la bobine un noyau métallique ayant pour effet de centupler l'inductance ?

5 Une bobine d'inductance $L = 1{,}0$ H et de résistance négligeable a été chargée grâce à un courant $I = 2$ A.
On décharge cette bobine dans un condensateur de capacité $C = 0{,}1$ F.
a. Quelle est l'équation dont la charge $q(t)$ du condensateur est solution ?
b. Comment peut-on écrire $q(t)$ avec les données de l'énoncé ?

Réponses

1 La courbe **B** montre un amortissement négligeable, il s'agit donc d'un régime libre et non amorti ne pouvant s'établir que dans un circuit *LC*.
La courbe **A** montre un amortissement un peu plus important mais qui laisse osciller le circuit. Il s'agit d'un régime libre faiblement amorti qui s'est établi dans un circuit *RLC* où *R* reste faible.
La courbe **D** présente un amortissement fort. Cette décharge se fait dans un circuit *RLC* où *R* est importante.
La courbe **C** ne montre pas d'oscillation. Il s'agit d'un régime apériodique qui se produit lorsque la résistance du circuit *RLC* est très grande et en tout cas supérieure à la résistance critique R_C.

2 **a.** $T_0 = 2\pi\sqrt{LC}$

$$= 2 \times 3{,}14 \times \sqrt{0{,}5 \times 10 \cdot 10^{-6}}$$

$$= 0{,}014 \text{ s} = 14 \text{ ms}.$$

b. L'unité de T_0 est celle de $\sqrt{LC}$, il s'agit donc de $[\text{H} \times \text{C}]^{\frac{1}{2}}$

$L\dfrac{\mathrm{d}i}{\mathrm{d}t} = U_{\text{bob}}$ implique : $\text{H} \cdot \dfrac{\text{A}}{\text{s}} = \text{V} \rightarrow \text{H} = \dfrac{\text{V} \cdot \text{s}}{\text{A}}$

$q = it = CU_C$ implique : $\text{C} \cdot \text{V} = \text{A} \cdot \text{s} \rightarrow \text{C} = \dfrac{\text{A} \cdot \text{s}}{\text{V}}$

$$[\text{H} \cdot \text{C}]^{\frac{1}{2}} = \left[\frac{\text{V} \cdot \text{s}}{\text{A}} \times \frac{\text{A} \cdot \text{s}}{\text{V}}\right]^{\frac{1}{2}} = [\text{s}^2]^{\frac{1}{2}} = \text{s}.$$

c. Plus *R* sera faible et plus la pseudo-période *T* des oscillations aura une valeur proche de la période propre T_0. Si *R* est importante alors $T \neq T_0$ et si $R > R_C$ il n'y a plus du tout d'oscillation.

3 L'origine des dates a été choisie à un instant où le condensateur est plein (trait continu) et la bobine vide (trait pointillé).

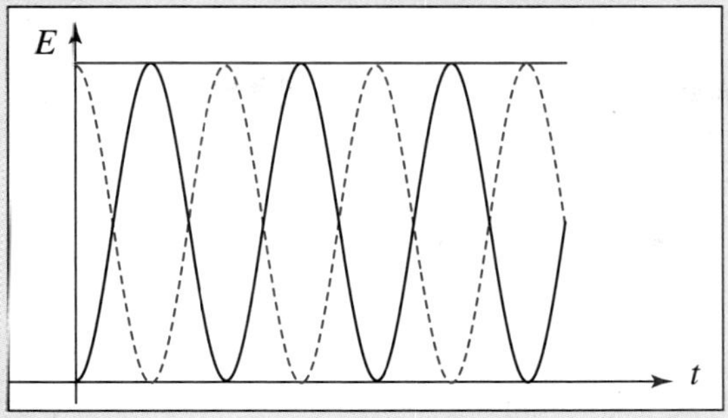

Le condensateur cède son énergie à la bobine qui se retrouve donc pleine quand le condensateur est vide.
Ensuite, la bobine cède son énergie au condensateur… et ainsi de suite.
Puisque la résistance du circuit est négligeable, il n'y a pas de perte par effet Joule et l'énergie **totale** du circuit *LC* reste constante (voir trait continu en couleur).

4 **a.** Les oscillations se font dans un circuit *LC* puisque l'équation différentielle dont $q(t)$ est solution a la même forme que celle dont $u_C(t)$ est solution pour un circuit *LC*.

$\dfrac{d^2q(t)}{dt^2} + \alpha q(t) = 0$ a la même forme que $\dfrac{d^2u_C(t)}{dt^2} + \omega_0^2 u_C(t) = 0$.

b. Dans la seconde équation, remplaçons $u_C(t)$ par $\dfrac{q(t)}{C}$

$$\frac{d^2\left[\frac{q(t)}{C}\right]}{dt^2} + \omega_0^2 \frac{q(t)}{C} = 0 \text{ soit aussi } \frac{d^2q(t)}{dt^2} + \omega_0^2 q(t) = 0$$

et en comparant avec l'équation de l'énoncé il vient :

$$\alpha = \omega_0^2 = \frac{1}{LC}$$

puis enfin $L = \dfrac{1}{\alpha C} = \dfrac{1}{2{,}5 \cdot 10^3 \times 10 \cdot 10^{-3}} = 0{,}04 \text{ H} = 40 \text{ mH}$.

c. $T = 2\pi\sqrt{LC}$ donc si $L' = 100\,L$ c'est que :

$$T' = 2\pi\sqrt{100LC} = T\sqrt{100}$$

En centuplant l'inductance, on décuple la période.

5 **a.** La bobine est idéale et donc :

$$\frac{d^2q}{dt^2} + \omega_0^2 q = 0$$

b. La solution est de la forme $q(t) = Q_M \cos(\omega_0 t + \varphi)$.

À la date $t = 0$ la bobine est pleine et le condensateur vide :

$$q(0) = Q_M \cos(0 + \varphi) = 0$$

donc $\cos\varphi = 0$, donc $\varphi = \pm\frac{\pi}{2}$.

L'énergie stockée dans le condensateur ne peut pas être supérieure à l'énergie totale du circuit initialement stockée dans la bobine. Donc :

$$\frac{1}{2}\frac{Q_M^2}{C} = \frac{1}{2}LI^2 \quad \text{soit} \quad Q_M = \sqrt{LCI^2} = \sqrt{1{,}0 \times 0{,}1 \times 4} = 2C$$

La charge du condensateur s'écrit donc $q(t) = 2\cos\left(t \pm \frac{\pi}{2}\right)$.

En précisant qu'à la date $t = 0$ la charge augmente et donc que $\frac{dq}{dt} > 0$ on montre que $\varphi = -\frac{\pi}{2}$ soit enfin :

$$\boxed{q(t) = 2\cos\left(t - \frac{\pi}{2}\right)}$$

PROBLÈME TYPE

On charge un condensateur puis on ferme l'interrupteur du circuit ci-après dans lequel sont placées en série une bobine idéale d'inductance L = 1,0 H et une résistance R.

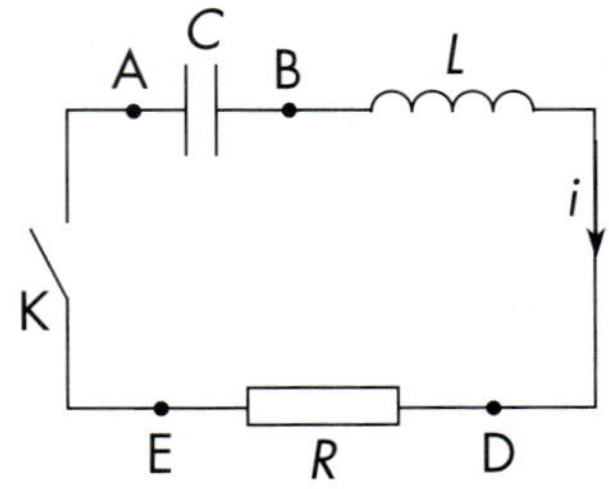

On visualise la tension U_C aux bornes du condensateur en fonction du temps.

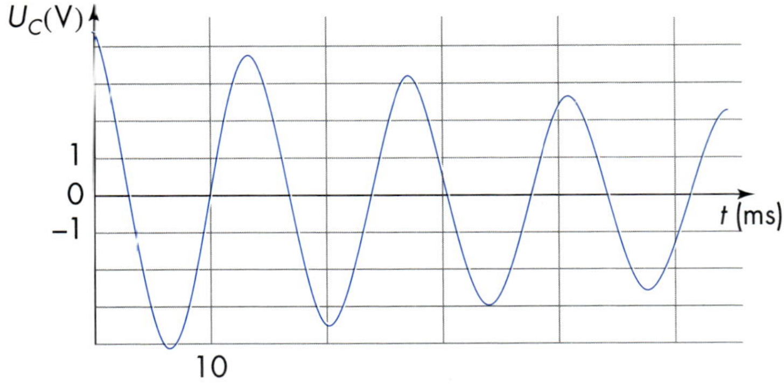

1. Comment brancher l'oscilloscope pour visualiser en voie A la tension aux bornes du condensateur ?

2. Que peut-on dire de ces oscillations ?

3. Mesurer la pseudo-période (expliquer ce mot).

4. En déduire la capacité C du condensateur en considérant que R est suffisamment faible pour pouvoir être négligée.

5. Quel écran obtiendrait-on si la résistance R était enlevée ?

Solution

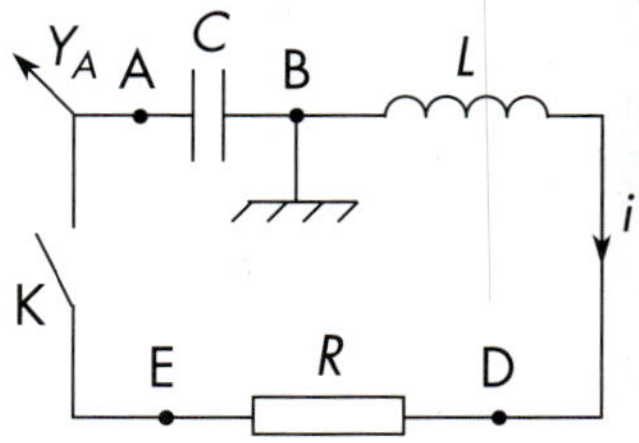

▶ **1.** Pour visualiser la tension aux bornes du condensateur on peut brancher le fil de masse indifféremment en A ou en B, l'autre fil se branchant alors en B ou en A.

▶ **2.** Ces oscillations électriques sont libres puisque qu'aucun générateur n'impose sa fréquence ; elles sont alternatives et amorties puisque la résistance R dissipe peu à peu l'énergie du circuit par effet Joule.

▶ **3.** Si du fait de l'amortissement, les oscillations voient leur amplitude décroître ; nous constatons néanmoins une « périodicité » dans le temps.
Trois pseudo-périodes s'étalent sur 42 ms et donc :

$$T = \frac{42}{3} = 14 \text{ ms}$$

▶ **4.** Puisque R est considérée comme négligeable, la pseudo-période est égale à la période propre du circuit LC correspondant.

$$T = T_0 = 2\pi\sqrt{LC}, \text{ d'où } C = \frac{T^2}{4\pi^2 L} = \frac{(14 \cdot 10^{-3})^2}{4\pi^2 \times 1} \approx 5 \cdot 10^{-6} \text{ F} = 5 \text{ µF}.$$

▶ **5.** Une bobine idéale a une résistance nulle et donc en retirant la résistance R du circuit, le dipôle RLC devient un dipôle LC.
La période ne change pas mais l'amortissement disparaît.
On obtient alors une sinusoïde parfaite.

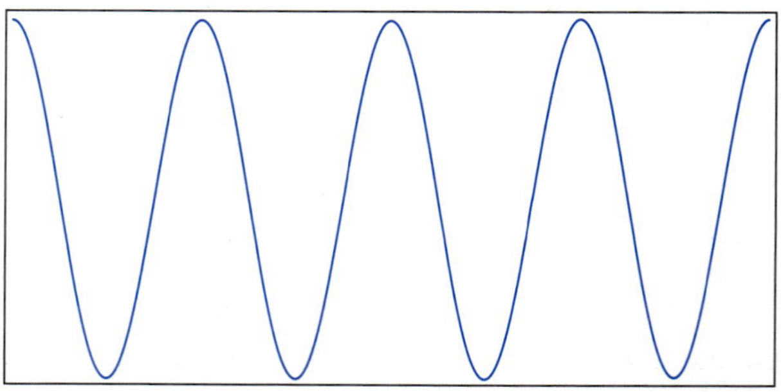

10 La mécanique de Newton

LES BASES

Dans un référentiel galiléen, le mouvement d'un solide de masse m et de centre d'inertie G peut s'étudier simplement grâce aux trois lois de la dynamique que nous devons à Newton.

1 Première loi de Newton (ou *principe de l'inertie*)

« Dans un référentiel galiléen, le centre d'inertie G d'un système isolé ou pseudo-isolé est soit au repos soit animé d'un mouvement rectiligne et uniforme ».

Si le solide ci-contre peut se déplacer sans frottement sur le plan horizontal, alors il est pseudo-isolé car les deux forces qui s'exercent sur ce solide se compensent. La première loi de Newton nous dit que le vecteur vitesse de son centre d'inertie $\vec{v}_G$ ne varie pas et donc aussi que :

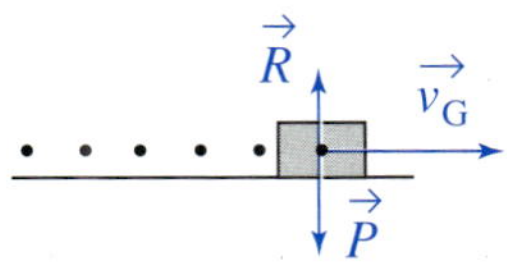

$$\Delta\vec{v}_G = \vec{v}_G(\text{final}) - \vec{v}_G(\text{initial}) = \vec{0}$$

Dire que $\Delta\vec{v}_G = \vec{0}$ équivaut à dire que $\vec{v}_G$ ne varie ni en norme, ni en direction et ni en sens !

2 Deuxième loi de Newton

Dans le cas où les forces extérieures ne se compensent pas, le système n'est ni isolé ni pseudo-isolé et le vecteur vitesse $\vec{v}_G$ de son centre d'inertie varie.

La deuxième loi de Newton lie alors le vecteur somme des forces extérieures, le vecteur accélération et la masse *m* du système comme suit :

$$\sum \vec{F}_{\text{ext}} = m\vec{a} \text{ avec } \vec{a} = \frac{\Delta\vec{v}}{\Delta t}$$

Si on incline le plan précédent alors les vecteurs poids et réaction ne se compensent plus. Le vecteur vitesse ne reste plus constant, soit $\Delta\vec{v}_G \neq \vec{0}$ et l'accélération est non nulle $\vec{a} \neq \vec{0}$.

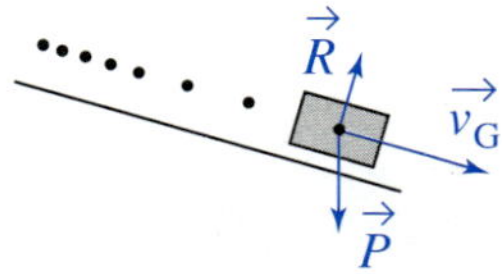

Il faut bien définir le système étudié avant de pouvoir faire un inventaire des forces extérieures.
Puisque la masse est positive, alors le vecteur accélération est toujours de même sens que le vecteur résultant des forces extérieures.

Si $\vec{a}$ est de même sens que $\vec{v}_G$ alors v_G augmente

Si $\vec{a}$ est de sens contraire à $\vec{v}_G$ alors v_G diminue.

3 Troisième loi de Newton (ou *principe des actions réciproques*)

Si un système {A} exerce une force $\overrightarrow{F_{A/B}}$ sur un système {B} alors {B} exerce une force $\overrightarrow{F_{B/A}}$ sur {A} telle que :

$$\overrightarrow{F_{B/A}} = -\overrightarrow{F_{A/B}}.$$

Cette troisième loi n'interdit pas que l'on puisse appliquer les deux premières lois aux systèmes {A} et/ou {B} pris séparément.

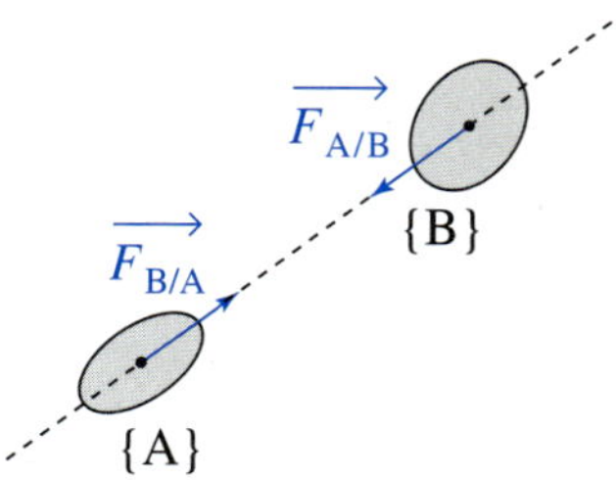

Interaction attractive

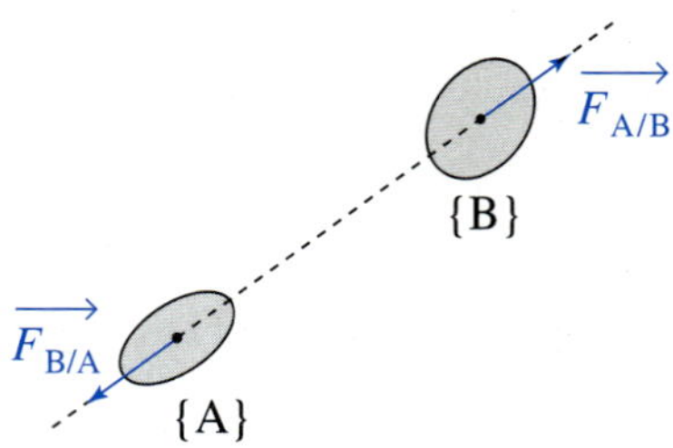

Interaction répulsive

APPLIQUER LES BASES

1 Déterminer graphiquement le vecteur accélération $\overrightarrow{a_5}$ à partir de l'enregistrement chronoponctué ci-dessous :

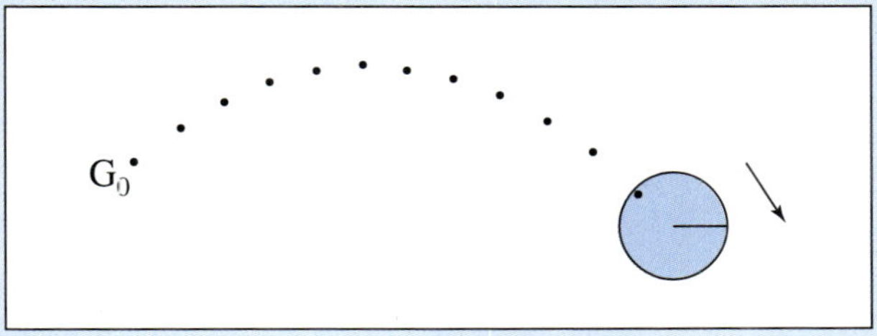

2 Pour chaque situation, dire si l'objet est pseudo-isolé ou non, si la vitesse est constante, si elle augmente ou si elle diminue.

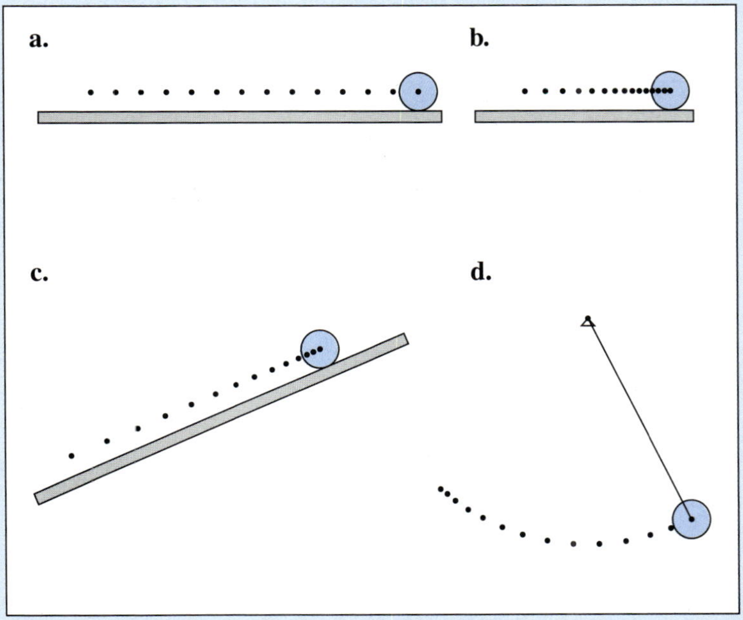

3 Une bille est posée sur un plan incliné puis lâchée.
Les vecteurs forces sont-ils bien représentés ?

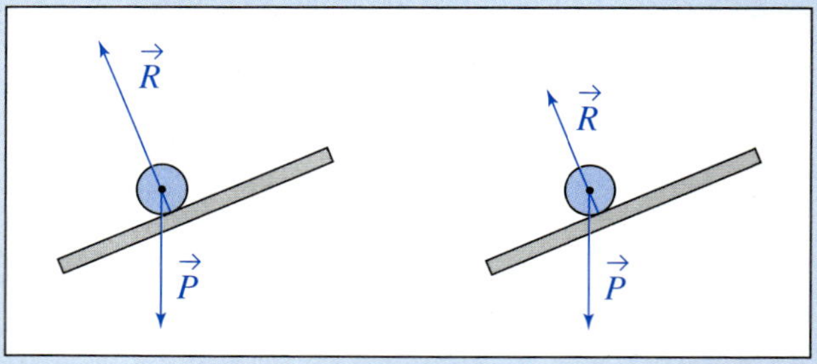

4 Sur une table à coussin d'air horizontale, on pousse avec une force constante des mobiles de masse $m_1 = 50$ g, $m_2 = 100$ g, $m_3 = 150$ g. Attribuer les masses aux enregistrements (vue de dessus, départ au même instant).

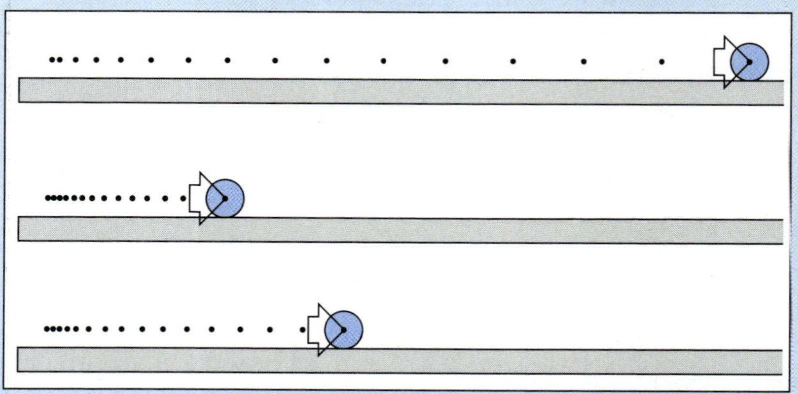

5 Une masse $m = 200$ g descend un plan incliné sur l'horizontale de $\alpha = 30°$ sans frottement. Faire l'inventaire des principales forces agissant sur la masse, en déduire la valeur de l'accélération a.
On prendra $g = 10 \text{ m} \cdot \text{s}^{-2}$.

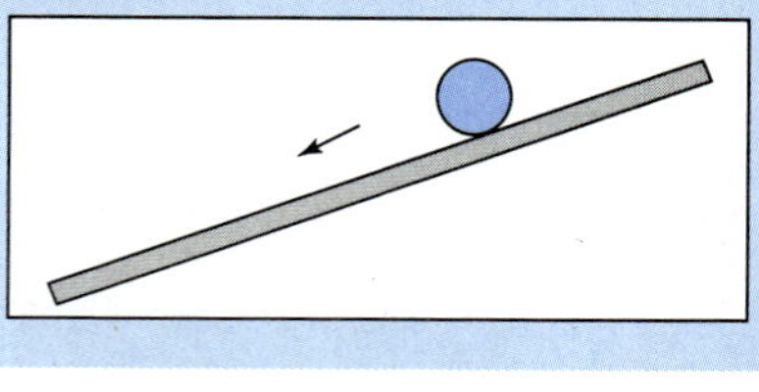

6 Le diagramme de vitesse suivant correspond à l'un des enregistrements ci-dessous ; lequel ? Décrire l'évolution de l'accélération.

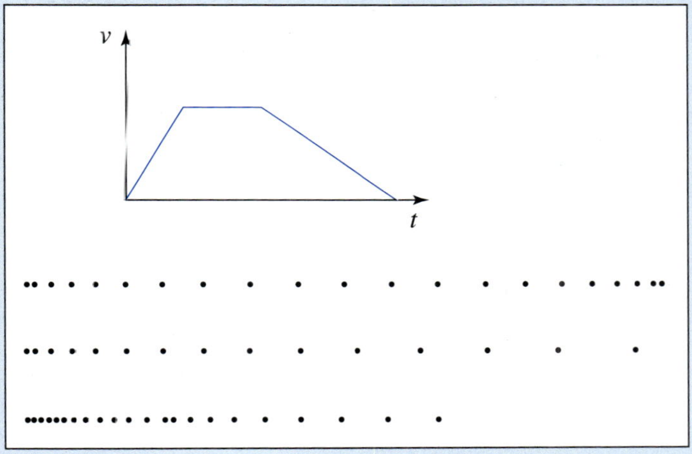

Réponses

1

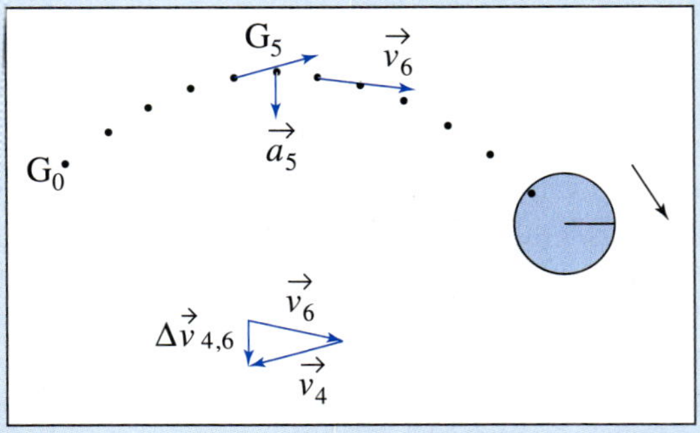

On peut estimer le vecteur accélération à l'instant 5 en faisant une variation de vitesse moyenne sur l'intervalle G_4G_6, alors $\vec{a}_5 = \dfrac{\Delta\vec{v}_{4,6}}{2\tau} = \dfrac{\vec{v}_6 - \vec{v}_4}{2\tau}$.

Cette relation étant vectorielle, il faut faire la construction géométrique à l'aide des vecteurs $\vec{v}_4$ et $\vec{v}_6$.

Une astuce pour bien tracer un vecteur vitesse le long de la tangente à la courbe : tracer la corde G_3G_5, la faire glisser parallèlement au point G_4, on obtient la tangente qui portera le vecteur $\vec{v_4}$.

Pour obtenir la valeur, pas d'autre choix que de mesurer la longueur du vecteur $\Delta\vec{v}$ et à l'aide de l'échelle choisie pour les vecteurs vitesses, trouver la valeur de Δv.

Pour le calcul de a_5, ne pas oublier de diviser par 2τ.

2 a.

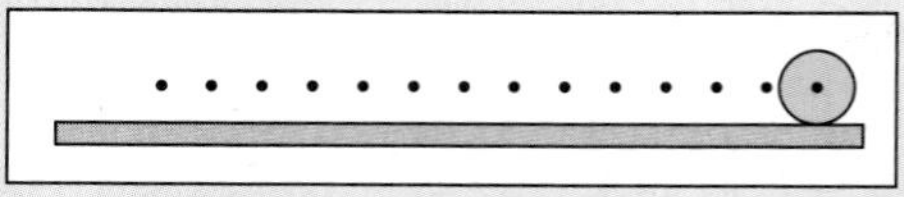

Dans cette situation, si le référentiel est galiléen (par exemple les murs du laboratoire) on voit, par l'équidistance des points, que la vitesse de l'un des points du système étudié est constante. De plus la trajectoire est manifestement rectiligne et le point marqué étant le point central (centre de gravité), on peut supposer que l'objet est homogène. On se trouve dans les conditions d'application du principe de l'inertie, les forces qui agissent sur cet objet se compensent, il est pseudo-isolé.

b.

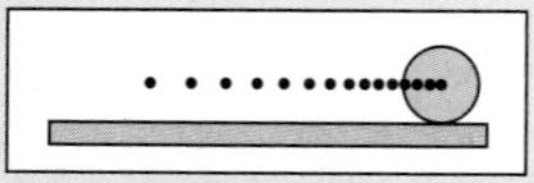

Dans cette situation, le système étudié est le même que le précédent, le centre d'inertie voit sa vitesse diminuer progressivement ; c'est la deuxième loi de Newton qui s'applique, à savoir que la résultante des forces appliquées n'est pas nulle (on peut aussi dire qu'une force n'est pas compensée). Cela se traduit par une variation du vecteur vitesse (ici diminution), le système n'est pas pseudo-isolé, exemple : les frottements entre la balle et le sol ne sont pas compensés, ou bien le plan est bien lisse mais un élastique (invisible sur le croquis) attaché à la balle freine celle-ci.

c.

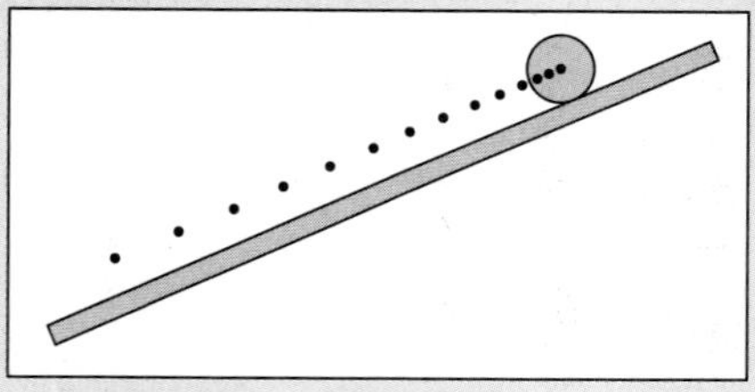

Cette situation s'analyse de la même manière que la précédente, la différence pouvant être la raison du ralentissement qui dans ce cas peut être simplement la force de gravitation (poids) même en absence de frottement.

d.

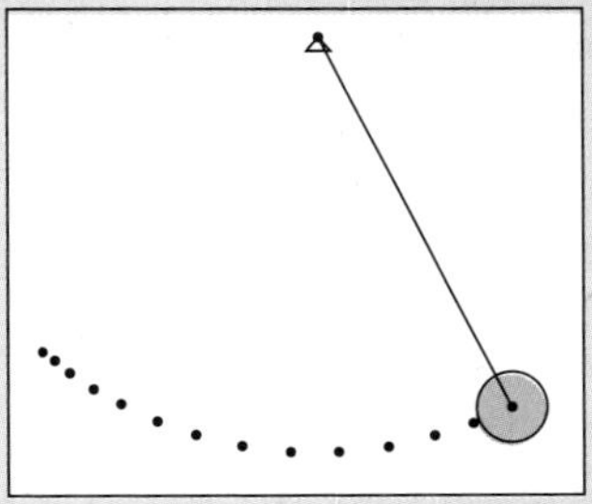

Le centre d'inertie a une trajectoire courbe, dans un référentiel galiléen, on peut déjà dire que le système n'est pas pseudo-isolé.

Remarque. Comme dans un mouvement circulaire uniforme, la trajectoire est courbe donc $\Delta\vec{v} \neq \vec{0}$.

3

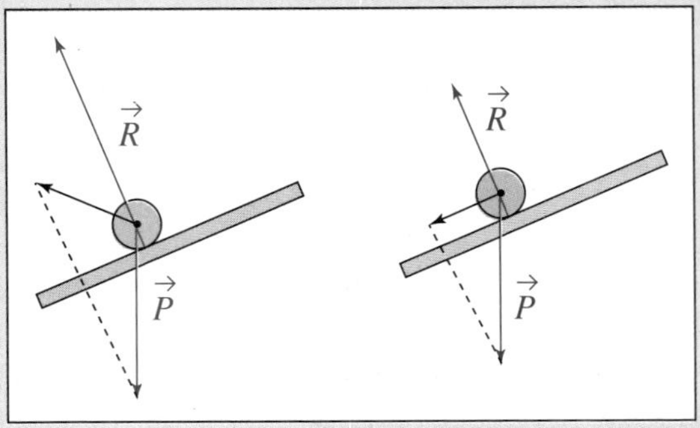

La bille a simplement été lâchée, les forces dominantes sont donc représentées sur les croquis, en supposant le référentiel galiléen, quand on effectue la somme vectorielle des forces ($\sum\vec{F}_{\text{ext}}$) on constate que la modélisation du croquis de gauche est impossible car cela voudrait dire qu'il existe une accélération qui ferait « décoller » le système étudié, un expérimentateur extérieur pourrait le provoquer, ou bien un choc ou un rebond dû à une aspérité.

En revanche, sur le croquis de droite tout se passe « comme prévu » le vecteur accélération porté par la résultante des forces indique la direction que va prendre le système : le bas de la pente !

4 Les « masses » sont parties en même temps ($t = 0$) et l'on examine l'instant t_5 :

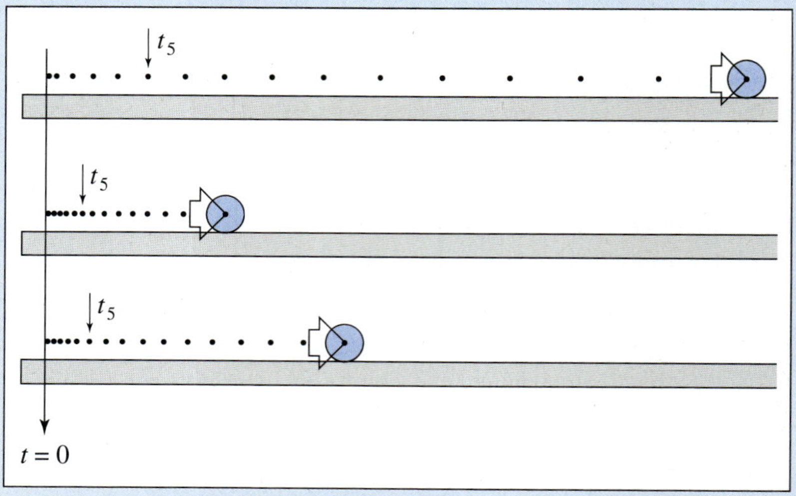

On voit sans calcul que la vitesse v_5 acquise par la masse du haut est la plus grande. Ce qui est vrai entre les points 0 et 5 doit l'être aussi entre deux points consécutifs, ce qui revient à conclure que la variation de vitesse Δv pour la masse du haut est supérieure aux autres.

Or la deuxième loi de Newton indique $\vec{a} = \dfrac{\sum \vec{F}_{\text{ext}}}{m}$. Sur table à coussin d'air, le poids est compensé par la réaction de l'air, la force qui pousse étant constante, si l'accélération est supérieure c'est que la masse est la plus petite. Le croquis du haut correspond donc à la masse la plus faible. Par le même raisonnement, on peut affirmer que la masse la plus grande est celle du milieu.

Remarque. On peut aussi raisonner avec le bon sens : si l'on pousse avec la même vigueur et sur une même route, un vélo puis une voiture, c'est le vélo qui gagnera le plus de vitesse !

5 Sans frottement, seuls le poids $\vec{P}$ et la réaction $\vec{R}$ orthogonale au plan agissent sur le système. Ces forces n'ont pas même direction, donc il existe une accélération.

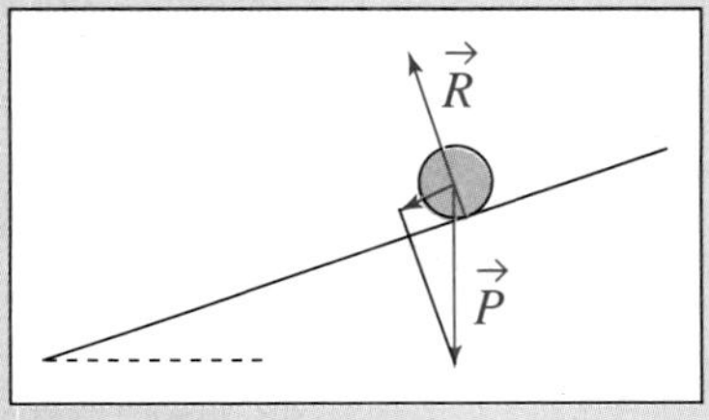

Sans avoir besoin de faire un croquis soigné et proportionné puis des mesures graphiques, on peut constater que la résultante des forces peut se calculer simplement en remarquant qu'elle est égale à la projection le long du plan incliné, soit :

$$\sum \vec{F}_{\text{ext}} = \vec{P} \sin\alpha = m\vec{g} \sin\alpha$$

D'un autre coté la deuxième loi de Newton donne $\sum \vec{F}_{\text{ext}} = m\vec{a}$.

On peut en déduire $a = g\sin\alpha = 10 \times \sin 30 = 5 m \cdot s^{-2}$.

Remarque. La masse n'intervient pas quand il n'y a pas de frottement, la masse « pesante » de $P = mg$ est identique à la masse « d'inertie » de la deuxième loi.

6

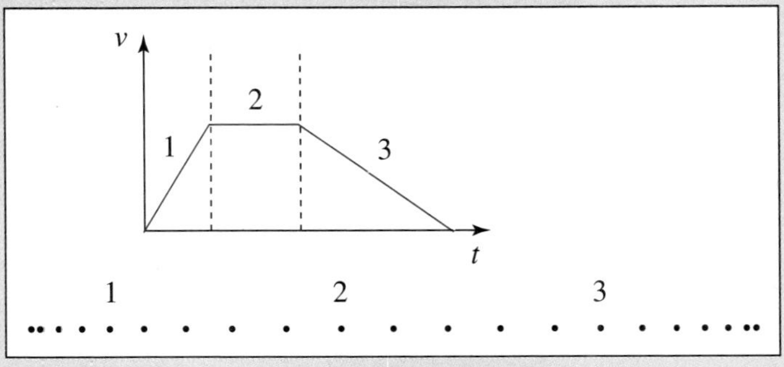

• La vitesse augmente uniformément, l'accélération est donc constante dans la phase 1 qui est une phase d'élan (les points s'éloignent).
• La vitesse est constante, l'accélération est nulle dans la phase 2 (points équidistants).
• Puis la vitesse diminue, l'accélération est constante mais négative (freinage) dans la phase 3.

On remarque que le freinage est moins brusque que n'a été l'accélération car la pente du segment 3 est plus petite que celle du segment 1.

PROBLÈME TYPE

Cet enregistrement décrit exactement un certain mouvement, l'échelle est donnée par les carrés en pointillé de côté 1 m dans la réalité. La balle de masse $m = 200$ g est lancée avec une vitesse initiale v_0, $\tau = 80$ ms. L'angle que fait le plan incliné sous l'horizontale a été respecté. Aucun frottement n'est à prendre en compte.

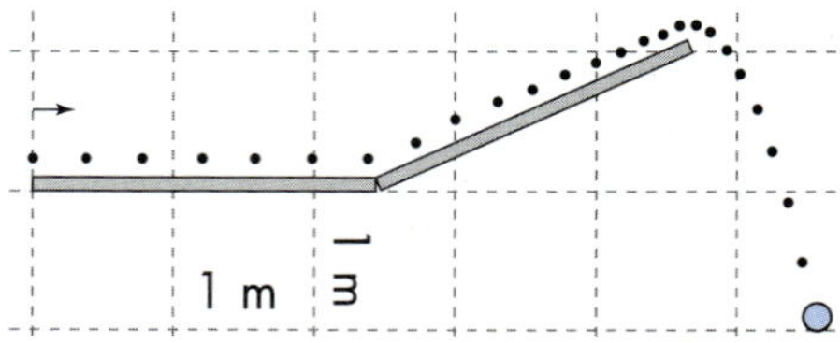

1. Décomposer ce mouvement en plusieurs phases.
2. Pour chaque phase, faire l'inventaire des forces agissant sur la masse, schématiser les vecteurs correspondants (1 cm pour 1 N), dire si chacun des systèmes en question est pseudo-isolé ou non.
3. Calculer la valeur de v_0.
4. Construire le vecteur accélération pour les phases 1 et 2. Commenter.
5. Calculer la valeur de l'accélération pour chaque phase.
6. Faire le graphe annoté $v = f(t)$.

Solution

1. Il y a trois phases, la première sur le plan horizontal, la deuxième sur le plan incliné, la troisième sans support.

2. **Phase 1** : $\vec{P}$ et $\vec{R}$ se compensent ; la vitesse est constante (équidistances des points), le système est pseudo-isolé (principe de l'inertie ou 1re loi de Newton).

   Phase 2 : $\vec{P}$ et $\vec{R}$ ne se compensent pas ; la vitesse diminue (les points se rapprochent) le système n'est pas pseudo-isolé (2e loi de Newton).

PROBLÈME TYPE

3. v_0 est la vitesse durant la phase 1 : on voit que le mobile franchit 2 m en $5 \cdot \tau$, donc $v_0 = \frac{2}{5 \times 0{,}08} = 5 \text{ m} \cdot \text{s}^{-1}$.

4.

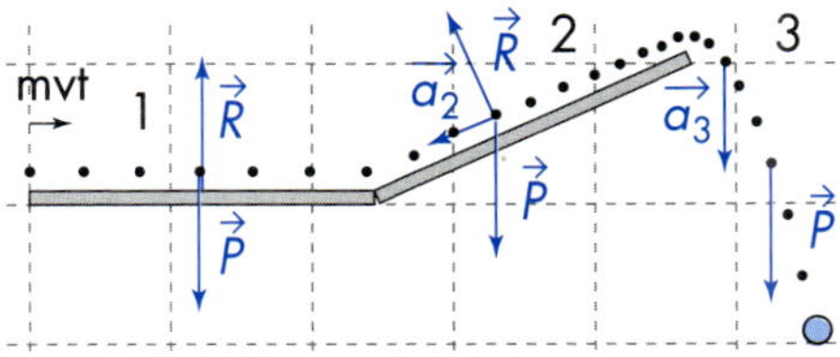

5. Pour les calculs de a_2 et a_3, attention à l'échelle (la distance dans la réalité est celle mesurée sur le croquis puis multipliée par 67).
Phase 1 : accélération $a_1 = 0$;
phase 2 : accélération $a_2 = -5{,}0 \text{ m} \cdot \text{s}^{-2}$;
phase 3 : $a_3 = 10 \text{ m} \cdot \text{s}^{-2}$ (accélération de la pesanteur).

6.

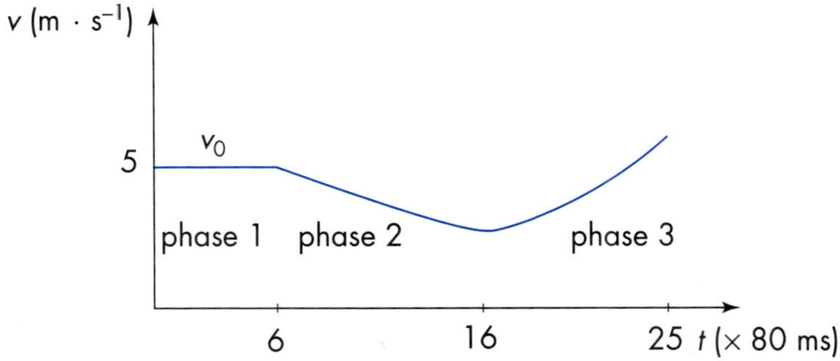

11 Mouvements de chute

LES BASES

Lorsqu'un projectile chute dans un fluide, il est le plus souvent soumis à au moins trois forces : poids, poussée d'Archimède et force de frottement.

1 Le poids

Nous assimilerons le poids $\vec{P}$ d'un corps à l'interaction gravitationnelle $\vec{F}$ qui se fait toujours entre la masse du corps et la masse de la Terre.

On a alors $P = F$ soit $mg = \mathrm{G}\dfrac{mM_\mathrm{T}}{(R_\mathrm{T}+h)^2}$ et en simplifiant par m :

$$g = \mathrm{G}\frac{M_\mathrm{T}}{(R_\mathrm{T}+h)^2}$$

g est le champ de pesanteur, G la constante de gravitation, M_T la masse de la Terre, R_T le rayon de la Terre, h la distance au sol.

À l'altitude $h = 0$, $g_0 = \dfrac{\mathrm{G}\cdot M_\mathrm{T}}{R_\mathrm{T}^2} = \dfrac{6{,}67\cdot 10^{-11}\times 6\cdot 10^{24}}{(6{,}37\cdot 10^{6})^2} \approx 9{,}8\ \mathrm{m}\cdot\mathrm{s}^{-2}$.

Dans la grande majorité des situations, il sera possible de considérer que le vecteur champ de pesanteur a même intensité, même direction et même sens en tout point de la trajectoire du mobile : le champ de pesanteur est uniforme.

2 La poussée d'Archimède

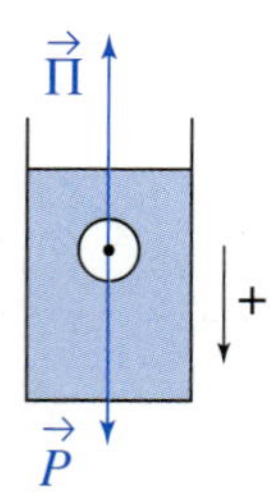

« Tout corps plongé dans un fluide (liquide ou gaz) subit de la part de celui-ci une poussée verticale, dirigée de bas en haut et égale au poids du volume de fluide déplacé. »

$$\vec{\Pi} = -\rho_f V\vec{g}$$

On remarquera que si l'objet est totalement immergé alors le volume de fluide déplacé est égal au volume de l'objet.
On remarquera aussi qu'un objet totalement immergé remonte si $\Pi > P$ et coule si, au contraire, $\Pi < P$.

On appelle souvent poids apparent d'un objet la somme :

$$\overrightarrow{P_{\text{App}}} = \vec{P} + \vec{\Pi}$$

3 Le frottement fluide

Lorsqu'un solide se déplace dans un fluide, il est soumis à des actions de contacts qui font que la vitesse du solide est différente de la vitesse qu'il aurait pu acquérir s'il était en mouvement dans le vide.
Ce sont ces actions de contact que l'on nomme force de frottement fluide.
Cette force, toujours de sens contraire à celui du vecteur vitesse, s'écrit pour un corps sphérique dont la vitesse reste faible :

$$f = 6\pi R\eta v$$

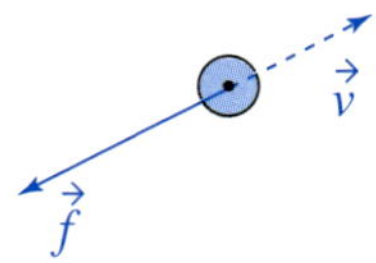

R est le rayon du solide (m), v la vitesse du solide ($\text{m} \cdot \text{s}^{-1}$) et η est la viscosité du fluide ($\text{kg} \cdot \text{s}^{-1} \cdot \text{m}^{-1}$).

Pour des vitesses ne pouvant plus être considérées comme faibles, la force de frottement fluide varie comme le carré de la vitesse.

4 Cas d'une chute verticale

La deuxième loi de Newton (ou théorème du centre d'inertie) s'écrit :

$$\sum \overrightarrow{F_{\text{ext}}} = \vec{P} + \vec{\Pi} + \vec{f} = m\vec{a} = m\frac{\mathrm{d}\vec{v}}{\mathrm{d}t}$$

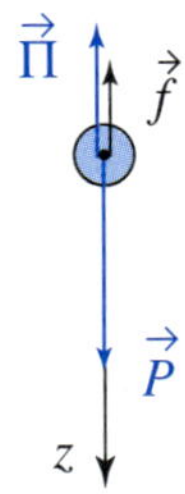

En projetant sur l'axe du mouvement, on obtient l'équation différentielle du mouvement :

$$mg - \rho_f Vg - 6\pi R\eta v_z = m\frac{\mathrm{d}v_z}{\mathrm{d}t}$$

Cette équation différentielle n'admet pas de solution simple et sa résolution se fera numériquement, pas à pas, en utilisant la méthode d'Euler et en s'aidant d'un tableur.
Au début du mouvement l'objet, lâché sans vitesse initiale, voit sa vitesse augmenter. La force de frottement augmente avec elle jusqu'à ce que $\Pi + f = P$.

À compter de cet instant, les trois forces se compensent et l'objet, dès lors pseudo-isolé et obéissant à la première loi de Newton (principe de l'inertie), sera en mouvement rectiligne et uniforme. La vitesse ne pouvant plus augmenter, elle aura atteint sa valeur limite, notée v_{lim}.

Quand $v_z = v_{\text{lim}}$: $\dfrac{dv_z}{dt} = \dfrac{dv_{\text{lim}}}{dt} = 0$

donc $mg - \rho_f Vg - 6\pi R\eta v_{\text{lim}} = 0$

soit aussi :

$$v_{\text{lim}} = \frac{(m - \rho_f V)g}{6\pi R\eta}$$

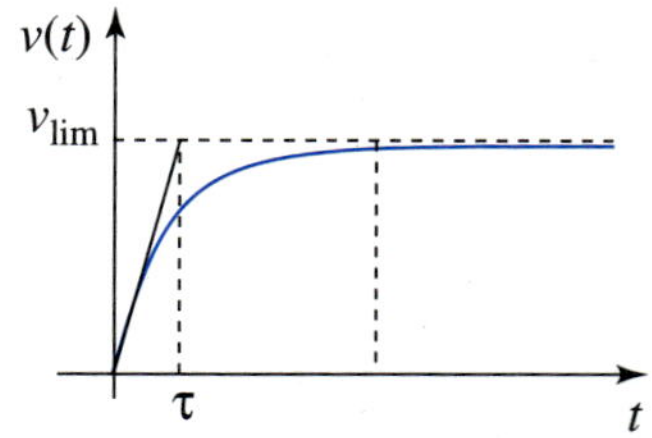

Nous pouvons donc distinguer deux phases : une phase transitoire pendant laquelle la vitesse augmente et une phase permanente pendant laquelle la vitesse ne varie plus et garde sa valeur limite.

5 Cas d'une chute libre

Si l'objet en mouvement est de petite dimension, si sa densité est grande et si sa vitesse reste assez faible, alors la poussée d'Archimède et les frottements fluides sont des forces négligeables. La seule force qui agit sur le solide est alors son poids : le solide est en chute libre.

Un solide est en chute libre s'il n'est soumis qu'à son poids.

On a alors $m\vec{a} = m\vec{g}$ soit $\vec{a} = \vec{g}$

$a = \dfrac{dv}{dt} = g \Rightarrow v = gt + v_0$ et enfin :

$$z = \frac{1}{2}gt^2 + v_0 t + z_0$$

Les résultats ci-dessus nous montrent que ni l'accélération, ni la vitesse de chute, ni l'altitude atteinte ne dépendent de la masse de l'objet en mouvement.

L'équation que nous avons établie est valable dans les trois cas de figure possibles ($\vec{v_0} = \vec{0}$, $\vec{v_0}$ dirigé vers le haut ou vers le bas). Elle ne convient par contre pas lorsque le vecteur vitesse initiale n'est pas vertical.

6 Mouvement de chute parabolique

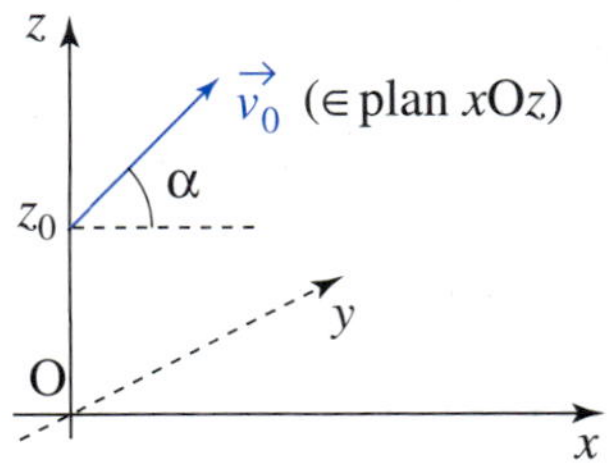

Montrons qu'un solide en chute libre suit une trajectoire parabolique si la vitesse initiale n'est pas verticale.
La seule force non négligeable est le poids donc :

$$\vec{a} = \vec{g}$$

soit donc :

$a_x = g_x = 0$	car $\vec{g}$ n'a pas de composante suivant x
$a_y = g_y = 0$	car $\vec{g}$ n'a pas de composante suivant y
$a_z = g_z = -g$	car $\vec{g}$ est orienté vers les z décroissants.

En recherchant les primitives, nous obtenons les trois composantes du vecteur vitesse :

$v_x = v_0 \cos\alpha$	car $v_{0,x} = v_0 \cos\alpha$
$v_y = 0$	car $v_{0,y} = 0$
$v_z = -gt + v_0 \sin\alpha$	car $v_{0,z} = v_0 \sin\alpha$

En recherchant à nouveau les primitives, nous obtenons les lois horaires du mouvement :

$$x = v_0 t \cos\alpha + x_0 = v_0 t \cos\alpha$$
$$y = y_0 = 0$$
$$z = -\frac{1}{2} g t^2 + v_0 t \sin\alpha + z_0$$

Quel que soit t, on a $y = 0$, le mouvement se fait donc dans le plan xOz contenant le vecteur vitesse initiale.
L'équation de la trajectoire s'obtient alors par élimination du temps :

$$t = \frac{x}{v_0 \cos\alpha} \Rightarrow z = -\frac{1}{2} g \left(\frac{x}{v_0 \cos\alpha}\right)^2 + v_0 \left(\frac{x}{v_0 \cos\alpha}\right) \sin\alpha + z_0$$

$$z = -\frac{g}{2 v_0^2 \cos^2\alpha} x^2 + x \tan\alpha + z_0$$

APPLIQUER LES BASES

1 Montrons que dans les situations courantes, le champ de pesanteur peut être considéré comme un champ uniforme.

a. De combien faut-il s'élever pour faire baisser l'intensité g du champ de pesanteur de 1 % seulement ?

b. De quelle distance faut-il se déplacer sur le sol pour ne faire varier que de 1° la direction du vecteur champ de pesanteur ?

2 Un cylindre de bois de rayon $R = 2$ cm, de hauteur $H = 10$ cm et de masse volumique $\rho_B = 0{,}8 \text{ g} \cdot \text{cm}^{-3}$ flotte sur l'eau tout en restant vertical.

a. Pourquoi ce cylindre flotte-t-il sur l'eau ?

b. Quelle hauteur h de ce cylindre reste hors de l'eau ?

3 Trouver l'ordre de grandeur de la vitesse limite d'une petite goutte de pluie ($r = 0{,}3$ mm) sachant que la viscosité de l'air vaut environ $2 \cdot 10^{-5} \text{ kg} \cdot \text{s}^{-1} \cdot \text{m}^{-1}$.

4 Une bille d'acier chute librement dans l'air (les frottements dus à l'air et la poussée d'Archimède sont négligeables devant le poids de la bille).

Cette bille part d'un point M_0, d'altitude $h_0 = 10$ m avec la vitesse $\vec{v_0}$.

Calculer le temps de chute de cette bille pour des situations différentes :

a. La vitesse initiale est nulle.

b. $\vec{v_0}$ est vertical, dirigé vers le haut et de valeur $v_0 = 10 \text{ m} \cdot \text{s}^{-1}$.

c. La vitesse initiale a la même valeur que précédemment mais appartient au demi-plan supérieur et fait un angle $\alpha = 30°$ avec l'axe horizontal.

5 Deux billes d'acier de faible diamètre sont lâchées au même instant depuis des points de même altitude : $h_0 = 30$ m. La première bille est libérée sans aucune vitesse initiale ($v_{0,1} = 0$) alors que la seconde est lancée verticalement vers le haut avec une vitesse $v_{0,2} = 12 \text{ m} \cdot \text{s}^{-1}$.

a. Sur le même système d'axes, tracer les diagrammes montrant les évolutions en fonction du temps de la norme des vecteurs vitesse de chacune de ces billes.

b. En utilisant votre tracé, trouver à quelle date $|v_1| = |v_2|$.

c. Quelles sont les altitudes z_1 et z_2 de ces billes à la date trouvée ?

Réponses

1 **a.** Il faut que h soit tel que $g_h = 0{,}99 g_0$ ou encore $\dfrac{GM_T}{(R_T + h)^2} = 0{,}99 \dfrac{GM_T}{R_T^2}$.

Cette égalité conduit à $h \approx 32$ km.

b. En faisant le tour du globe ($D = 40\,000$ km), nous faisons tourner de 360° la direction du vecteur champ de pesanteur. Pour que la direction de ce vecteur ne varie que de 1° il faudra se déplacer de la distance d telle que : $d = \dfrac{D}{360} = \dfrac{40\,000}{360} \approx 111$ km.

2 **a.** Le cylindre flotte sur l'eau parce que la masse volumique du bois est inférieure à la masse volumique de l'eau ($\rho_{eau} = 1$ g · cm^{-3}).

b. Le cylindre flotte sur l'eau et trouve un équilibre lorsque le poids du cylindre est compensé par la poussée d'Archimède.

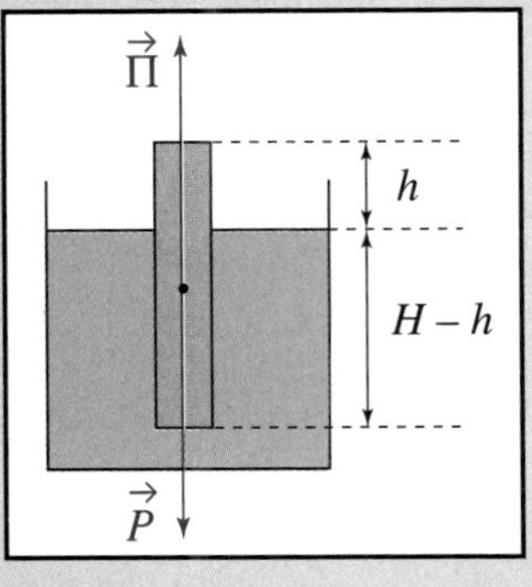

Le poids du cylindre est :

$$P_{cyl} = m_{cyl}\, g = \rho_B \pi R^2 H g$$

La poussée d'Archimède est :

$$P_{eau}^{dép} = m_{eau}^{dép}\, g = \rho_{eau} V_{eau}^{dép}\, g$$

$$P_{eau}^{dép} = \rho_{eau} \pi R^2 (H - h) g$$

Ainsi :

$$\rho_B \pi R^2 H g = \rho_{eau} \pi R^2 (H - h) g, \text{ d'où } h = H\left(1 - \frac{\rho_B}{\rho_{eau}}\right) = 2 \text{ cm}.$$

3 La vitesse limite est $v_{lim} = \dfrac{(m - \rho_f V)g}{6\pi \cdot R \cdot \eta} = \dfrac{(\rho_{eau} - \rho_{air})Vg}{6\pi \cdot R \cdot \eta}$ mais la masse volumique de l'air ($\rho_{air} = 1{,}3$ kg · m^{-3}) est négligeable devant celle de l'eau ($\rho_{eau} = 10^3$ kg · m^{-3}) et donc :

$$v_{lim} \approx \frac{\rho_{eau} V g}{6\pi R \eta} = \frac{\rho_{eau} \frac{4}{3}\pi R^3 g}{6\pi R \eta} = \frac{2\rho_{eau} R^2 g}{9\eta}$$

$$= \frac{2 \times 10^3 (3 \cdot 10^{-4})^2 \times 9{,}8}{9 \times 2 \cdot 10^{-5}}$$

soit une vitesse limite d'environ 10 m · s^{-1}.

4 Tous les mouvements sont étudiés dans le référentiel terrestre supposé galiléen dans lequel les lois de Newton s'appliquent.

Deuxième loi de Newton : $\sum \overrightarrow{F}_{\text{ext}} = \vec{P} \Rightarrow m\vec{a} = m\vec{g} \Rightarrow \vec{a} = \vec{g}$.

Par projection sur l'axe des z, dirigé du bas vers le haut, on obtient :

$\boxed{a_z = -g}$ puis $\boxed{v_z = -gt + v_{0,z}}$ puis $\boxed{z = -\frac{1}{2}gt^2 + v_{0,z}t + z_0}$

a. $v_{0,z} = 0 \Rightarrow z = -\frac{1}{2}gt^2 + z_0 \Rightarrow t = \sqrt{\frac{2(z_0 - z)}{g}}$.

Appelons t_{sol} le temps de chute que nous cherchons. Si $t = t_{\text{sol}}$ c'est que $z = 0$ et donc que $t_{\text{sol}} = \sqrt{\frac{2z_0}{g}} \approx \sqrt{\frac{2 \times 10}{10}} \approx 1{,}4$ s.

b. $v_{0,z} = v_0 \sin\alpha = 10 \times 0{,}5 = 5 \text{ m} \cdot \text{s}^{-1} \Rightarrow -5t^2 + 5t + 10 = 0$.
Ce trinôme du second degré admet deux solutions de signes contraires et seule la solution positive a un sens physique.
Le calcul numérique conduit à $t_{\text{sol}} \approx 2{,}00$ s.

c. $v_{0,z} = v_0 \Rightarrow z = -\frac{1}{2}gt^2 + v_0 t + z_0$ soit $z \approx -5t^2 + 10t + 10$

soit, pour $t = t_{\text{sol}}$: $-5t^2 + 10t + 10 = 0$. Nous trouvons $t_{\text{sol}} = 2{,}73$ s.

5 **a.** $v_1 = -gt + v_{0,1} = -10t$
$v_2 = -gt + v_{0,2} = -10t + 12$
d'où le tracé ci-contre.
b. Ce tracé montre que les vecteurs vitesse ont même norme à la date $t = 0{,}6$ s.

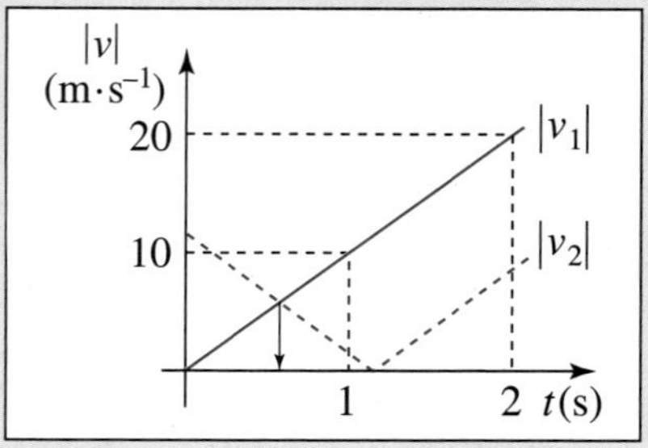

c. À cette date :

$$z_1 = -\frac{1}{2}gt^2 + v_{0,1}t + z_{0,1} = -0{,}5 \times 10 \times (0{,}6)^2 + 30 = 28{,}2 \text{ m}$$

$$z_2 = -\frac{1}{2}gt^2 + v_{0,2}t + z_{0,2} = -0{,}5 \times 10 \times (0{,}6)^2 + 12 \times 0{,}6 + 30 = 35{,}4 \text{ m}$$

PROBLÈME TYPE

Une balle de golf est frappée et décolle avec une vitesse initiale faisant un angle $\alpha = 26°$ avec le plan horizontal.

1. On considère la balle en chute libre.

a. Établir l'équation de la trajectoire.

b. Dans quel plan le mouvement se fait-il ?

2. La balle touche le sol à une distance $d = 150$ m de son point de départ.

a. En déduire la valeur de v_0.

b. Combien de temps a duré le mouvement ?

3. Ce tir, trop court, n'a pas été réussi.
Le joueur essaie d'autres tirs, en tâtonnant, mais sans changer la valeur de v_0.

a. Pour réussir, doit-il augmenter ou diminuer l'angle α ?

b. Quel angle doit-il donner à son tir pour obtenir $d' = 185$ m ?

4. On se replace dans le cas général d'un mobile ponctuel en mouvement de chute parabolique depuis l'origine d'un repère :

$$z = -\frac{g}{2v_0^2\cos^2\alpha} + x\tan\alpha$$

a. La distance qui sépare le point de lancement du point de chute est appelée « portée du mouvement ».
Pour cette valeur de V_0, que vaut la portée maximale D ?

b. L'altitude maximale atteinte par le projectile pendant son mouvement est appelée « flèche ».
Comment s'exprime cette flèche F ?

c. Combien de temps dure le mouvement de portée maximale D ?

PROBLÈME TYPE

Solution

1. a. Le mouvement est étudié dans le référentiel terrestre, considéré comme galiléen dans lequel les lois de Newton sont vérifiées.

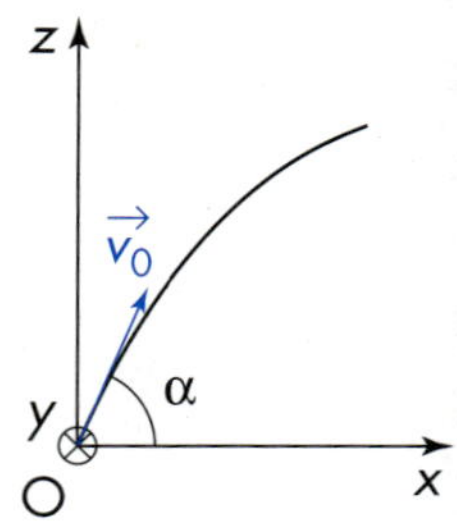

La balle est un objet assez petit pour pouvoir être considéré comme ponctuel au regard de la taille de sa trajectoire.

La seule force extérieure à considérer est le poids de la balle et donc :

$$m\vec{a} = m\vec{g} \quad \text{et} \quad \vec{a} = \vec{g}$$

$$\vec{a}\begin{vmatrix} a_x = 0 \\ a_y = 0 \\ a_z = -g \end{vmatrix} \Rightarrow \vec{v}\begin{vmatrix} v_x = v_0\cos\alpha \\ v_y = 0 \\ v_z = -gt + v_0\sin\alpha \end{vmatrix} \Rightarrow \overrightarrow{OM}\begin{vmatrix} x = (v_0\cos\alpha)\,t \\ y = 0 \\ z = -\dfrac{1}{2}gt^2 + (v_0\sin\alpha)\,t \end{vmatrix}$$

Des lois horaires on tire l'équation du mouvement par élimination du temps.

On obtient alors l'équation cherchée :

$$z = -\frac{g}{2v_0^2\cos^2\alpha}x^2 + x\tan\alpha$$

b. L'accélération n'a pas de composante suivant l'axe des y et le vecteur vitesse initiale non plus. À toute date, on a nécessairement $y(t) = y_0 = 0$.

La trajectoire ne peut qu'appartenir au plan qui contient le vecteur vitesse initiale.

2. a. La balle touche le sol quand $z = 0$ soit $x\left(\tan\alpha - \dfrac{g}{2v_0^2\cos^2\alpha}x\right) = 0$.

La solution $x = 0$ correspond à la position de départ, le point d'arrivée correspond à $x = d$:

$$\left(\tan\alpha - \frac{g}{2v_0^2\cos^2\alpha}d\right) = 0 \quad \text{soit} \quad d = \frac{2v_0^2\cos^2\alpha\tan\alpha}{g} = \frac{v_0^2\sin 2\alpha}{g}$$

et aussi $v_0 = \sqrt{\dfrac{gd}{\sin 2\alpha}} = \sqrt{\dfrac{10 \times 150}{\sin 52}} = 43{,}63\ \text{m} \cdot \text{s}^{-1}$.

PROBLÈME TYPE

b. L'une des lois horaires est $x = (v_0 \cos\alpha)t$. Le temps t_{sol} cherché est celui après lequel $x = d$ et donc : $t_{sol} = \dfrac{d}{v_0 \cos\alpha} \approx 3{,}83$ s.

3. a. Quelque soit v_0 et α, l'expression $d = \dfrac{v_0^2 \sin 2\alpha}{g}$ reste valable.

Cette expression nous dit, qu'à v_0 constant, d augmente quand $\sin 2\alpha$ augmente et que donc d aura la plus grande valeur possible quand $\sin 2\alpha = 1$. Pour cela il faut $2\alpha = 90°$ et donc $\alpha = 45°$. Le joueur peut allonger son tir en augmentant α de 26° vers 45° sans dépasser cette valeur.

b. $\sin 2\alpha = \dfrac{d'g}{v_0^2} = \dfrac{185 \times 10}{43{,}63^2} = 0{,}972$;

donc $2\alpha = \sin^{-1} 0{,}972 = 76{,}4°$; $\alpha = 38{,}2°$.

4. a. La portée maximale (pour $\alpha = 45°$ et $\sin 2\alpha = 1$) est :

$$D = \frac{v_0^2}{g} \approx 190 \text{ m}$$

b. La flèche est atteinte lorsque la vitesse suivant l'axe des z s'annule. Ceci se produit à une date t_F telle que :

$$v_z = -gt_F + v_0 \sin\alpha = 0 \Rightarrow t = \frac{v_0 \sin\alpha}{g}$$

À cette date, $z = F = -\dfrac{1}{2} g \left(\dfrac{v_0 \sin\alpha}{g}\right)^2 + v_0 \sin\alpha \left(\dfrac{v_0 \sin\alpha}{g}\right)$, soit :

$$\boxed{F = \frac{v_0^2 \sin^2\alpha}{2g}}$$

c. La balle met un temps $t_F = \dfrac{v_0 \sin\alpha}{g}$ pour passer de l'altitude nulle à l'altitude $z = F$ et il lui faut autant de temps pour faire l'inverse. La durée totale du mouvement est donc :

$$2t_F = 2\frac{v_0 \sin\alpha}{g} = 2 \times \frac{43{,}62 \times \sin 45}{10} \approx 6{,}2 \text{ s}$$

12 Satellites et planètes

LES BASES

1 Les trois lois de Kepler

À partir des relevés de son maître Tycho Brahé, Kepler a établi trois lois qui se vérifient dans un référentiel héliocentrique.

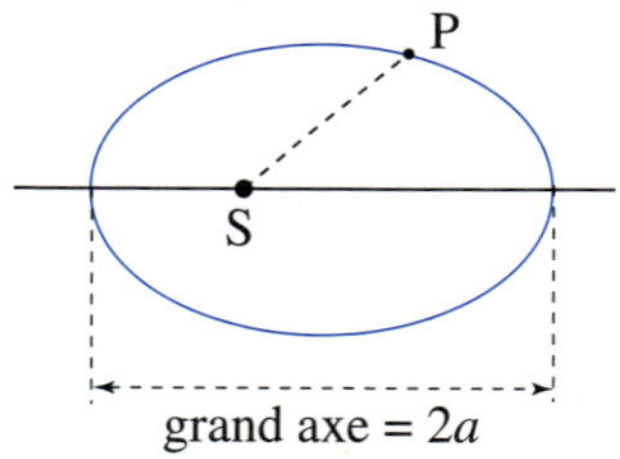

• Chaque planète décrit une ellipse dont le Soleil est l'un des foyers.
• Le segment qui lie le centre du Soleil au centre d'une planète balaie des aires égales au cours de durées égales.
• La valeur du rapport $\frac{T^2}{a^3}$ du carré de la période au cube du demi-grand axe ne dépend que de l'astre attracteur et a donc même valeur pour chacune des planètes en révolution autour de lui.

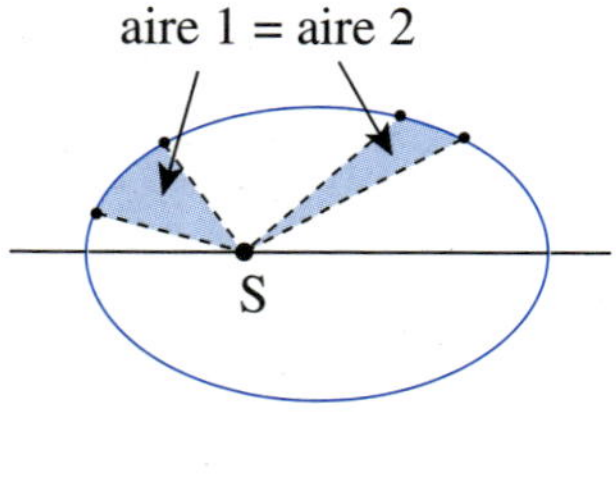

La 2e loi de Kepler, dite « loi des aires » implique que plus la distance entre le soleil et la planète est faible et plus la vitesse de déplacement de cette planète est grande et inversement.

Kepler a donné au rapport $\frac{T^2}{a^3}$ la valeur $\frac{4\pi^2}{GM_S}$, où G est la constante de la gravitation et M_S la masse du Soleil.
Les lois de Kepler ne s'appliquent pas qu'aux planètes en mouvement autour de leur soleil mais aussi aux satellites autour de leur planète.
Tout en gardant une bonne approximation, il est possible de considérer le mouvement des planètes comme circulaire et uniforme.

② Le mouvement circulaire et uniforme

Un mobile a un mouvement circulaire lorsque sa trajectoire est un cercle et que la valeur de sa vitesse reste constante en norme.
Notons bien que le vecteur vitesse varie car, toujours tangent à la trajectoire, il voit sa direction changer avec le temps.
Ces mouvements s'étudient plus simplement dans la « base de Frenet » que dans le référentiel orthonormé classique. Il est en effet très commode de décomposer un vecteur en lui donnant une composante normale et une composante tangentielle.
Un vecteur vitesse, toujours tangent à la trajectoire, ne peut pas avoir de composante normale :

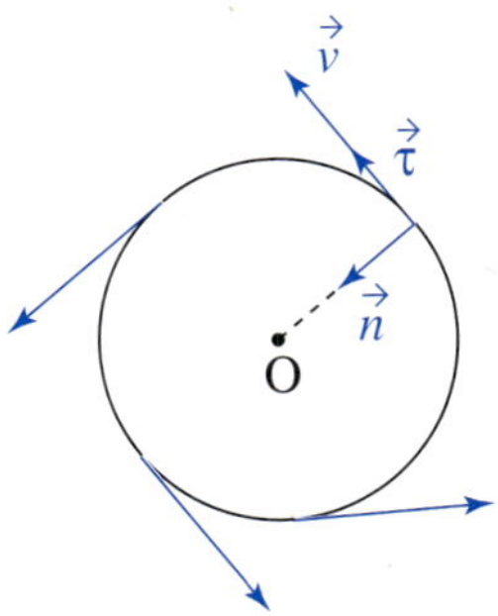

$$\vec{v} = v_T \vec{\tau}$$

Un vecteur accélération a le plus souvent deux composantes :

$$\vec{a} = a_N \vec{n} + a_T \vec{\tau}$$

La composante tangentielle a pour effet de faire varier la valeur de la vitesse (elle est nulle si le mouvement est uniforme), la composante normale a pour effet de courber la trajectoire (elle est constante si la trajectoire est circulaire) :

$$a_N = \frac{v^2}{r} \quad \text{et} \quad a_T = \frac{dv}{dt}$$

Pour un mouvement circulaire et uniforme, le vecteur accélération n'a pas de composante tangentielle et il s'écrit donc :

$$\vec{a} = \vec{a_N} = a_N \vec{n} = \frac{v^2}{r}\vec{n}$$

Le mobile tourne donc autour du centre O de sa trajectoire repasse tour après tour aux mêmes points. Son mouvement est périodique et la période est égale à la durée d'un tour.

Le mouvement circulaire et uniforme est un mouvement dont la période dépend du rayon *r* de la trajectoire et de la vitesse de déplacement du mobile le long de cette trajectoire :

$$T = \frac{2\pi r}{v}$$

3 Mouvement des planètes

Une planète qui tourne autour du Soleil n'est soumise qu'à une seule force, la force d'attraction gravitationnelle.

Cette force, que l'on notera $\vec{F}$, est dirigée du centre de la planète vers celui du Soleil, on dit qu'il s'agit d'une force centripète.

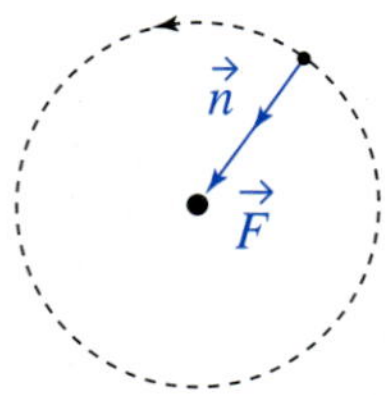

La deuxième loi de Newton nous permet alors d'écrire que :

$$\vec{F} = m\vec{a} \quad \text{et donc} \quad G\frac{M_S m}{r^2}\vec{n} = m a_N \vec{n}$$

où M_S est la masse du Soleil, m la masse de la planète, r le rayon de la trajectoire et G la constante de la gravitation.

En simplifiant par $\vec{n}$ puis en tenant compte de ce que $a_N = \frac{v^2}{r}$, on a :

$$G\frac{M_S}{r^2} = \frac{v^2}{r}$$

D'où :

$$v = \sqrt{\frac{GM_S}{r}}$$

La période est donc $T = \dfrac{2\pi r}{v} = 2\pi r\sqrt{\dfrac{r}{GM_S}}$ et donc $T^2 = \dfrac{4\pi^2 r^3}{GM_S}$.

On a donc bien, comme l'avait prévu Newton :

$$\frac{T^2}{r^3} = \frac{4\pi^2}{GM_S} = \text{cte}$$

Ni la vitesse, ni la période d'une planète ne dépendent de sa masse.

4 Mouvement des satellites

Les lois de Kepler s'appliquent aux satellites de la Terre qu'ils soient naturels ou artificiels ou d'une quelconque autre planète.
Bien sûr, la masse du Soleil devra être remplacée par celle de la planète autour de laquelle tourne le satellite.
Un satellite est géostationnaire s'il reste à la verticale d'un même lieu (sa trajectoire est dans le plan équatorial et sa période vaut 23 h 56 min ≈ 24 h).

APPLIQUER LES BASES

1 Une planète P, à la distance SP de son Soleil S, se déplace sur son orbite de $PP' = \Delta L = v\Delta t$ pendant le temps Δt. Si la durée Δt est assez petite, alors le déplacement ΔL pourra être considéré comme rectiligne et SPP′ pourra être considéré comme un triangle d'aire ΔA.

a. Comment exprimer l'aire ΔA ?

b. Que dit Kepler du rapport $\frac{\Delta A}{\Delta t}$?

c. En déduire les évolutions comparées de la distance SP et de la vitesse v.

2 **a.** Quelle est la distance Soleil-Jupiter notée SJ ?

b. Que vaut la vitesse orbitale de Jupiter ?

Données : La période de révolution de Jupiter vaut $T_{Jup} \approx 12$ ans.
$M_S = 2 \cdot 10^{30}$ kg ; $G = 6{,}67 \cdot 10^{-11}$ S.I. et 1 an $\approx \pi \cdot 10^7$ s.

3 Un satellite artificiel de la Terre (Spot) gravite à une altitude $h \approx 830$ km.

a. Quelle est la période T du satellite ($M_S = 2 \cdot 10^{30}$ kg) ?

b. Que vaut sa vitesse ?

Données : $M_T = 6 \cdot 10^{24}$ kg ; $R_T = 6\,400$ km ; $G = 6{,}67 \cdot 10^{-11}$ S.I et 1 an $\approx \pi \cdot 10^7$ s.

4 À quelle altitude un satellite géostationnaire doit-il évoluer ?

5 Nous considérerons que la Lune est en mouvement circulaire et uniforme autour de la Terre et que le rayon de sa trajectoire est R_L.

a. Quelle est l'expression de la valeur de la force d'interaction gravitationnelle F que la Terre fait subir à la Lune ?

b. En déduire l'expression donnant l'accélération de la Lune.

c. Calculer la vitesse de la Lune sur son orbite.

Données : $G = 6{,}67 \cdot 10^{-11}$ SI ; $M_T = 6 \cdot 10^{24}$ kg et $R_L = 3{,}85 \cdot 10^8$ m.

6 L'orbite d'Uranus a pour rayon $R_U \approx 3$ milliards de kilomètres et sa période est $T_U \approx 84$ ans.

a. Donner une valeur à la vitesse orbitale d'Uranus.

b. En déduire une valeur approchée de la masse du Soleil.

c. La masse du Soleil est $M_S = 2 \cdot 10^{30}$ kg, et $R_U = 2{,}88 \cdot 10^{12}$ m.
Recalculer avec une précision plus grande la vitesse d'Uranus.

Réponses

1 a. Puisque SPP′ est considéré comme un triangle de base PP′ et de hauteur SP, son aire s'écrit :

$$\Delta A = \frac{1}{2}\text{PP}' \times \text{SP} = \frac{1}{2}v\Delta t \times \text{SP}$$

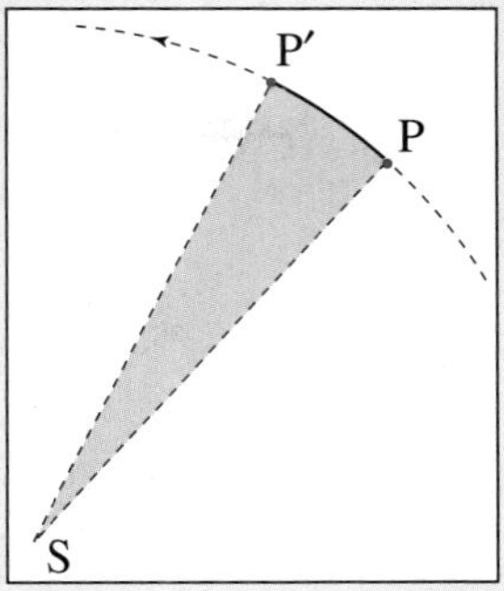

b. La « loi des aires » signifie que :

$$\frac{\Delta A}{\Delta t} = \frac{1}{2}v \times \text{SP} = \text{cte}$$

c. Puisque $v \times \text{SP} = \text{cte}$, c'est que :
– si SP diminue alors v augmente ;
– si SP augmente alors v diminue.

2 a. La troisième loi de Kepler s'écrit : $\dfrac{T^2}{\text{SJ}^3} = \dfrac{4\pi^2}{\text{G} \cdot M_\text{S}}$ et $\text{SJ} = \sqrt[3]{\dfrac{T^2\text{G} \cdot M_\text{S}}{4\pi^2}}$

$$\text{SJ} = \sqrt[3]{\frac{(12 \times \pi \times 10^7)^2 \times 6{,}67 \cdot 10^{-11} \times 2 \cdot 10^{30}}{4\pi^2}} \approx 7{,}8 \cdot 10^{11}\ \text{m}\ (\text{SJ} \approx 5{,}2\,\text{ST}).$$

b. $v = \sqrt{\dfrac{\text{G} \cdot M_\text{S}}{\text{SJ}}} = \sqrt{\dfrac{6{,}67 \cdot 10^{-11} \times 2 \cdot 10^{30}}{7{,}8 \cdot 10^{11}}} \approx 1{,}3 \cdot 10^4\ \text{m} \cdot \text{s}^{-1} = 13\ \text{km} \cdot \text{s}^{-1}.$

3 a. Notons r la distance qui sépare le satellite du centre de la Terre.

On alors $\dfrac{T^2}{r^3} = \dfrac{T^2}{(R_\text{T} + h)^3} = \dfrac{4\pi^2}{\text{G} \cdot M_\text{T}}$ et donc :

$$\boxed{T = \sqrt{\frac{4\pi^2}{\text{G} \cdot M_\text{T}} \times (R_\text{T} + h)^3}}$$

$$T = \sqrt{\frac{4\pi^2(6{,}4 \cdot 10^6 + 8{,}3 \cdot 10^5)^3}{6{,}67 \cdot 10^{-11} \times 6 \cdot 10^{24}}} \approx 6\,100\ \text{s} \approx 1\ \text{h}\ 42\ \text{min}.$$

b. $v = \sqrt{\dfrac{\text{G} \cdot M_\text{T}}{(R_\text{T} + h)}} = \sqrt{\dfrac{6{,}67 \cdot 10^{-11} \times 2 \cdot 10^{24}}{(6{,}4 \cdot 10^6 + 8{,}3 \cdot 10^5)}} \approx 7\,440\ \text{m} \cdot \text{s}^{-1} \approx 7{,}4\ \text{km} \cdot \text{s}^{-1}.$

4 Un satellite soit géostationnaire a une période de révolution T égale à celle de la rotation diurne du globe soit :

$$T \approx 23 \text{ h } 56 \text{ min} = 86\,160 \text{ s}$$

On a alors $\dfrac{T^2}{r^3} = \dfrac{4\pi^2}{\mathrm{G} \cdot M_\mathrm{T}}$ soit $r = R_\mathrm{T} + h = \sqrt[3]{\dfrac{T^2\mathrm{G} \cdot M_\mathrm{T}}{4\pi^2}}$ on a alors :

$$h = \sqrt[3]{\frac{T^2\mathrm{G} \cdot M_\mathrm{T}}{4\pi^2}} - R_\mathrm{T}$$

$$= \sqrt[3]{\frac{86\,160^2 \times 6{,}67 \cdot 10^{-11} \times 6 \cdot 10^{24}}{4\pi^2}} - 6{,}4 \cdot 10^6$$

Le calcul numérique conduit à $h \approx 36\,000$ km.

5 **a.** La force d'attraction subie par la Lune est $F = \mathrm{G}\dfrac{M_\mathrm{T}M_\mathrm{L}}{R_\mathrm{L}^2}$.

b. $\vec{F}$ est la seule force à laquelle la Lune est soumise et la 2e loi de Newton donne : $F = M_\mathrm{L}a = \mathrm{G}\dfrac{M_\mathrm{T}M_\mathrm{L}}{R_\mathrm{L}^2}$ d'où $a = \mathrm{G}\dfrac{M_\mathrm{T}}{R_\mathrm{L}^2}$.

c. La Lune est animée d'un mouvement circulaire et uniforme autour de la Terre, son accélération est donc normale et $a = a_\mathrm{N} = \dfrac{v^2}{R_\mathrm{L}} = \mathrm{G}\dfrac{M_\mathrm{T}}{R_\mathrm{L}^2}$.

$$v = \sqrt{\frac{\mathrm{G} \cdot M_\mathrm{T}}{R_\mathrm{L}}} = \sqrt{\frac{6{,}67 \cdot 10^{-11} \times 6 \cdot 10^{24}}{3{,}85 \cdot 10^8}} \approx 1\,020 \text{ m} \cdot \text{s}^{-1} \approx 1 \text{ km} \cdot \text{s}^{-1}.$$

6 **a.** $T_\mathrm{U} = \dfrac{2\pi R_\mathrm{U}}{v}$ soit :

$$v = \frac{2\pi R_\mathrm{U}}{T_\mathrm{U}} = \frac{2\pi \times 3 \cdot 10^{12}}{84 \times \pi \cdot 10^7} \approx 7\,140 \text{ m} \cdot \text{s}^{-1} \approx 7{,}1 \text{ km} \cdot \text{s}^{-1}$$

b. $v = \sqrt{\dfrac{\mathrm{G} \cdot M_\mathrm{S}}{R_\mathrm{U}}}$ et donc $M_\mathrm{S} = \dfrac{R_\mathrm{U}v^2}{G} = \dfrac{3 \cdot 10^{12} \times 7\,140^2}{6{,}67 \cdot 10^{-11}} = 2{,}3 \cdot 10^{30}$ kg.

c. $v = \sqrt{\dfrac{\mathrm{G} \cdot M_\mathrm{S}}{R_\mathrm{U}}} = \sqrt{\dfrac{6{,}67 \cdot 10^{-11} \times 2 \cdot 10^{30}}{2{,}88 \cdot 10^{12}}} = 6\,806 \text{ m} \cdot \text{s}^{-1}$ soit :

$$v = 6{,}8 \text{ km} \cdot \text{s}^{-1}$$

PROBLÈME TYPE

Jupiter possède plusieurs satellites dont les plus célèbres sont Io, Europe et Ganymède. Le tableau ci-dessous vous donne une valeur approchée du rayon R de l'orbite et de la période T de chacun de ces trois satellites :

1. En déduire une valeur de M_J à partir des données concernant, tour à tour les trois satellites.

Nom	Rayon	Période
Io	$4 \cdot 10^8$ m	$1{,}5 \cdot 10^5$ s
Europe	$7 \cdot 10^8$ m	$3{,}1 \cdot 10^5$ s
Ganymède	$11 \cdot 10^8$ m	$6{,}2 \cdot 10^5$ s

2. Tracer la courbe donnant T^2 en fonction de R^3. Que peut-on en dire ?

3. À partir de votre courbe, donner une valeur à $\frac{T^2}{R^3}$.

4. Comparer la masse de Jupiter à celle de la Terre.

5. Callisto est aussi un satellite de Jupiter. Il gravite à 1,88 millions de kilomètres du centre de cette planète.
Quelle est sa période ?

6. Jupiter elle-même se situe à $R_J \approx 7.8 \cdot 10^{11}$ m du centre du Soleil. Combien de tours la Terre fait-elle autour du Soleil pendant que Jupiter n'a le temps de n'en faire qu'un seul (autrement dit : que vaut l'année jupitérienne) ?

7. Le Soleil tourne autour du centre de notre galaxie. La période de cette rotation, qui reçoit parfois le nom de « grande année », est $T_S = 2 \cdot 10^8$ ans.
Le rayon de la trajectoire est R_S = 32 500 années-lumière.

a. Que vaut, en mètres, le rayon R_S ?

b. Quelle masse peut-on calculer pour notre galaxie ?

PROBLÈME TYPE

Solution

1. La troisième loi de Kepler est $\frac{T^2}{R^3} = \frac{4\pi^2}{GM_J}$ soit $M_J = \frac{4\pi^2 R^3}{T^2 G}$.

Pour Io : $M_J = \frac{4\pi^2 \times (4 \cdot 10^8)^3}{(1{,}5 \cdot 10^5)^2 \times 6{,}67 \cdot 10^{-11}} = 1{,}7 \cdot 10^{27}$ kg.

Pour Europe : $M_J = \frac{4\pi^2 \times (7 \cdot 10^8)^3}{(3{,}1 \cdot 10^5)^2 \times 6{,}67 \cdot 10^{-11}} = 2{,}1 \cdot 10^{27}$ kg.

Pour Ganymède : $M_J = \frac{4\pi^2 \times (11 \cdot 10^8)^3}{(6{,}2 \cdot 10^5)^2 \times 6{,}67 \cdot 10^{-11}} = 2{,}0 \cdot 10^{27}$ kg.

2.

Nom	T^2 (10^{10} s^2)	R^3 (10^{25} m^3)
Io	2,3	6,4
Europe	9,6	34,3
Ganymède	38	133,1

La courbe obtenue est proche d'une droite qui passe par l'origine.

3. La pente de cette droite est $K = \frac{T^2}{R^3} = 2{,}8 \cdot 10^{-16}$ s$^2 \cdot$ m^{-3}.

4. Cette pente est aussi égale à :

$$K = \frac{4\pi^2}{GM_J}$$

soit $M_J = \frac{4\pi^2}{KG} = 1{,}8 \cdot 10^{27}$ kg ce qui représente 300 fois la masse de la Terre.
(Des valeurs plus exactes auraient conduit à $M_J = 319\ M_T$.)

5. La période de Callisto est telle que $T^2 = KR^3$ soit :

$$T = \sqrt{KR^3}$$

PROBLÈME TYPE

$$T = \sqrt{2{,}8 \cdot 10^{-16} \times (1{,}88 \cdot 10^{9})^{3}} = 1{,}4 \cdot 10^{6} \text{ s.}$$

6. $\dfrac{T_J^2}{R_J^3} = \dfrac{4\pi^2}{GM_S}$ et $T = 3{,}75 \cdot 10^8$ s $= \dfrac{3{,}75 \cdot 10^8}{\pi \times 10^7} \approx 11{,}9$ années terrestres

7. a. Une année-lumière est la distance que parcourt la lumière en 1 an en se déplaçant à la célérité c = $3 \cdot 10^8$ m · s^{-1} soit 10^{16} m environ.

b. $\dfrac{T_S^2}{R_S^3} = \dfrac{4\pi^2}{GM_{gal}}$ et $M_{gal} = \dfrac{4\pi^2 R_S^3}{GT_S^2} \approx 5 \cdot 10^{41}$ kg.

Remarques :
Les satellites tournent autour de leur planète.
Les planètes tournent autour de leur étoile.
Les étoiles tournent autour du centre de leur galaxie.
Or les galaxies sont groupées par amas et chacune d'elles tourne autour du centre de l'amas galactique auquel elle appartient.
Il semble bien que les amas galactiques forment des super-amas et que les amas eux-mêmes soient en mouvement autour du centre du super-amas auquel ils appartiennent !
Ainsi est structuré un univers dans lequel l'immobilité n'existe pas !

13 Pendule simple

LES BASES

1 Quelques observations

Un enfant qui joue à la balançoire et que nous observons de profil est un très bon exemple d'oscillateur mécanique. Au repos, la balançoire est verticale et si elle est écartée de cette position elle y reviendra : la verticale est donc une position d'équilibre stable. L'enfant qui se balance ne fait que passer d'un côté à l'autre, de façon périodique, de la position d'équilibre stable : l'enfant qui se balance est un oscillateur mécanique.

On appelle oscillateur mécanique un système qui évolue périodiquement autour d'une position d'équilibre stable.

Comme le montrent les écrits de Galilée, les premiers oscillateurs étudiés furent les pendules. Ce sont des systèmes oscillants autour d'un axe ne passant pas par leur centre d'inertie.

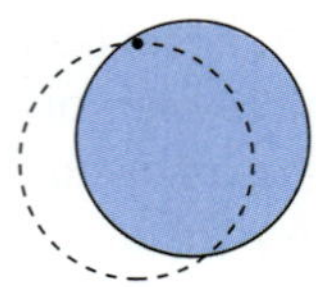

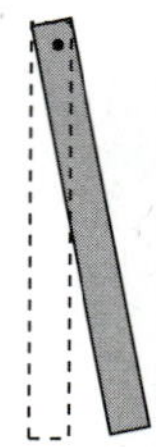

Certains de ces pendules ne sont pas si simples à étudier : ce sont des pendules pesants. Premier exemple, le cerceau qui, suspendu à un clou, oscille autour d'une position d'équilibre. Autre exemple la règle du professeur qui se balance sur son clou à droite du tableau.

D'autres, les pendules simples se laissent étudier avec plus de facilité car ce sont des cas idéaux constitués d'un objet de masse *m* fixé à l'une des extrémités d'un fil fin, de longueur *L*, et dont l'autre extrémité est fixe.

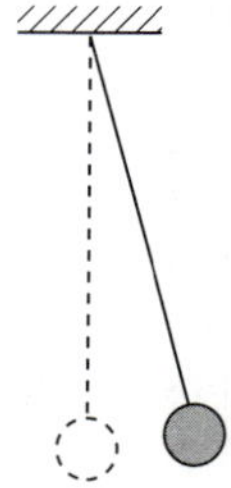

Si la masse du fil est négligeable devant *m* et si la taille de l'objet est très petite devant *L* alors l'ensemble constitue un pendule simple.

On fabrique un pendule simple en fixant un objet pouvant être considéré comme ponctuel à l'une des extrémités d'un fil inextensible de masse négligeable.

2 Étude de l'équilibre

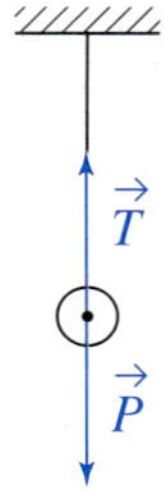

L'objet n'est soumis qu'à deux forces :

- son poids $\vec{P}$, force verticale dirigée vers le bas ;
- la tension $\vec{T}$ du fil dont la direction est celle du fil.

Dans un référentiel galiléen, un objet ne peut être à l'équilibre que si la somme vectorielle des forces qui s'exercent sur cet objet est égale au vecteur nul, c'est donc que la tension du fil compense le poids de l'objet et donc que la tension est verticale et que le fil l'est donc aussi.
La position d'équilibre stable du pendule simple est la verticale.

3 Étude des oscillations

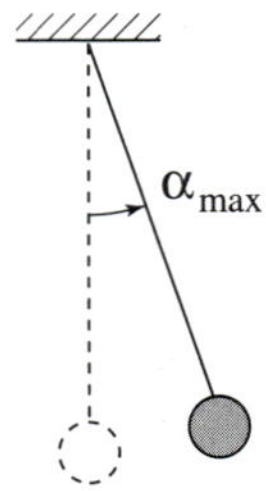

Écartons le pendule de sa position d'équilibre et libérons le lorsque le fil fait un angle α_{max} avec la verticale.
Bien sûr, le pendule va osciller autour de sa position d'équilibre ce qui signifie que l'angle $\alpha(t)$ formé à chaque instant par le fil et la verticale prendra des valeurs tantôt positives, tantôt négatives et telles que :

$$\alpha(t) \in [-\alpha_{max} \,;\, \alpha_{max}]$$

L'écart à l'équilibre d'un pendule simple est mesuré par son abscisse angulaire $\alpha(t)$ dont la valeur maximale α_{max} est appelée amplitude.
Si l'amplitude initiale est faible (< 10°) et si les pertes d'énergie sont négligeables alors le mouvement ne s'arrêtera jamais et la période propre du pendule sera celle qui a été établie en classe de Seconde :

$$\boxed{T_0 = 2\pi\sqrt{\frac{L}{g}}}$$

La période propre d'un pendule simple non amorti ne dépend ni de sa masse ni de l'amplitude initiale (si elle ne dépasse pas une dizaine de degrés) mais seulement de la longueur du pendule et de l'intensité du champ de pesanteur.

4 Le pendule amorti

Surtout à cause des frottements de l'air, le pendule en mouvement finit par s'arrêter après un certain temps.

Si l'objet est très petit, les frottements sont très faibles et les oscillations conservent une valeur pratiquement constante pendant une durée assez longue. Les oscillations ne sont pratiquement pas amorties.	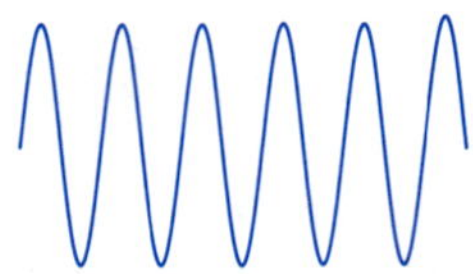
Si les dimensions de l'objet ne sont plus si petites alors les frottements de l'air agissent de façon plus nette et font diminuer l'amplitude assez rapidement. Les oscillations sont maintenant pseudo-périodiques et l'expérience montre que la pseudo-période est pratiquement égale à la période propre.	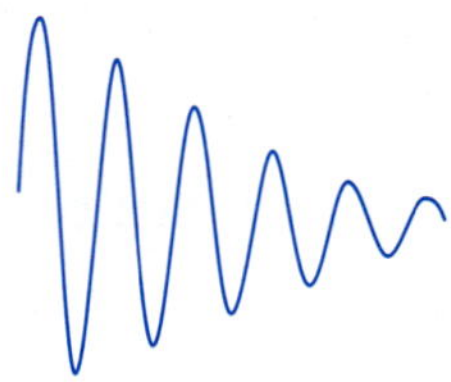
Si les frottements sont très importants, le pendule ne peut plus osciller et retourne directement à sa position d'équilibre. Le mouvement est alors apériodique.	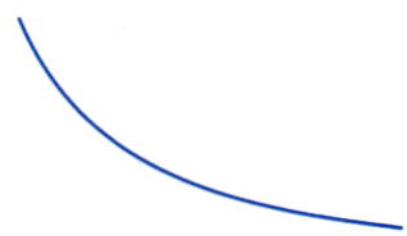

5 Le pendule entretenu

Il est possible de maintenir un pendule en mouvement aussi longtemps que voulu, il suffit pour cela d'entretenir son mouvement en donnant au pendule au moins autant d'énergie qu'il en perd du fait de son mouvement.

Le système périodique capable d'entretenir le mouvement est dit « excitateur » alors que le système qui reçoit cette énergie et dont la période est imposée par l'excitateur s'appelle le « résonateur ».

Si la période de l'excitateur est éloignée de la période propre du résonateur alors l'amplitude des oscillations restera faible. En revanche, l'amplitude ira en augmentant chaque fois que la période de l'excitateur s'approchera de la période propre du résonateur. C'est le « phénomène de résonance » tantôt recherché et tantôt redouté.

Les mesures montrent que l'amplitude à la résonance sera d'autant plus grande que les amortissements seront faibles et inversement.

APPLIQUER LES BASES

1 Ayant montré par l'expérience que la période d'un pendule ne pouvait dépendre que de sa longueur L et de l'intensité de la pesanteur, un élève a écrit $T = kL^{\alpha}g^{\beta}$. Grâce à une analyse dimensionnelle, montrez que la valeur de α est $\frac{1}{2}$ et que celle de β est $-\frac{1}{2}$.

2 Un pendule simple de longueur $L = 1$ m est écarté de la verticale jusqu'à ce que son centre de gravité soit élevé de $h = 2$ cm puis lâché sans vitesse initiale. En déduire son amplitude angulaire maximale α_{max}.

3 Un pendule simple a une longueur $L = 1{,}49$ m. Si on le fait osciller en veillant à ce que les amplitudes angulaires ne soient jamais trop grandes, alors on mesure une période $T = 2{,}45$ s. En déduire l'intensité du champ de pesanteur du lieu où l'expérience a été réalisée.

4 Un dispositif de saisie informatique permet d'obtenir la courbe donnant les amplitudes angulaires d'un pendule pendant les 10 premières secondes de son mouvement. On obtient l'écran ci-contre où une division représente 0,1 s selon l'axe des abscisses et une amplitude de 1° selon l'axe des ordonnées.

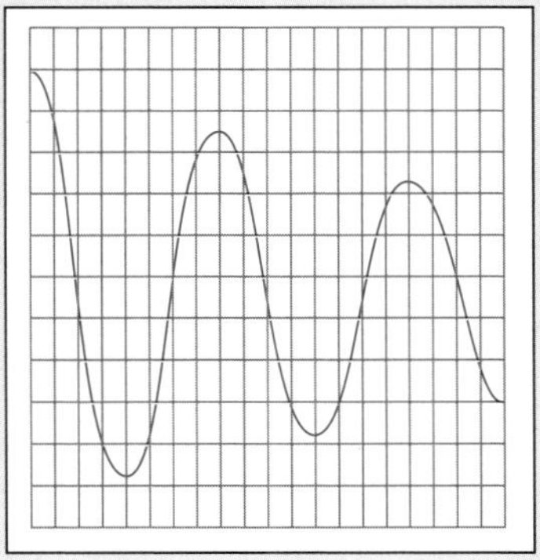

a. Que peut-on dire de ces oscillations ?
b. Quelle est la période de ce pendule ?
c. En déduire la longueur du pendule.

5 Un dispositif excitateur impose sa fréquence f à un pendule simple. On mesure ensuite l'amplitude angulaire des oscillations de ce pendule pour différentes valeurs de f. On obtient le tableau ci-dessous :

f (Hz)	0,1	0,2	0,3	0,4	0,5	0,6	0,7	0,8	0,9	1,0
α (°)	0,5	1,0	1,5	2,5	4,5	8,0	5,0	2,0	1,0	0,5

a. Tracer la courbe de résonance qui donne α en fonction de f.
b. En déduire la période propre du pendule.

Réponses

1 Puisque l'expérience a montré que $T = kL^{\alpha}g^{\beta}$ et que k est une constante sans dimension c'est que :

$$[T] = [L]^{\alpha} \cdot [g]^{\beta} = [L]^{\alpha} \cdot [L \cdot T^{-2}]^{\beta} = [L]^{\alpha+\beta} \cdot [T]^{-2\beta}$$

donc $-2\beta = 1$ et $\alpha + \beta = 0$ ce qui conduit a $\beta = -\frac{1}{2}$ et a $\alpha = \frac{1}{2}$.

2 Dans le triangle OAC, rectangle en A, nous écrivons :

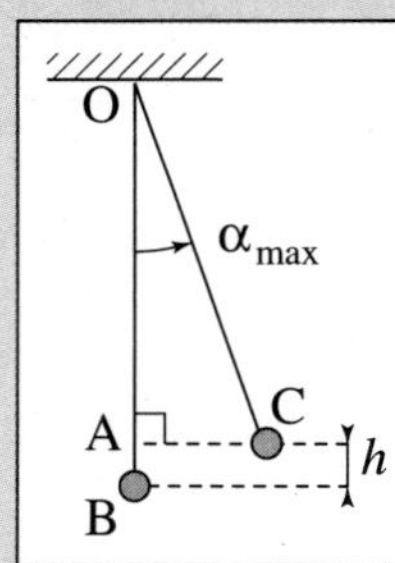

$$\cos\alpha_{max} = \frac{OA}{OC} = \frac{OB - AB}{OC} = \frac{L - h}{L}$$

soit $\cos\alpha_{max} = \frac{1 - 0{,}02}{1} = 0{,}98$

et donc $\alpha_{max} = \cos^{-1}(0{,}98) \approx 11{,}5°$.

3 Puisque les amplitudes restent faibles on a :

$$T = 2\pi\sqrt{\frac{L}{g}} \text{ et donc } T^2 = 4\pi^2\frac{L}{g}$$

$$g = 4\pi^2\frac{L}{T^2} = 4 \times (3{,}14)^2 \times \frac{1{,}49}{(2{,}45)^2} = 9{,}78 \text{ m} \cdot \text{s}^{-2}$$

4 **a.** Ce sont des oscillations faiblement amorties.

b. L'écran montre qu'un maximum est distant de 8 divisions du maximum qui lui succède. D'où : $T = 8 \times 0{,}1 = 0{,}8$ s.

c. Puisque les oscillations sont faiblement amorties :

$$T = 2\pi\sqrt{\frac{L}{g}}, \text{ soit } L = \frac{T^2 g}{4\pi^2} = \frac{(0{,}8)^2 \times 9{,}8}{4 \times (3{,}14)^2} = 0{,}159 \text{ m} \approx 16 \text{ cm}$$

5 **a.** Voir la courbe ci-contre où une division représente 0,1 Hz sur l'axe des abscisses et 1° sur l'axe des ordonnées.

b. L'élongation maximale correspond à une fréquence $f = 0{,}6$ Hz qui est aussi la fréquence propre f_0 du pendule.

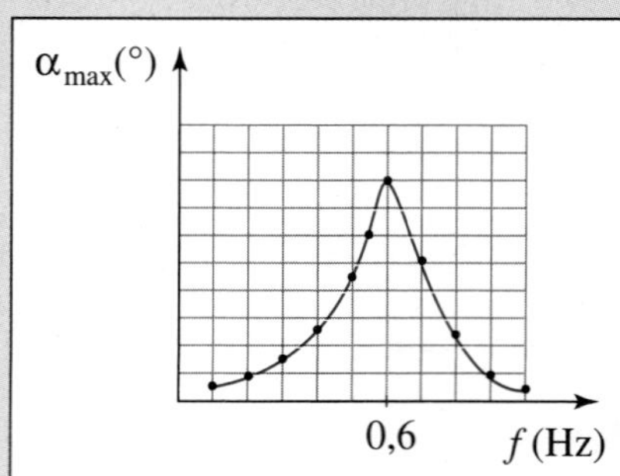

Or $T_0 = \frac{1}{f_0} = \frac{1}{0{,}6} \approx 1{,}67$ s.

PROBLÈME TYPE

Léon Foucault apporta la preuve expérimentale de la rotation de la Terre autour de l'axe de ses pôles en faisant osciller un pendule. Le pendule de Foucault est formé d'un boule de plomb de masse $m = 28$ kg suspendue sous la coupole du Panthéon grâce à un câble fin et long de 67 m.
Une pointe a été fixée sous la boule et lorsque le pendule est au repos cette pointe est au centre d'un cercle de bois de 6 m de diamètre et gradué de zéro à 360°.
Pour lancer le pendule, on écarte la boule jusqu'au bord du cercle de bois puis on le lâche sans le lancer.
Une fois le pendule mis en mouvement, la pointe ébrèche des tas de sable humide répartis sur le pourtour du cercle de bois.
L'amortissement est faible et le mouvement peut durer plusieurs heures.

1. La densité du plomb est $\rho = 11{,}3 \cdot 10^3 \text{ kg} \cdot \text{m}^{-3}$.
En déduire le rayon de la boule sachant que le volume d'une sphère est donné par :

$$V = \frac{4\pi R^3}{3}$$

2. Que peut-on en déduire quant à la période du pendule de Foucault ?

3. Expliquer pourquoi les oscillations du pendule peuvent être considérées comme isochrones (ce qui signifie que la période ne dépend pas de l'amplitude).

4. Pourquoi ne peut-on ici pas considérer la Terre comme un référentiel galiléen ?
Dans quel référentiel faut-il appliquer les lois de Newton ?

5. Pourquoi le plan d'oscillation du pendule tourne-t-il avec le temps ?

6. De combien de degrés le plan des oscillations semble-t-il tourner au bout de 4 heures de mouvement ?

PROBLÈME TYPE

Solution

1. La masse de la boule est $m = \rho V = \rho \cdot \frac{4}{3}\pi R^3$ soit $R = \sqrt[3]{\frac{3m}{4\pi\rho}} \approx 8{,}4$ cm.

2. La taille de la boule est très inférieure à la longueur du pendule qui peut donc être considéré comme un pendule simple.
Sa période est donc :

$$T = 2\pi\sqrt{\frac{L}{g}} = 2 \times 3{,}14 \times \sqrt{\frac{67}{9{,}8}} = 16{,}4 \text{ s}$$

3. Le pendule est isochrone car au moment de son lancer la pointe n'est déviée que de trois mètres pour être amenée jusqu'au bord du cercle de bois.
Le schéma ci-contre nous aide à écrire que :

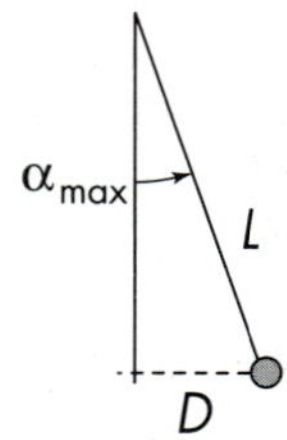

$$\sin\alpha_{max} = \frac{D}{L} = \frac{3}{67} \approx 0{,}045 \text{ et donc } \alpha_{max} \approx 2{,}6°$$

L'amplitude angulaire reste inférieure à 10°, le pendule et ses oscillations peuvent être considérés comme isochrones.

4. Le pendule oscille pendant que la Terre tourne. Si l'étude se fait dans le référentiel terrestre, alors elle se fait dans un référentiel tournant qui ne peut pas être considéré comme galiléen.
Afin de pouvoir appliquer les lois de Newton au pendule, il faut choisir le référentiel géocentrique dont les axes ne sont pas entraînés par la rotation du globe autour de lui-même.

5. Les oscillations se font dans un plan qui reste fixe dans le référentiel géocentrique. L'observateur est fixe dans le référentiel terrestre et il est donc en mouvement dans le référentiel géocentrique.
L'observateur, qui ne se sent pas en mouvement, considère que c'est le plan des oscillations qui tourne avec le temps.

6. En 24 heures, l'angle de rotation du plan serait de 360° et en 4 h (soit en 6 fois moins de temps) le plan tourne d'un angle 6 fois plus petit et qui vaut donc $\frac{360}{6} = 60°$.

14 Pendule élastique

LES BASES

1 Description du pendule élastique horizontal non amorti

Un pendule élastique horizontal est un oscillateur mécanique constitué d'un petit objet, de masse m, accroché à l'une des extrémités d'un ressort à spires non jointives, de raideur k, et dont l'autre extrémité est fixée à un support immobile. La masse peut se déplacer sans aucun frottement sur le plan.

Dans sa position de repos, représentée ci-dessous, le ressort a sa longueur naturelle L_0 et n'exerce donc aucune force de rappel sur la masse qui, n'étant soumise qu'à deux forces qui se compensent (poids et réaction du support) restera immobile.

En revanche, si la masse est libérée alors que le ressort est comprimé ou étiré la force de rappel élastique exercée par le ressort mettra le dispositif en mouvement.

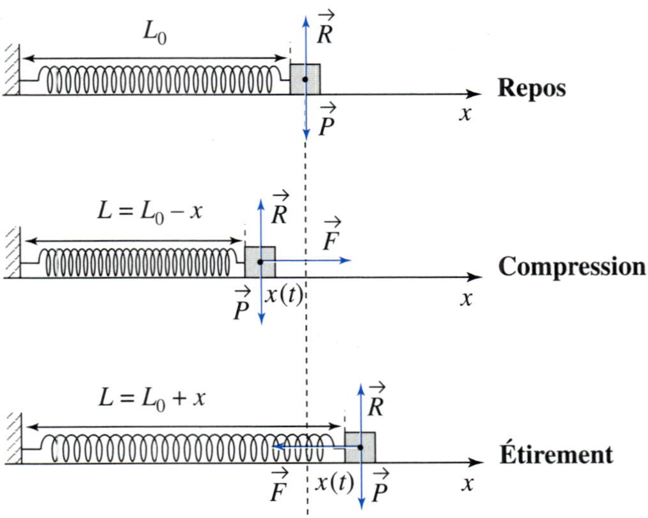

2 Étude du mouvement

Posons $x = (L - L_0)$.
Si $L > L_0$ alors $x > 0$: le ressort est étiré.
Si $L < L_0$ alors $x < 0$: le ressort est comprimé.

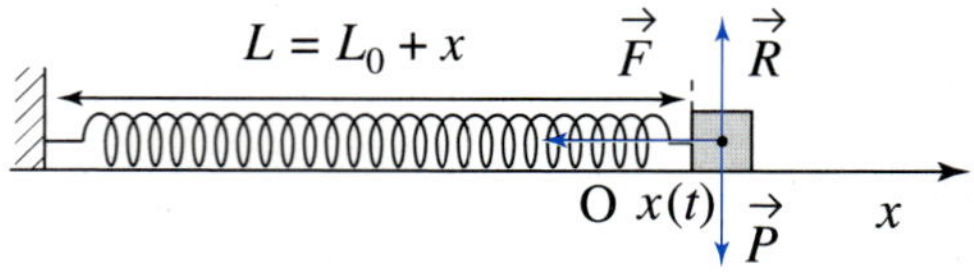

Prenons un allongement $x > 0$ et reprenons le schéma ci-dessus. La deuxième loi de Newton dit que :

$$\sum \overrightarrow{F_{\text{ext}}} = \vec{P} + \vec{R} + \vec{F} = m\vec{a}$$

Par projection sur l'axe du mouvement :

$$0 + 0 - kx = m\frac{\mathrm{d}^2x}{\mathrm{d}t^2}$$

soit aussi $\dfrac{\mathrm{d}^2x}{\mathrm{d}t^2} + \dfrac{k}{m}x = 0$ et en posant $\omega_0 = \sqrt{\dfrac{k}{m}}$:

$$\frac{\mathrm{d}^2x}{\mathrm{d}t^2} + \omega_0^2 x = 0$$

La solution de cette équation différentielle est :

$$\boxed{x(t) = X_{\mathrm{m}}\cos(\omega_0 t + \varphi)}$$

L'amplitude X_{m} et la phase à l'origine φ sont des paramètres fixés par les conditions initiales.
La période propre T_0 de ces oscillations est liée à la pulsation propre ω_0 par la relation :

$$\boxed{T_0 = \frac{2\pi}{\omega_0} = 2\pi\sqrt{\frac{m}{k}}}$$

Dans les cas réels, les frottements de la masse sur le plan ne sont pas nuls, le mouvement est alors amorti et les oscillations sont pseudo-périodiques ou même apériodiques si ces frottements sont importants.

③ Aspect énergétique

L'énergie mécanique du système est à chaque instant égale à la somme de deux énergies :

- énergie cinétique de la masse en mouvement ;
- énergie potentielle du ressort déformé.

- L'énergie cinétique est $E_c = \frac{1}{2}m\left(\frac{dx(t)}{dt}\right)^2 = \frac{1}{2}m(-\omega_0 X_m \sin(\omega_0 t + \varphi))^2$

soit aussi $E_c = \frac{1}{2}m\omega_0^2 X_m^2 \sin^2(\omega_0 t + \varphi) = \frac{1}{2}kX_m^2 \sin^2(\omega_0 t + \varphi)$.

- L'énergie potentielle est $E_p = \frac{1}{2}kx^2 = \frac{1}{2}kX_m^2 \cos^2(\omega_0 t + \varphi)$.

L'énergie mécanique de l'oscillateur est donc : $E_{tot} = \frac{1}{2}mv^2 + \frac{1}{2}kx^2$, ce qui s'écrit :

$$E_{tot} = \frac{1}{2}kX_m^2[\sin^2(\omega_0 t + \varphi) + \cos^2(\omega_0 t + \varphi)]$$

et, plus simplement :

$$\boxed{E_{tot} = \frac{1}{2}kX_m^2}$$

Si les frottements sont nuls, la valeur de l'énergie mécanique totale de l'oscillateur est une constante qui ne dépend que des conditions initiales et qui se conserve au cours du temps comme le montre les courbes ci-dessous.

Signalons pour finir que, comme le pendule simple, il est tout à fait possible d'entretenir les oscillations d'un pendule élastique et aussi d'obtenir le phénomène de résonance.

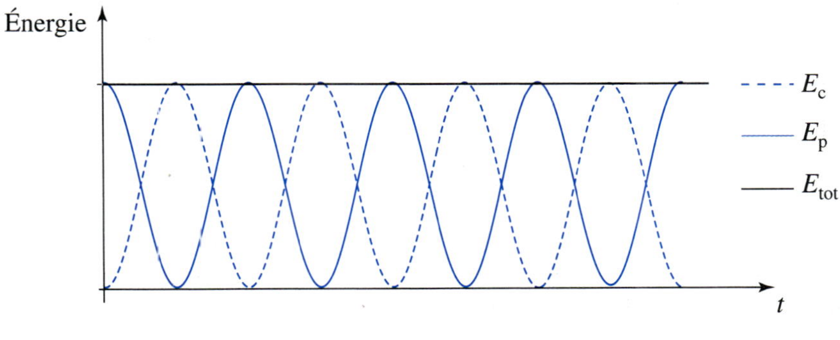

APPLIQUER LES BASES

1 Un ressort vertical a une longueur à vide $L_0 = 20$ cm. Si on lui accroche une masse $m = 250$ g, il s'allonge jusqu'à mesurer $L = 25$ cm.
En déduire la constante de raideur de ce ressort.

2 À un ressort de raideur $k = 50 \text{ N} \cdot \text{m}^{-1}$, on accroche une masse $m = 80$ g capable de glisser sans aucun frottement sur un plan horizontal. Quelle est la pulsation propre ω_0, la période propre T_0 et la fréquence propre f_0 de l'oscillateur élastique ainsi constitué ?

3 Une masse $m = 250$ g est accrochée à un ressort horizontal dont l'une des extrémités est fixe. Ce pendule élastique est allongé $X_m = 10$ cm puis il est libéré. On mesure une vitesse $v = 1{,}2 \text{ m} \cdot \text{s}^{-1}$ lorsque l'élongation passe par la valeur $x = 0$.

a. En déduire l'énergie mécanique totale de l'oscillateur.

b. Calculer la raideur du ressort.

c. Donner la pulsation propre de ce pendule élastique.

4 Une masse $m = 150$ g est accrochée à un ressort horizontal de raideur $k = 20 \text{ N} \cdot \text{m}^{-1}$. Depuis sa position d'équilibre, on propulse cette masse en lui donnant une vitesse initiale $v = 0{,}8 \text{ m} \cdot \text{s}^{-1}$.
Quelle sera l'amplitude des oscillations du système ?

5 L'élongation d'un pendule élastique est $x(t) = 0{,}2 \sin\left(5t + \dfrac{\pi}{6}\right)$.

a. Quelle est l'amplitude des oscillations ?

b. Représenter le pendule à la date $t_0 = 0$ choisie comme instant initial.

c. Calculer la valeur de la vitesse initiale.

d. Que vaut l'accélération à la date $t = \dfrac{\pi}{15}$ s ?

6 À un ressort de raideur $k = 40 \text{ N} \cdot \text{m}^{-1}$, on fixe une masse $m = 250$ g capable de glisser sans frottement sur un plan horizontal. En poussant sur cette masse, on compresse le ressort de $X_m = 20$ cm puis on libère le pendule.

a. Quelle est l'énergie mécanique totale du pendule ?

b. Quelle est la vitesse de la masse à la date $t_0 = 0$ choisie comme instant initial et qui correspond au premier passage par la position d'équilibre ?

c. Comment s'écrivent les élongations $x(t)$?

Réponses

1 Dans le référentiel terrestre, supposé galiléen, la masse est à l'équilibre quand la somme des deux forces qui s'exercent sur elle est égale au vecteur nul.

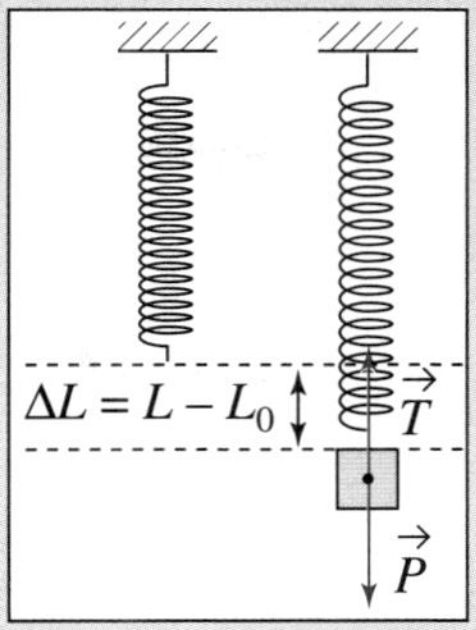

La masse à l'équilibre signifie donc $\vec{P} + \vec{T} = \vec{0}$.
Par projection sur un axe vertical descendant :

$$mg - k\Delta L = 0 \quad \text{d'où} \quad k = \frac{mg}{\Delta L} = 50\ \text{N} \cdot \text{m}^{-1}.$$

2 $\omega_0 = \sqrt{\frac{k}{m}} = \sqrt{\frac{50}{0,80}} = 25\ \text{rad} \cdot \text{s}^{-1}$.

$$T_0 = \frac{2\pi}{\omega_0} = \frac{2 \times 3,14}{25} \approx 0,25\ \text{s} \quad \text{et} \quad f_0 = \frac{1}{T_0} = \frac{1}{0,25} = 4\ \text{s}.$$

3 **a.** Quand la masse passe par sa position d'équilibre, le ressort a sa longueur au repos et son énergie potentielle élastique est nulle. L'énergie mécanique totale de l'oscillateur est donc sous forme cinétique :

$$E_{tot} = E_c = \frac{1}{2}mv^2 = \frac{1}{2} \times 0,250 \times (1,2)^2 = 0,18\ \text{J}$$

b. Lorsque l'élongation sera maximale, l'énergie cinétique sera nulle et nous aurons :

$$E_P = \frac{1}{2}kX_m^2 = E_{tot} \quad \text{ou encore} \quad k = \frac{2E_{tot}}{X_m^2} = 3,6\ \text{N} \cdot \text{m}^{-1}.$$

c. $\omega_0 = \sqrt{\frac{k}{m}} = \sqrt{\frac{3,6}{0,25}} \approx 3,8\ \text{rad} \cdot \text{s}^{-1}$.

4 À $t_0 = 0$; $x(t) = 0$; $E_P = 0$ et $v = v_{max}$ donc $E_{tot} = E_c^{max} = \frac{1}{2}mv_0^2$.

À $t = \frac{T}{4}$; $x(t) = X_m$; $E_c = 0$ et $x = X_m$ donc $E_{tot} = E_p^{max} = \frac{1}{2}kX_m^2$

soit :

$$\frac{1}{2}kX_m^2 = \frac{1}{2}mv_0^2 \rightarrow X_m = \sqrt{\frac{mv_0^2}{k}} = \sqrt{\frac{0,150 \times (0,8)^2}{20}} \approx 0,069\ \text{m} = 6,9\ \text{cm}.$$

5 **a.** Les élongations ont la forme :

$x(t) = X_m \sin(\omega_0 t + \varphi) = 0{,}2 \sin\left(5t + \frac{\pi}{6}\right)$

c'est donc que $X_m = 0{,}2$ m = 20 cm.

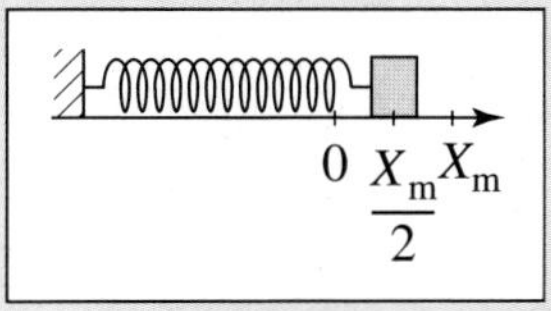

b. $x(0) = 0{,}2 \sin\left(\frac{\pi}{6}\right) = 0{,}2 \times 0{,}5 = 0{,}1$ m.

c. $v(t) = \frac{\mathrm{d}x(t)}{\mathrm{d}t} = -0{,}2 \times 5 \times \cos\left(5t + \frac{\pi}{6}\right) = \cos\left(5t + \frac{\pi}{6}\right)$

$v(0) = \cos\left(\frac{\pi}{6}\right) = 0{,}866 \text{ m} \cdot \text{s}^{-1}$.

d. $a(t) = \frac{\mathrm{d}v(t)}{\mathrm{d}t} = -0{,}2 \times 5 \times 5 \times \sin\left(5t + \frac{\pi}{6}\right) = -5 \times \sin\left(5t + \frac{\pi}{6}\right)$

$a(0) = -5 \times \sin\left(\frac{5\pi}{15} + \frac{\pi}{6}\right) = -5 \sin\left(\frac{\pi}{2}\right) = -5 \text{ m} \cdot \text{s}^{-2}$.

6 **a.** $E_{tot} = E_p^{max} = \frac{1}{2}kX_m^2 = 0{,}5 \times 40 \times (0{,}20)^2 = 0{,}8$ J.

b. Quand la masse passe par la position de repos $E_P = 0$.

On a alors $E_c = E_c^{max} = \frac{1}{2}mv_0^2 = E_{tot}$; on trouve :

$$v_0 = \sqrt{\frac{2E_{tot}}{m}} = \sqrt{\frac{2 \times 0{,}8}{0{,}250}} = 2{,}53 \text{ m} \cdot \text{s}^{-1}$$

c. $x(t) = X_m \cos(\omega_0 t + \varphi)$ avec $X_m = 0{,}20$ m (voir texte)

et $\omega_0 = \sqrt{\frac{k}{m}} = \sqrt{\frac{40}{0{,}25}} \approx 12{,}65 \text{ rad} \cdot \text{s}^{-1}$.

On obtient $x(t) = 0{,}2\cos(12{,}65t + \varphi)$ puis en dérivant :

$$v(t) = -0{,}2 \times 12{,}65 \sin(12{,}65t + \varphi) \rightarrow v(0) = -2{,}53 \sin\varphi$$

Or la question **b.** a montré que $v_0 = +2{,}53 \text{ m} \cdot \text{s}^{-1}$.

Puisque $v_0 = v(0)$ c'est que $+2{,}53 = -2{,}53 \sin\varphi$. On trouve donc :

$$\sin\varphi = -1 \text{ ce qui donne } \varphi = -\frac{\pi}{2}$$

Ainsi donc :

$$\boldsymbol{x(t) = 0{,}2\cos\left(12{,}65t - \frac{\pi}{2}\right)}$$

PROBLÈME TYPE

Un solide de masse m peut glisser sans aucun frottement à la surface d'un plan horizontal. Ce solide est accroché à deux ressorts de même raideur k et de même longueur au repos L_0. Dans la position d'équilibre du pendule élastique ainsi constitué, les ressorts sont étirés et ont une même longueur $L > L_0$.

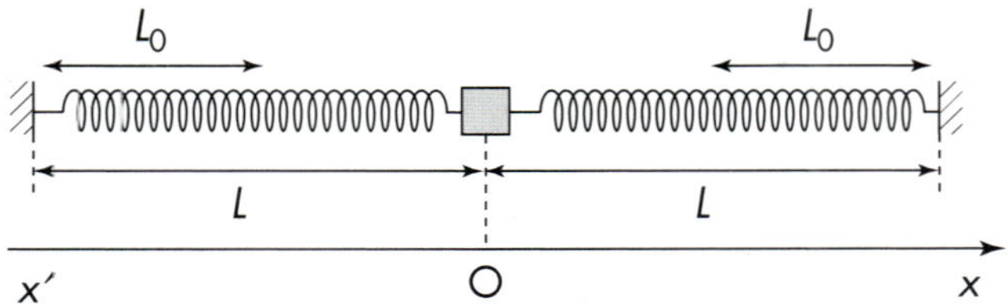

1. Quelle est l'énergie mécanique $E_{M,1}$ du pendule élastique à l'équilibre (état 1) ?

2. Un opérateur déplace le solide vers la gauche, sans le lâcher, jusqu'à ce que le ressort de gauche retrouve sa longueur au repos (état 2).
Que peut-on dire de l'énergie mécanique $E_{M,2}$ du pendule ?

3. À un instant choisi comme origine des dates l'opérateur libère le solide.
Quelle sera la vitesse de ce solide lorsque le pendule passera par un état 3 caractérisé par $x_3(t) = 0$?

4. Un système de saisie permet de tracer la courbe ci-dessous qui donne la vitesse v du solide en fonction du temps.

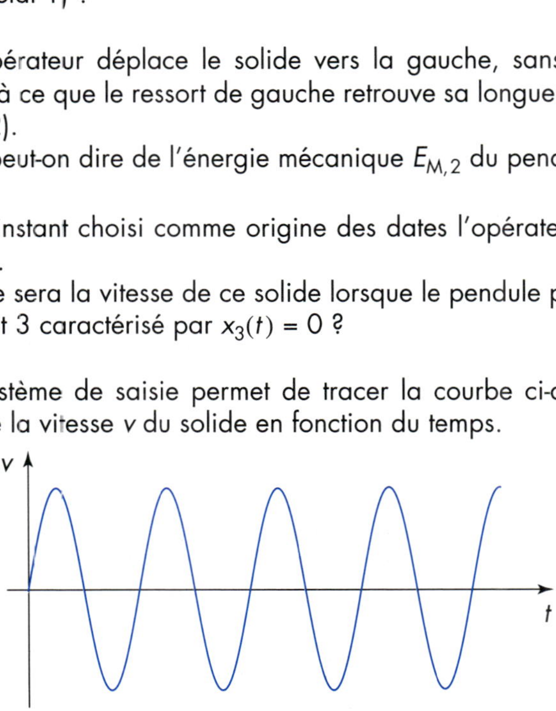

PROBLÈME TYPE

Montrer que cette courbe a bien pour période :

$$T_0 = \pi\sqrt{\frac{2m}{k}}$$

5. Écrire $v(t)$ après avoir exprimé l'amplitude, la pulsation propre et la phase à l'origine en fonction des données du problème.

Solution

1. Le solide est immobile et le pendule ne possède pas d'énergie cinétique.
Chacun des ressorts est allongé de $(L - L_0)$ et possède donc une énergie potentielle élastique égale à celle de l'autre.
Ainsi :

$$E_{M,1} = \frac{1}{2}k(L-L_0)^2 + \frac{1}{2}k(L-L_0)^2 = k(L-L_0)^2$$

2. Si le ressort de gauche a retrouvé sa longueur au repos, l'allongement de celui de droite est deux fois plus important.
Ainsi :

$$E_{M,2} = 0 + \frac{1}{2}k[2(L-L_0)]^2 = 2k(L-L_0)^2 = 2E_{M,1}$$

3. Puisque les frottements sont négligeables l'énergie mécanique du pendule reste constante, donc :

$$E_{M,3} = E_{M,2} = 2E_{M,1}$$

mais $E_{M,3} = E_{P,3} + E_{c,3} = E_{M,1} + E_{c,3}$ puisque $E_{P,3} = E_{M,1}$
soit donc $E_{M,1} + E_{c,3} = 2E_{M,1}$ et :

$$\boxed{E_{c,3} = E_{M,1}}$$

4. Les oscillations sont harmoniques ;

l'abscisse est donnée par $x(t) = X_m \cos\left(\sqrt{\frac{K}{m}}t + \varphi\right)$;

PROBLÈME TYPE

la vitesse est donc $v(t) = -X_m\Omega_0 \sin\left(\sqrt{\frac{K}{m}}t + \varphi\right)$, où K est la raideur du ressort unique ayant même effet sur le solide que l'ensemble des deux ressorts utilisés.

Afin de déterminer K, déplaçons un peu le solide par exemple de a centimètres sur la droite (voir schéma).

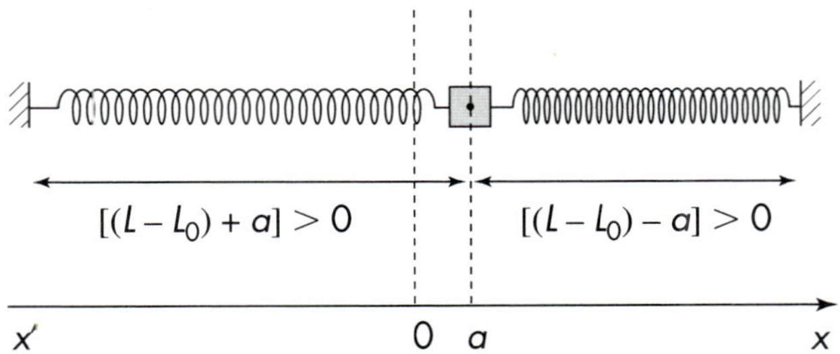

Dans cette position le solide est soumis à deux forces de rappel :

- celle du ressort de gauche, dirigée vers les x décroissants et qui se projette en $F_G = -k\,[(L - L_0) + a]$
- celle du ressort de droite, dirigée vers les x croissants et qui se projette en $F_D = +k\,[(L - L_0) - a]$.

Au total ces deux forces de rappel sont équivalentes à une force unique qui se projetterait en :

$$F = F_G + F_D = -k[(L - L_0) + a] + k[(L - L_0) - a]$$

soit en simplifiant :

$$F = -2ka, \quad \text{et donc} \quad K = 2k.$$

La période propre de l'oscillateur est donc bien celle qui a été proposée puisque :

$$T_0 = 2\pi\sqrt{\frac{m}{K}} = 2\pi\sqrt{\frac{m}{2k}} = \pi\sqrt{\frac{2m}{k}}$$

5. Les élongations s'écrivent :

$$x(t) = X_m \cos(\omega_0 t + \varphi) = X_m \cos\left(\sqrt{\frac{2k}{m}}t + \varphi\right)$$

À l'instant initial :

$$x(0) = X_m \cos\varphi$$

mais aussi $x(0) = -(L - L_0)$

ce qui donne :

$$X_m = (L - L_0) \text{ et } \cos\varphi = -1$$

d'où $\varphi = \pi$.

Soit donc $x(t) = (L - L_0)\cos\left(\sqrt{\frac{2k}{m}}t + \varphi\right)$.

Puis par dérivation :

$$v(t) = -(L - L_0)\sqrt{\frac{2k}{m}}\sin\left(\sqrt{\frac{2k}{m}}t + \pi\right)$$

Enfin, en remarquant que $-\sin(\alpha + \pi) = \sin\alpha$, on trouve :

$$\boxed{v(t) = (L - L_0)\sqrt{\frac{2k}{m}}\sin\left(\sqrt{\frac{2k}{m}}\right)t}$$

15 Introduction à la mécanique quantique

LES BASES

1 Force d'interaction gravitationnelle

S'exerçant entre deux masses ponctuelles :

$$F_{1\to2} = F_{2\to1} = \frac{G \cdot m_1 \cdot m_2}{d^2}$$

$G = 6{,}67 \cdot 10^{-11}$ SI, F en newton (N), d en mètre (m) et m en kilogramme (kg).
Cette force est attractive, elle agit selon le segment joignant les centres des masses.

2 Force d'interaction électrostatique

S'exerçant entre deux charges ponctuelles :

$$F_{1\to2} = F_{2\to1} = \frac{K \cdot |q_1| \cdot |q_2|}{d^2}$$

$K = 9 \cdot 10^9$ SI et q est en coulomb (C).
Cette force peut être soit attractive (charges de signes contraires) soit répulsive (charges de même signe).

3 L'atome d'hydrogène

Il est constitué d'un proton et d'un électron. Étant donné la nature de ces deux particules, elles interagissent entre elles et on peut calculer que ce sont les forces électrostatiques qui dominent.
La mécanique de Newton prévoit donc la mise en orbite de l'électron autour du proton et la nature peut façonner une infinité de rayons orbitaux et de vitesses possibles.
Or les atomes d'hydrogène sont tous identiques, de véritables clones…

La mécanique de Newton dite « classique », s'applique bien aux systèmes macroscopiques (que l'homme peut voir distinctement).
Mais pour les systèmes microscopiques (atome, noyau, molécule) il a fallu construire la mécanique quantique.

Un atome possède aussi un spectre de raies d'émission ou d'absorption identique pour chaque atome d'un même élément. La mécanique quantique permet d'expliquer le spectre en l'interprétant par des échanges d'énergies lumière-matière.

4 Échanges d'énergie

Les échanges d'énergie entre la matière et la lumière ne se font pas de manière continue mais par quantités élémentaires.

La plus petite quantité s'appelle le quantum d'énergie, elle est proportionnelle à la fréquence :

$$\varepsilon = h\nu$$

où $h = 6{,}62 \cdot 10^{-34}$ J · s est la constante de Planck, ν est la fréquence de l'onde lumineuse en hertz (Hz) et ε le quantum en J.

Le photon, particule de masse nulle et ayant toujours la vitesse de la lumière $c = 3 \cdot 10^{8}$ m · s^{-1}, possède le quantum d'énergie :

$$\varepsilon = h\nu = \frac{hc}{\lambda}$$

λ est la longueur d'onde de l'onde lumineuse.

5 Spectre de l'atome d'hydrogène

Si on envoie une décharge électrique dans une lampe contenant de l'hydrogène, on observe quatre raies assez intenses dans le domaine visible : les raies H_α, H_β, H_γ et H_δ. Les raies correspondent au photon que l'atome peut absorber ou émettre.

L'atome d'hydrogène possède des niveaux d'énergie bien définis, les échanges d'énergie correspondent nécessairement à une transition d'un niveau à un autre. Un photon transporte son quantum dont l'énergie est égale à la différence des deux niveaux ; à ce quantum correspond une longueur d'onde et donc une raie.

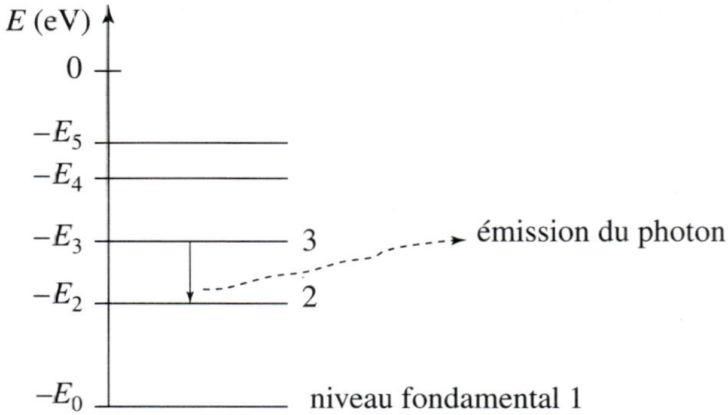

Diagramme de niveaux d'énergie de l'atome

En passant du niveau 3 au niveau 2, un électron transfert à un photon un quantum d'énergie :

$$\varepsilon = E_{\text{niveau 3}} - E_{\text{niveau 2}} = \text{h}\nu = \frac{\text{hc}}{\lambda}$$

On en déduit la longueur d'onde de la raie d'émission :

$$\lambda = \frac{\text{hc}}{E_3 - E_2}.$$

■ Exemple de la raie H_α de la série de Balmer.

$E_2 = -3{,}4$ eV et $E_3 = -1{,}51$ eV ; on en déduit :

$$\lambda_\alpha = \frac{6{,}62 \cdot 10^{-34} \times 3 \cdot 10^{8}}{(-1{,}51 + 3{,}4) \times 1{,}6 \cdot 10^{-19}}$$

$$\lambda_\alpha = 6{,}567 \cdot 10^{-7} \text{ m} = 657 \text{ nm}$$

La raie H_α est une raie rouge caractéristique.

Les noyaux des atomes possèdent également des niveaux d'énergie comme pour le cortège électronique, mais les valeurs sont bien plus élevées : elles se chiffrent en MeV (1 MeV = 10^6 eV), les transitions sont très énergétiques comme par exemple dans la radioactivité.

APPLIQUER LES BASES

1 L'électronvolt (eV) est une unité d'énergie, à combien de joules correspond 1 eV ?

2 Les niveaux d'énergie de l'atome d'hydrogène ont pour valeur :

$$E_n = -\frac{E_0}{n^2}, \text{ avec } E_0 = 13{,}6 \text{ eV et } n \text{ entier naturel}$$

Déterminer les cinq premiers niveaux d'énergie de l'atome d'hydrogène.
Faire le diagramme d'énergie correspondant.
Calculer la longueur d'onde de la raie résultant de la transition du niveau 3 au niveau 2.

3 Calculer la force gravitationnelle, puis la force électrostatique s'exerçant entre le proton et l'électron d'un atome d'hydrogène.
Chercher les données nécessaires à la résolution numérique. Commenter.

4 Calculer l'énergie associée à une raie lumineuse de longueur d'onde 486 nm.

5 Quelle est la fréquence de l'onde émise par un photon portant un quantum de 1,2 eV ?

6 L'ion He^+ a pour niveaux d'énergie :

$$E_n = -\frac{54{,}5}{n^2}, \text{ avec } n \text{ entier} \geqslant 1$$

Calculer les deux premiers niveaux les plus stables.

Réponses

1 Le travail de la force électrique s'exerçant sur un électron soumis à une tension est $W = e \cdot U$; il en découle une nouvelle unité d'énergie, réservée aux particules : l'électronvolt.
Dans la formule ci-dessus, e est en coulomb (C) et U en volts (V), alors W est en joules (J).
On en déduit que 1 eV = $1{,}6 \cdot 10^{-19}$ J.

❷ Les niveaux d'énergies électroniques sont quantifiés, ils ne peuvent prendre que certaines valeurs :
Si $n = 1$: $E_1 = -13{,}6$ eV ;

si $n = 2$: $E_2 = -\dfrac{13{,}6}{4} = -3{,}4$ eV ;

si $n = 3$: $E_3 = -\dfrac{13{,}6}{9} = -1{,}51$ eV ;

si $n = 4$: $E_4 = -\dfrac{13{,}6}{16} = -0{,}85$ eV ;

et si $n = 5$: $E_5 = -\dfrac{13{,}6}{25} = -0{,}54$ eV.

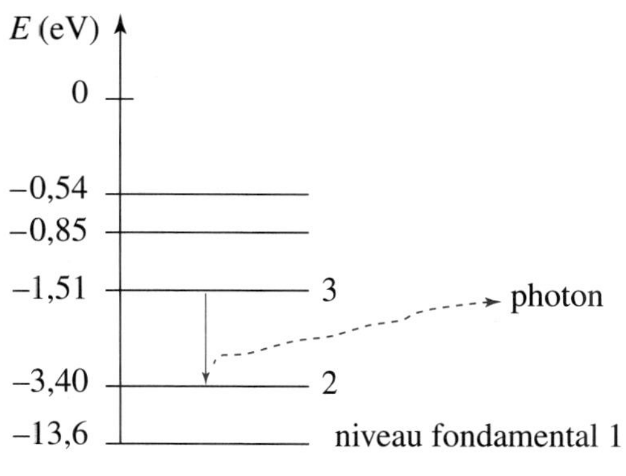

Diagramme de certains niveaux d'énergie de l'atome d'hydrogène

En passant du niveau 3 au niveau 2, un électron transfère à un photon un quantum d'énergie $\varepsilon = E_3 - E_2 = h\nu = \dfrac{hc}{\lambda}$.

On en déduit la longueur d'onde :

$$\lambda = \frac{hc}{E_3 - E_2}$$

$$= \frac{6{,}62 \times 10^{-34} \times 3 \times 10^{8}}{(3{,}40 - 1{,}51) \times 1{,}6 \times 10^{-19}} \approx 6{,}57 \times 10^{-7} \text{ m} = 657 \text{ nm}$$

3 La force gravitationnelle s'exerçant entre un proton et un électron :

$$F_{grav} = \frac{G \cdot m_p \cdot m_{e^-}}{d^2}$$

$$= \frac{6{,}67 \times 10^{-11} \times 1{,}67 \times 10^{-27} \times 9{,}1 \times 10^{-31}}{(53 \times 10^{-12})^2}$$

$$= 3{,}6 \times 10^{-47}\ \text{N}.$$

➡ La distance la plus probable séparant le proton de l'électron est $d = 53$ pm $= 53 \cdot 10^{-12}$ m.

La force électrostatique s'exerçant entre un proton et un électron :

$$F_{elec} = \frac{k \cdot |q_{e^-}| \cdot |q_n|}{d^2}$$

$$= \frac{9 \times 10^9 \times (1{,}6 \times 10^{-19})^2}{(53 \times 10^{-12})^2}$$

$$= 8{,}2 \times 10^{-8}\ \text{N}$$

$\frac{F_{elec}}{F_{grav}} = 2{,}3 \times 10^{39}$; la force gravitationnelle est négligeable devant la force électrostatique.

4 L'énergie $\varepsilon = E_p - E_n = \Delta E = h\nu = \frac{hc}{\lambda}$ correspond à la transition entre un niveau p et un niveau n.
L'application numérique donne :

$$\varepsilon = \frac{6{,}62 \times 10^{-34} \times 3 \times 10^8}{486 \times 10^{-9}} = 4{,}1 \times 10^{-19}\ \text{J} = \frac{4{,}1 \times 10^{-19}}{1{,}6 \times 10^{-19}} \approx 2{,}56\ \text{eV}$$

5 La fréquence est :

$$\nu = \frac{\varepsilon}{h} = \frac{1{,}2 \times 1{,}6 \times 10^{-19}}{6{,}62 \times 10^{-34}} = 2{,}9 \times 10^{14}\ \text{Hz}$$

6 Les deux niveaux les plus stables sont :

$$E_1 = -54{,}5\ \text{eV} \quad \text{et} \quad E_2 = -\frac{54{,}5}{2^2} = -13{,}6\ \text{eV}$$

PROBLÈME TYPE

Une cellule photoélectrique à vide est constituée d'une cathode en Strontium et d'une anode. Les deux électrodes sont reliées à un générateur de courant continu de telle sorte que l'anode collecte les éventuels électrons extraits du métal de la cathode (ici le strontium). On éclaire ensuite la cathode avec diverses radiations monochromatiques (500 nm, 600 nm ; 700 nm, 800 nm).

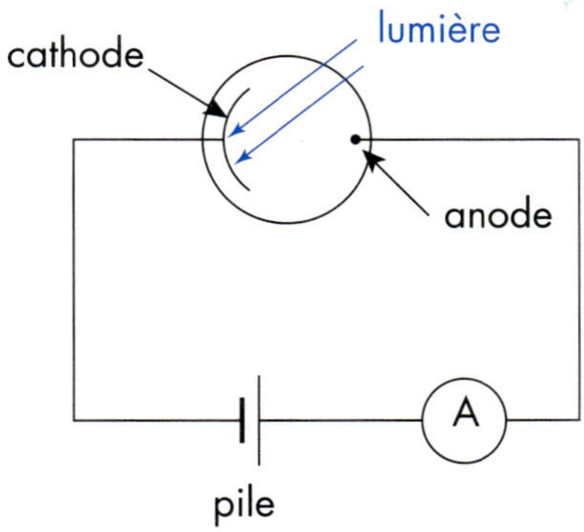

Pour certaines longueurs d'ondes de la lumière incidente, on observe l'effet photoélectrique, c'est-à-dire l'extraction d'électrons de la cathode. Pour cela, il faut que l'énergie portée par le photon incident soit supérieure ou égale à l'énergie d'extraction W_0 = 2,06 eV, propre au métal de la cathode.

1. Pour quelles longueurs d'ondes lumineuses incidentes observera-t-on l'effet photoélectrique ?

2. Expliquer ce qu'est l'effet photoélectrique.

3. On éclaire avec une radiation de longueur d'onde 550 nm. Calculer la vitesse maximale avec laquelle un électron peut être extrait de l'atome de strontium.

4. On éclaire à présent avec une radiation de longueur d'onde 610 nm.
Même question.

PROBLÈME TYPE

Solution

1. Dès qu'un photon possède un quantum d'énergie $\varepsilon = h\nu$ égal ou supérieur à W_0, il est capable d'extraire un électron de la cathode.

Pour que l'extraction se produise, il faut que :

$$h\nu = h\frac{c}{\lambda} \geqslant W_0$$

soit :

$$\lambda \leqslant \frac{hc}{W_0}$$

$$\leqslant \frac{6,62 \times 10^{-34} \times 3 \times 10^{8}}{2,06 \times 1,6 \times 10^{-19}}$$

$$\leqslant 6,02 \times 10^{-7}\ \text{m} = 602\ \text{nm}.$$

Les deux radiations de 500 et 600 nm sont donc capables de produire l'effet photoélectrique, pas les deux autres qui sont trop grandes.

2. L'effet photoélectrique est l'un des indices qui a permis de jeter les bases de la mécanique quantique. On peut extraire un électron d'un métal à condition de « l'éclairer » (en le bombardant d'un flux de photons) avec une onde de longueur d'onde inférieure à une certaine valeur seuil bien précise.

On l'interprète en disant qu'un atome possède différents niveaux d'énergie, et que les échanges d'énergie se font par transition d'un niveau à un autre « d'un seul coup ». Ce n'est pas l'intensité ou l'accumulation qui compte, c'est simplement la bonne longueur d'onde.

3. On éclaire avec une radiation de longueur d'onde 550 nm, on peut donc calculer le quantum d'énergie correspondant :

$$\varepsilon = \frac{hc}{\lambda}$$

PROBLÈME TYPE

$$\varepsilon = \frac{6{,}62 \times 10^{-34} \times 3 \times 10^{8}}{550 \times 10^{-9}} = 3{,}61 \times 10^{-19}\ \text{J}$$

$$= \frac{3{,}61 \times 10^{-19}}{1{,}6 \times 10^{-19}} = 2{,}26\ \text{eV}.$$

Or 2,06 eV servent à l'extraction, la différence $\Delta\varepsilon = 2{,}26 - 2{,}06 = 0{,}20$ eV est transférée à l'électron extrait sous forme d'énergie cinétique :

$$E_c = \frac{m_{e^-} \times V^2}{2} = \Delta\varepsilon$$

On en déduit :

$$V = \sqrt{\frac{2\Delta\varepsilon}{m_{e^-}}}$$

$$V = \sqrt{\frac{2 \times 0{,}2 \times 1{,}6 \times 10^{-19}}{9{,}1 \times 10^{-31}}} \approx 265\,200\ \text{m} \cdot \text{s}^{-1} = 265\ \text{km} \cdot \text{s}^{-1}.$$

4. Si $\lambda = 610$ nm, on remarque que (voir la question 1) :

$$\lambda > \lambda_{ext}, \text{ avec } \lambda_{ext} = 602\ \text{nm}$$

Par conséquent, l'effet photoélectrique n'est pas observé.

16 Formation d'une image

LES BASES

1 Lentille convergente

Une lentille convergente est constituée de verre transparent, ses bords sont minces et quand la lumière la traverse, les rayons subissent la réfraction et se rapprochent de l'axe optique.

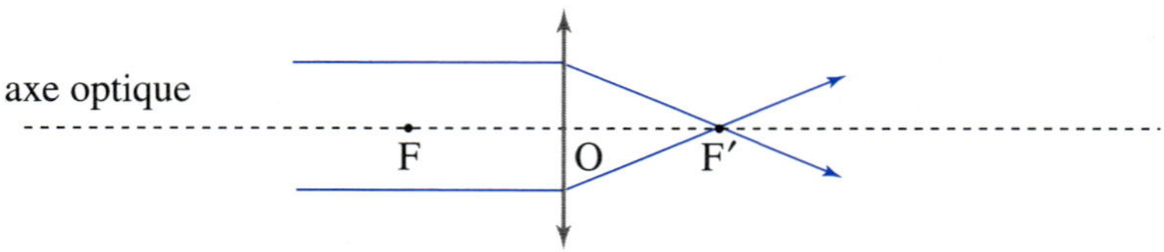

Des rayons incidents parallèles à l'axe optique convergent en un même point de l'axe : c'est le foyer principal image F′.
La distance focale f est la distance f = OF′, elle s'exprime en mètre.

Tout rayon passant par le centre optique O n'est pas dévié.
Le foyer principal objet F est le point symétrique de F′ par rapport à O.

La vergence C est définie par $C = \dfrac{1}{f}$, elle s'exprime en dioptrie (δ).

Plus C est grand, plus f est petite et plus la lumière est déviée.

Pour construire l'image A′B′ que donne une lentille convergente d'un objet plan AB perpendiculaire à l'axe, on utilise un rayon passant par O et un autre passant par F ou F′.

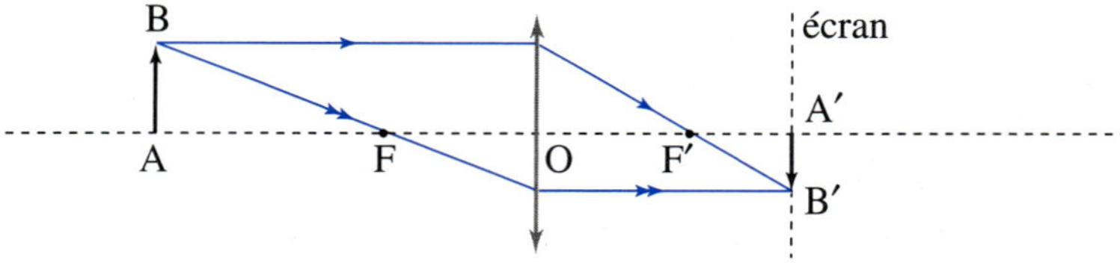

Un troisième rayon est utile, celui qui passe par F ressort parallèle à l'axe optique, sur le croquis ci-dessus, l'image est réelle car on la recueille sur un écran.
Si l'objet est très éloigné, son image se forme dans le plan focal image.
Par construction, on retrouve parfois l'image A′B′ à gauche de la lentille, cette image est alors virtuelle, on peut la voir mais pas à l'aide d'un écran.
Il existe des relations de conjugaison (relations de Descartes) qui permettent de relier la position et la taille de l'objet, γ est le grandissement (sans unité).

$$\frac{1}{\overline{OA'}} - \frac{1}{\overline{OA}} = \frac{1}{\overline{OF}} = C \; ; \quad \gamma = \frac{\overline{A'B'}}{\overline{AB}} = \frac{\overline{OA'}}{\overline{OA}}$$

Les grandeurs de ces formules sont algébriques : quand le segment est dans le sens de propagation de la lumière, elle est positive et dans le cas contraire, elle est négative.
Pour une bonne qualité de l'image, il faut se rapprocher le plus possible des **conditions de Gauss** :

Le faisceau lumineux passe au voisinage du centre optique O.
Les rayons incidents sont peu inclinés sur l'axe optique.
On peut diaphragmer la lentille et utiliser un objet de petite taille et proche de l'axe optique.

2 Miroir plan

D'un objet ponctuel réel A, on obtient une image ponctuelle virtuelle A′ symétrique par rapport au plan du miroir.

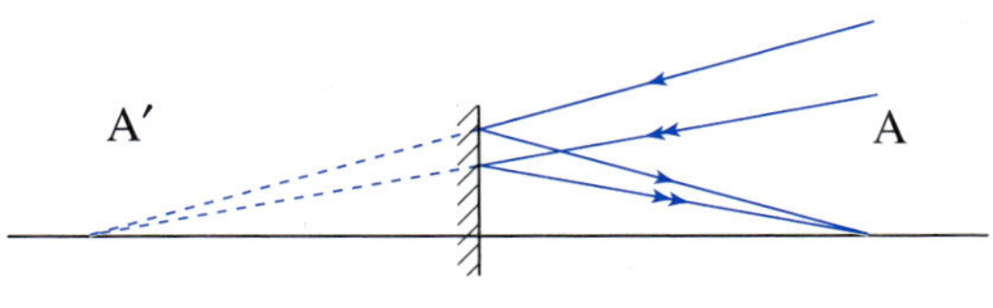

3 Miroir sphérique convergent (surface réfléchissante concave)

Un rayon passant par C le centre de la sphère repasse par C après réflexion sur le miroir.
Un rayon parallèle à l'axe se réfléchit et passe par le foyer.
Un rayon incident se réfléchit en faisant un angle égal mesuré par rapport à la normale.

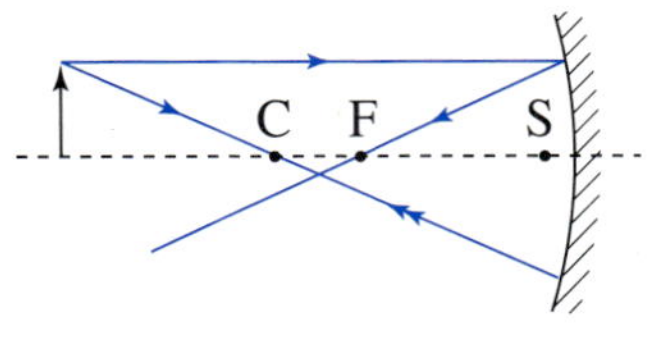

APPLIQUER LES BASES

❶ Construire l'image A′B′ de l'objet réel AB.

a.

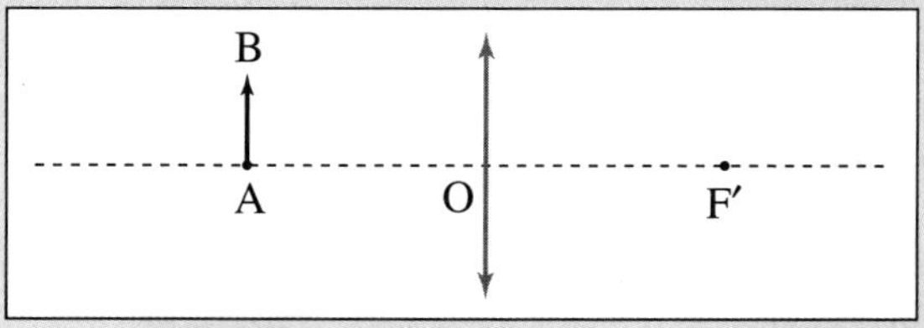

b.

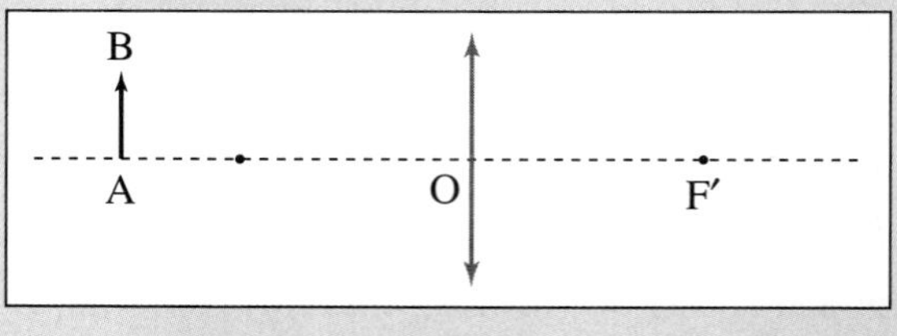

c.

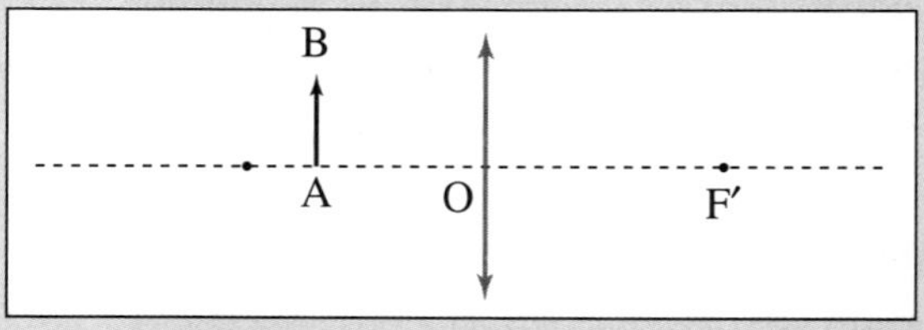

❷ Construire l'image A′B′ que donne de l'objet AB ce miroir sphérique convergent.

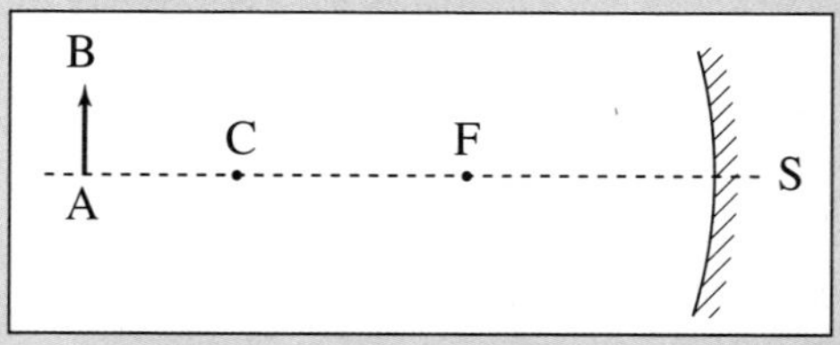

Réponses

❶ **a.** Il n'y a pas d'intersection de rayons issus de B, que ce soit d'un côté ou de l'autre de la lentille, l'image est renvoyée à l'infini.

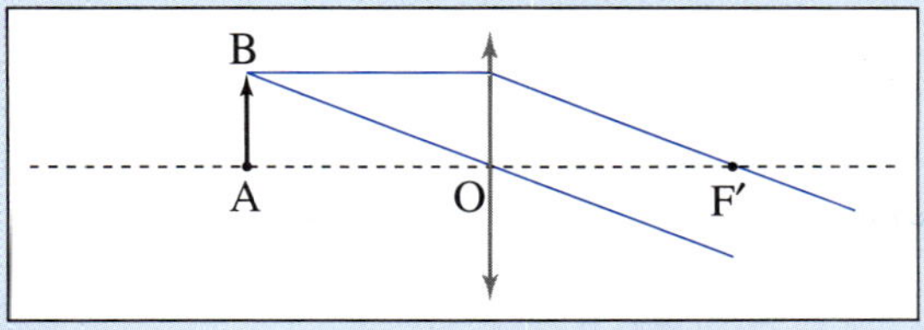

b. Dans le deuxième cas, l'image est réelle, renversée et agrandie.

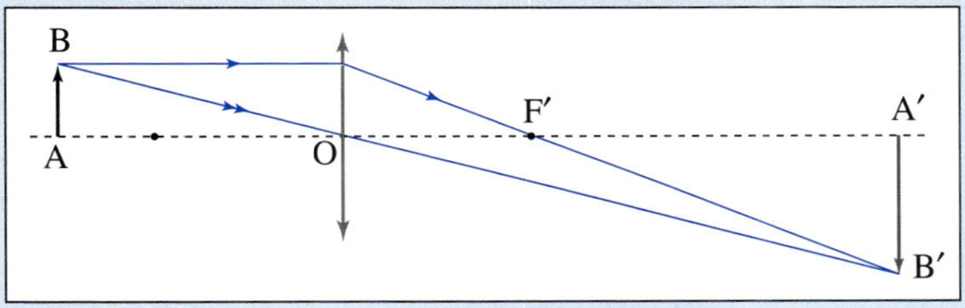

c. Dans le troisième cas, l'image est virtuelle, droite et agrandie.

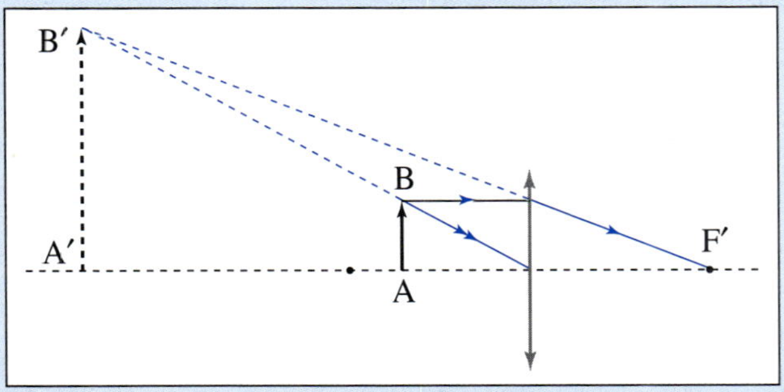

2

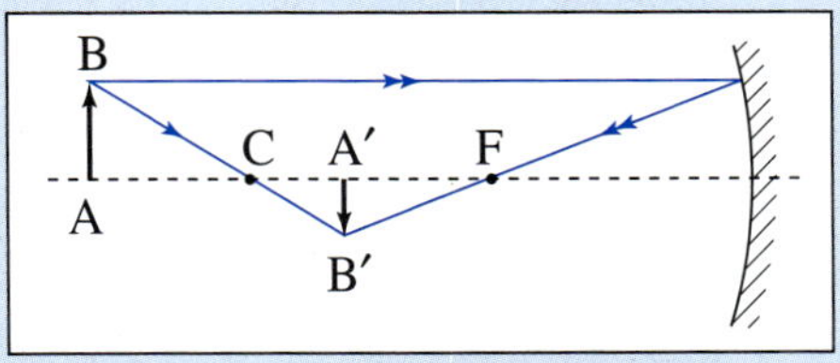

L'image est réelle, renversée, et plus petite que l'objet.

PROBLÈME TYPE

Une lentille convergente a pour distance focale $f = +3,8$ cm.
En un point A de l'axe principal on place un objet lumineux AB ayant la forme d'une flèche orthogonale à l'axe optique, de hauteur 10 mm et tel que OA = 11 cm.

1. Faire un schéma à l'échelle $\frac{1}{2}$ horizontalement et naturelle verticalement sur lequel les foyers ainsi que l'objet seront placés.

2. Construire l'image A'B', préciser sa nature et son sens.

3. Déterminer graphiquement le grandissement γ et la position OA'.

4. Les calculer à l'aide des formules de Descartes.

5. Pour simuler un projecteur diapositive, on place un écran à 3 m de la lentille. Où doit-on placer la diapositive (l'objet AB) ?

Solution

1. et **2.**

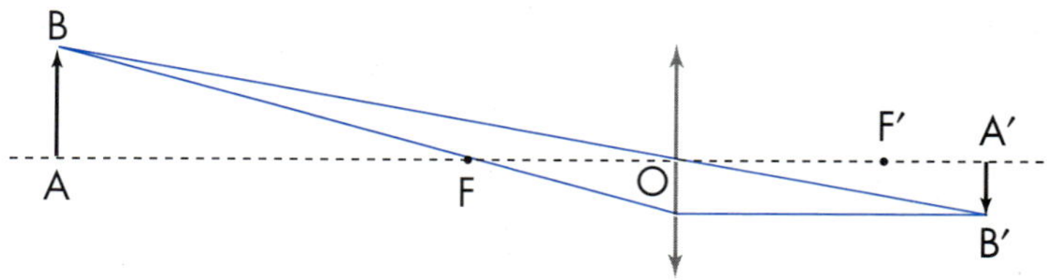

A'B' est réelle, renversée, plus petite que l'objet.

3. Graphiquement :

$$G = \frac{\overline{A'B'}}{\overline{AB}} = -\frac{5}{10} = -0,5$$

$$\begin{aligned}\overline{OA'} &= \overline{OA} \times \gamma \\ &= -11 \times (-0,5) \\ &= 5,5 \text{ cm (2,75 cm sur le schéma).}\end{aligned}$$

PROBLÈME TYPE

4. $\dfrac{1}{\overline{OA'}} = \dfrac{1}{\overline{OA}} + C$ aboutit à :

$$\frac{1}{\overline{OA'}} = \frac{1 + C \times \overline{OA}}{\overline{OA}}$$

d'où :

$$\overline{OA'}(1 \times C \times \overline{OA}) = 1 \times \overline{OA}$$

soit $OA' = \dfrac{\overline{OA}}{C \times \overline{OA} + 1} = 5{,}8$ cm ;

$\gamma = \dfrac{\overline{OA'}}{\overline{OA}} = \dfrac{5{,}8}{-11} = -0{,}5.$

5. La distance OA′ est imposée : OA′ = 3 m.

On cherche $\overline{OA}$ dans la formule de Descartes :

$$\frac{1}{\overline{OA}} = \frac{1}{\overline{OA'}} - C$$

Cette égalité aboutit à :

$$\frac{1}{\overline{OA}} = \frac{1 - C \times \overline{OA'}}{\overline{OA'}}$$

D'où :

$$\overline{OA}(1 - C \times \overline{OA'}) = 1 \times \overline{OA'}$$

soit $\overline{OA} = \dfrac{\overline{OA'}}{1 - C \times \overline{OA'}} = -3{,}85$ cm.

On remarque que l'objet doit être placé 5 mm à gauche du foyer principal objet qui est à 3,80 cm du centre optique.

17 Instruments d'optique

LES BASES

1 Lunette astronomique

L'objectif (du côté de l'objet) est une lentille convergente L_{ob} de grande distance focale (1 à 10 m) et l'oculaire (du côté de l'œil) est une lentille convergente L_{oc} de petite distance focale (quelques cm), elle permet en fait d'observer à la « loupe » l'image intermédiaire formée par l'objectif.

L'image définitive est donc virtuelle et renversée.

Le grossissement pour une lunette afocale (foyer image de L_{ob} = foyer objet de L_{oc})

$$G = \frac{\alpha'}{\alpha} = \frac{f_{ob}}{f_{oc}}$$

Sans unité, il peut aller jusqu'à plusieurs milliers. α et α' sont les diamètres apparents, ce sont les angles exprimés en radians sous lequel sont vus objet et image intermédiaire.

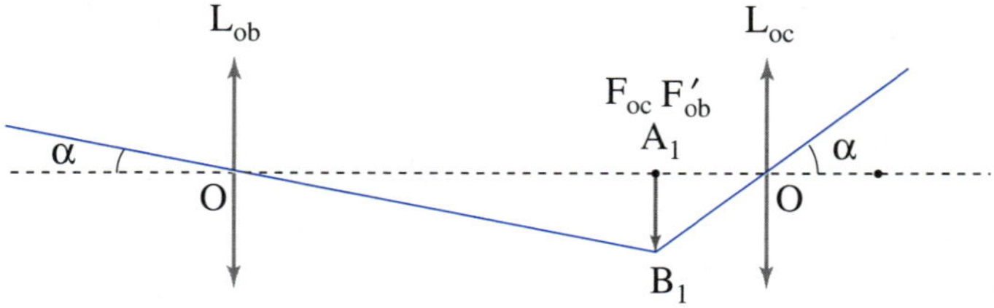

Le cercle oculaire est un disque de diamètre à peu près égal à celui de la pupille de l'œil, situé proche du plan focal image de l'oculaire, il représente le lieu où l'œil doit se placer pour recevoir toute la lumière émergeant de l'objectif.

2 Microscope

La lentille objectif de très courte distance focale (quelques mm) donne d'un objet, placé juste un peu plus loin que le foyer objet, une image renversée agrandie qui est observée « à la loupe » par la lentille objectif (quelques cm de focale). L'image définitive est virtuelle, renversée et beaucoup plus grande que l'objet. Attention, dans ce cas le système n'est pas afocal, il existe un intervalle optique Δ entre le foyer image de l'objectif et le foyer objet de l'oculaire.

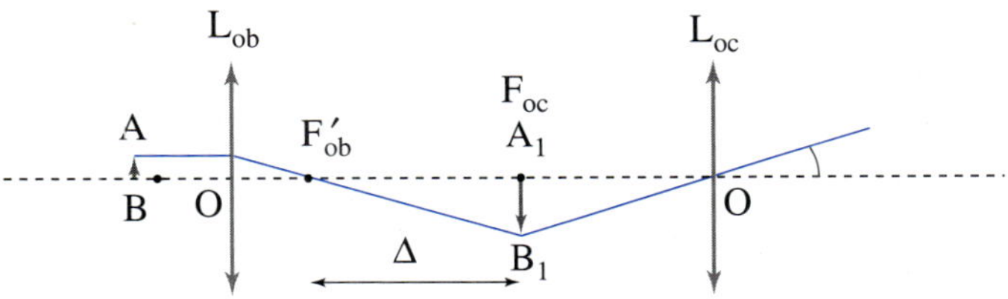

Pour une vision minimale distincte à $d_m = 25$ cm, le grossissement est :

$$G = \frac{d_m \times \Delta}{f_{oc} \times f_{ob}} = \frac{\Delta}{4 \times f_{oc} \times f_{ob}} \text{ (sans unité).}$$

Le grossissement commercial de l'oculaire est $G_{oc} = \frac{d_m}{f_{oc}}$ et le grandissement de l'objectif est :

$$\boxed{\gamma = \frac{\Delta}{f_{ob}}}$$

On a aussi : $$\boxed{G = G_{oc}\gamma}$$

3 Télescope

Dans le montage de Newton, la lumière provenant de l'astre se réfléchit sur un miroir sphérique concave puis sur un miroir plan avant de former une image qui sera observée « à la loupe » par la lentille oculaire.

La première image se forme au foyer du miroir sphérique, la deuxième est symétrique par rapport au miroir plan, l'image définitive, virtuelle est observée à l'oculaire.

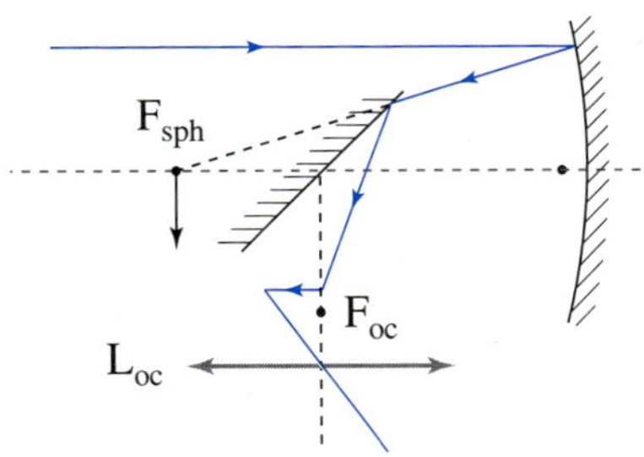

Le grossissement compris entre 20 et 1 000 est $G = \frac{f_{Msph}}{f_{oc}}$.

APPLIQUER LES BASES

1 Pour modéliser une lunette astronomique, on utilise deux lentilles convergentes de 2 δ et 10 δ.
Calculer le grossissement de la lunette.

2 Le pouvoir séparateur d'un œil normal est $\varepsilon = 3 \cdot 10^{-4}$ rad, c'est le diamètre apparent le plus petit que l'œil puisse discerner.
Quelle est la taille du plus petit détail qu'un œil normal puisse identifier sur la Lune (sans instrument bien sûr…) ?
Donnée : distance Terre-Lune $d = 384\ 000$ km.

3 Un instrument d'optique a un grossissement $G = 1\ 000$.
Calculer l'angle sous lequel le plus petit détail lunaire est observé à travers l'instrument, puis calculer la taille du plus petit détail lunaire observé à travers l'instrument.

4 L'instrument précédent est une lunette astronomique dont l'oculaire est une lentille convergente de distance focale 2 cm.
Quelle est la distance focale de la lentille objectif ?

5 Une loupe est une lentille convergente de vergence $C = 18$ δ.
Calculer sa distance focale.
Faire un schéma échelle réduite montrant un objet AB = 1 cm perpendiculaire à l'axe optique, placé à 3 cm devant la lentille, construire l'image A_1B_1.

Réponses

1 $G = \dfrac{f_{\text{ob}}}{f_{\text{oc}}} = \dfrac{C_{\text{oc}}}{C_{\text{ob}}} = \dfrac{10}{2} = 5.$

La vergence la plus grande correspond à l'oculaire, la plus petite à l'objectif.

2 Pour un petit angle, on peut considérer que $\varepsilon \approx \dfrac{\text{AB}}{d}$; le plus petit détail est donc :

$$\text{AB} = \varepsilon d = 115 \text{ km}$$

Dans la relation $\varepsilon = \dfrac{\text{AB}}{d}$, ε est exprimé en radian (rad) lorsque AB et d sont exprimés dans la même unité.

❸ $G = \dfrac{\alpha'}{\alpha}$, à travers l'instrument l'angle est :

$$\alpha' = G\alpha = 0{,}3 \text{ rad}$$

Le plus petit détail vu à l'œil nu est maintenant vu sous un angle 1 000 fois plus grand, le plus petit détail est donc 1 000 fois plus petit à travers l'instrument soit :

$$AB' = 10^{-3}\,AB = 115 \text{ m}$$

❹ $f_{ob} = Gf_{oc} = 1\,000 \times 2 = 2\,000 \text{ cm} = 2 \text{ m}$.

❺ $f = \dfrac{1}{C} = \dfrac{1}{18} = 5{,}5 \text{ cm}$.

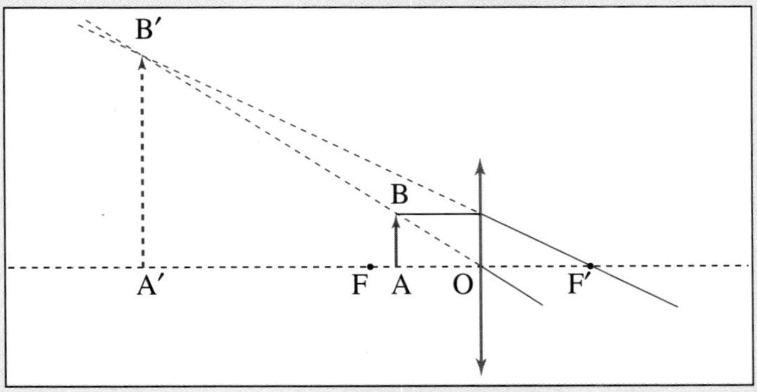

La formule de conjugaison s'écrit :

$$\frac{1}{\overline{OA'}} - \frac{1}{\overline{OA}} = \frac{1}{f}$$

Elle aboutit à :

$$\frac{1}{\overline{OA'}} = \frac{1}{\overline{OA}} + \frac{1}{f}$$

soit :

$$\frac{1}{\overline{OA'}} = \frac{f + \overline{OA}}{f \times \overline{OA}}$$

$\overline{OA'} = \dfrac{f \times \overline{OA}}{\overline{OA} + f} = \dfrac{5{,}5 \times (-3)}{-3 + 5{,}5} \approx -6{,}5 \text{ cm}$, l'image est virtuelle, droite et plus grande que l'objet.

PROBLÈME TYPE

On modélise un microscope simplifié avec deux lentilles convergentes de 7 δ et 2 δ, les centres optiques sont distants de $O_1O_2 = 1$ m. Calculer l'intervalle optique.
Faire un schéma annoté à une échelle réduite et annoté, puis tracer l'image intermédiaire A_1B_1 donnée par l'objectif d'un objet AB = 3 mm placé à 20 cm devant la lentille objectif, puis l'image définitive A_2B_2 vue à travers l'oculaire.
Vérifier la position de A_1B_1 par la formule de Descartes.

Solution

L'intervalle optique vaut :

$$\Delta = O_1O_2 - f_{oc} - f_{ob} = 100 - 14,3 - 50 = 35,7 \text{ cm}$$

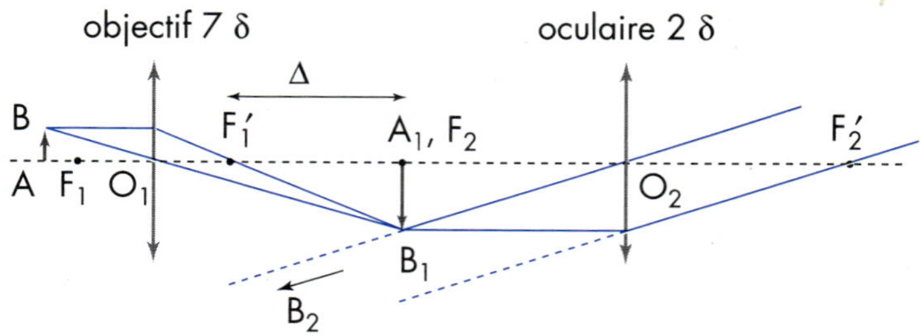

En faisant un croquis soigné, on voit que l'image intermédiaire B_1 de B se forme dans le plan foyer objet de la lentille oculaire ($O_1A_1 = 50$ cm), l'image A_1B_1 est renversée, réelle et plus grande que l'objet.
Puisque A_1 est au foyer objet de l'oculaire, l'image définitive est renvoyée à l'infinie, elle est virtuelle et très agrandie.

$$\overline{O_1A_1} = \frac{f_{ob} \times \overline{O_1A}}{\overline{O_1A} + f_{ob}} = \frac{14,3 \times (-20)}{-20 + 14,3} \approx 50 \text{ cm} ;$$

$$\gamma = \frac{\overline{A_1B_1}}{\overline{AB}} = \frac{\overline{O_1A_1}}{\overline{O_1A}} \text{ aboutit à :}$$

$$\overline{A_1B_1} = \overline{AB} \times \frac{\overline{O_1A_1}}{\overline{O_1A}} = 3 \times \frac{50}{-20} = -7,5 \text{ mm}$$

18 Production d'un son Interprétation ondulatoire

LES BASES

1 Vibration d'une corde métallique

On fixe une certaine longueur L de corde métallique entre deux points fixes et on peut la faire vibrer en faisant passer un courant alternatif sinusoïdal (commandé par un générateur BF) au voisinage d'un aimant. L'onde mécanique va se propager d'une extrémité à l'autre à la célérité c. La valeur de c dépend principalement de la nature de la corde et de sa tension.

Pour la fréquence $f_1 = \dfrac{c}{2L}$ on observe un seul fuseau dont le milieu (ventre) vibre avec une grande amplitude, c'est la fréquence fondamentale.

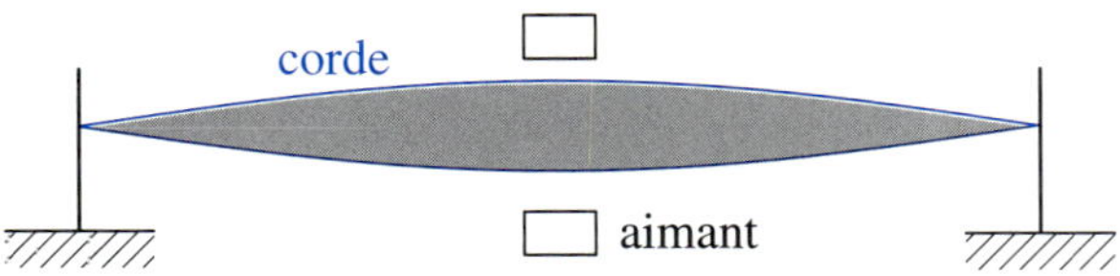

GBF non représenté

On peut, en augmentant la fréquence du GBF, observer les modes de vibration **harmoniques** avec deux fuseaux pour $2f_1$, trois fuseaux pour $3f_1$ etc.

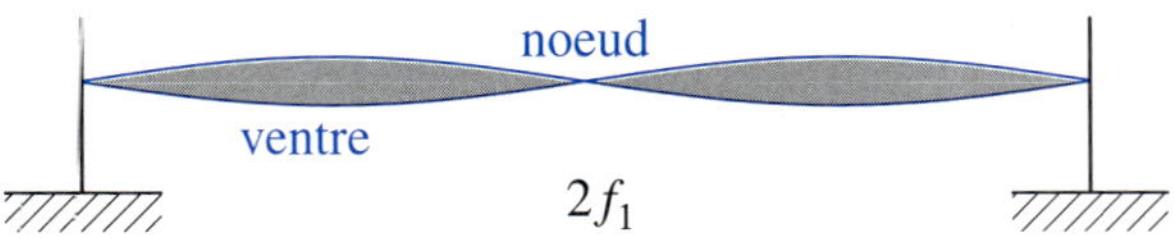

$2f_1$

2 Le son produit

Cette corde émet un son dont la fréquence peut être visualisée à l'aide du système {microphone + amplificateur + oscilloscope}.

On peut aussi utiliser un stroboscope qui émet des éclairs à fréquence variable, pour vérifier que la valeur de la fréquence f_1 est bien égale à celle délivrée par le générateur BF, on créé l'illusion de l'immobilité de la corde lorsqu'elle présente un seul fuseau, alors la fréquence maximale des éclairs « immobilisant » la corde est égale à la fréquence fondamentale.

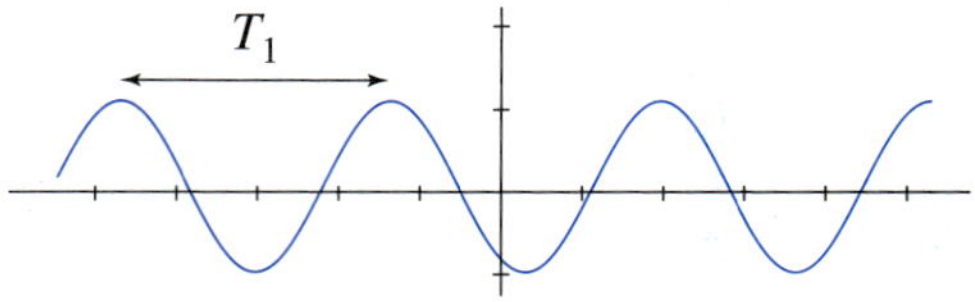

{Microphone + oscilloscope} $f_1 = \frac{1}{T_1}$, avec T_1 en s et f_1 en Hz

3 Interprétation ondulatoire

Quand on observe la corde vibrante au ralenti avec un stroboscope, on voit que la corde a la forme d'une sinusoïde ; pour une fréquence d'éclairs bien choisie, on voit la sinusoïde avancer sans se déformer : c'est une onde progressive sinusoïdale. Si on matérialise un point M de la corde par un repère de couleur, on voit qu'il vibre transversalement et ce, quelle que soit sa position sur la corde.
Imaginons une extrémité S de la corde, à $t = 0$, son élongation est :

$$Y = A(\sin\omega)t = 0$$

dans cette relation :

$$\omega = \frac{2\pi}{T} = 2\pi f$$

A est l'amplitude maximale.
Pour $t = T$, cette extrémité va se retrouver une nouvelle fois avec la même élongation et dans le même sens, il se produit exactement la même chose pour le point M de la corde qui est distant de cette extrémité de λ : c'est la longueur d'onde.
La relation reliant la longueur d'onde et la période est :

$$\lambda = cT \text{ et } c = \lambda f$$

λ est en m, c est la célérité de l'onde en $m \cdot s^{-1}$ et T en s.

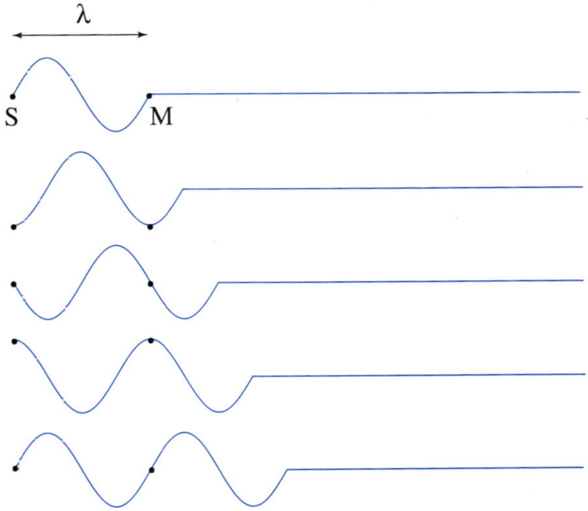

Si la corde était infinie, chacun de ses points vibrerait avec une amplitude maximale, mais comme il y a une extrémité fixe qui permet la réflexion, une onde réfléchie se superposera à l'onde incidente.

Quand une crête se superpose à un creux, il y a un nœud (pas de vibration) ; quand une crête se superpose à une crête, il y a un ventre (maximum de vibration) ; entre deux nœuds successifs, il y a toute une série de points intermédiaires qui tous vibrent en phase et qui forment un fuseau.

Si la fréquence du générateur est ajustée à la fréquence fondamentale de la corde ou à l'un de ses multiples, il s'établit des ondes stationnaires le long de la corde (ventres et nœuds). La longueur de la corde est donc fonction de la longueur d'onde :

$$L = \frac{n\lambda}{2}$$

$n = 1$ pour la fréquence fondamentale, un seul fuseau ;
$n = 2$ et $L = \lambda$ deux fuseaux, etc.

APPLIQUER LES BASES

❶ Une corde métallique de longueur 80 cm a ses deux extrémités fixes. À l'aide d'un aimant et d'un générateur, on la fait vibrer à une fréquence de 150 Hz, on observe alors un seul fuseau de grande amplitude. Quelle est la célérité des ondes mécaniques le long de cette corde ?

❷ Sur quelles fréquences faut-il régler le générateur pour observer 4 fuseaux (avec la même corde que dans l'exercice ❶) ?

❸ On reprend la configuration de l'exercice ❶ et on éclaire la corde avec un stroboscope.
Pour 4 500 et 9 000 éclairs par minute on observe la corde apparemment immobile.
Expliquer ces deux valeurs.

❹ Calculer la longueur d'onde des ondes se propageant le long de la corde de l'exercice ❶.
Comparer à la longueur de la corde.

❺ À l'aide d'un microphone placé devant une corde vibrante produisant un son, on obtient la tension visualisée à l'oscilloscope ci-dessous.

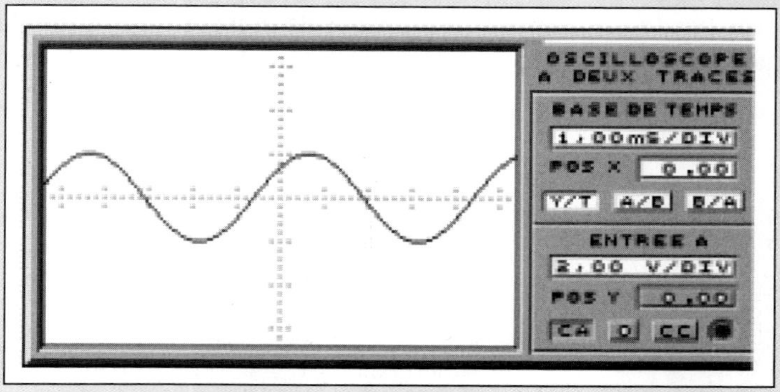

Quelle est la fréquence de vibration de la corde ?

Réponses

❶ $c = 2Lf_1 = 2 \times 0{,}8 \times 150 = 240\ \text{m} \cdot \text{s}^{-1}$.

❷ Si la fréquence du générateur BF est sur $4f_1 = 4 \times 150 = 600$ Hz, on observera 4 fuseaux de vibration.

❸ 9 000 éclairs par min sont équivalents à 150 éclairs par seconde donc à une fréquence de 150 Hz.
La fréquence des éclairs est égale à la fréquence fondamentale ; entre deux éclairs successifs, chaque point de la corde reprend exactement la même élongation, la corde paraît donc immobile.
4 500 éclairs par minute sont équivalents à 75 éclairs par seconde donc à une fréquence de 75 Hz.
Entre deux éclairs successifs, chaque point de la corde a le temps d'effectuer exactement deux oscillations.
Il reprend donc la même élongation, la corde paraît encore immobile.

❹ $\lambda = \dfrac{c}{f} = \dfrac{240}{150} = 1{,}6\ \text{m} = 2L$

Remarque : on constate sans calcul sur le croquis ci-dessous qu'un seul fuseau correspond à une longueur de $\dfrac{\lambda}{2}$ (une seule crête).

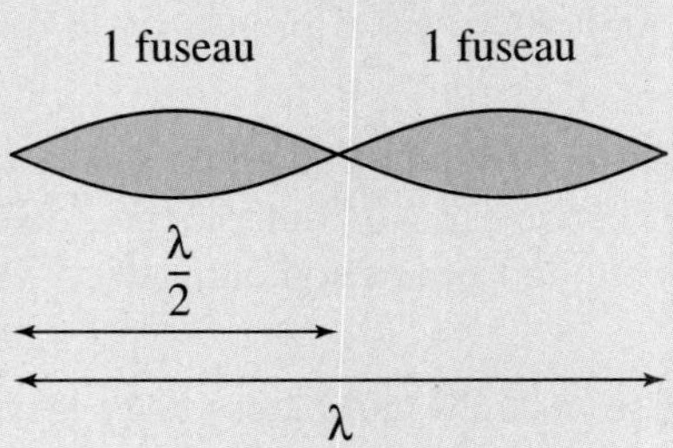

❺ La base de temps est 1 ms · div^{-1}, une période sur l'écran mesure 5 divisions à l'écran, $T = 5 \times 1 = 5$ ms, alors :

$$f = \frac{1}{T} = \frac{1}{5 \cdot 10^{-3}} = 200\ \text{Hz}$$

PROBLÈME TYPE

On peut mesurer la fréquence d'un courant alternatif avec le montage suivant :

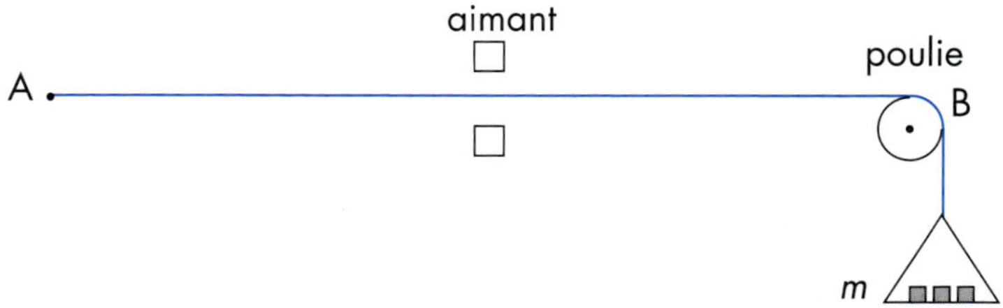

Un fil métallique, de masse linéique $\mu = 0{,}28 \text{ g} \cdot \text{m}^{-1}$ est tendu entre A et B (L = AB = 1 m) à l'aide d'une poulie sans frottement et de masses placées dans le plateau.
On fait passer un courant alternatif de fréquence f dans le fil et, grâce à l'aimant, le fil vibre à la même fréquence que le courant.
On voit un seul fuseau vibrant fortement pour m = 284 g.

1. À l'aide des formules $L = \frac{n\lambda}{2}$, $c = \lambda f$ et $c = \sqrt{\frac{P}{\mu}}$, où P est la tension du fil (en N), μ la masse linéique du fil (en $\text{kg} \cdot \text{m}^{-1}$), exprimer f en fonction de L, P et μ.

2. Calculer la fréquence f avec la formule de la question **1**.

3. On veut maintenant observer deux fuseaux.
Montrer sur un croquis où il faut placer deux aimants (au lieu d'un) et représenter le fil dans son élongation maximale.

4. Calculer la masse m_2 qu'il faut placer dans le plateau pour observer la vibration du fil en deux fuseaux.

5. On éclaire maintenant le fil avec un stroboscope.
Compléter sur le croquis ce que l'on voit pour une fréquence d'éclairs f_e = 100 Hz, puis pour 200 Hz.

PROBLÈME TYPE

Solution

1. Pour un fuseau $n = 1$:

$$f = \frac{c}{\lambda} = \frac{\sqrt{\frac{P}{\mu}}}{\lambda} = \frac{1}{2L} \times \sqrt{\frac{P}{\mu}}$$

2. $f = \frac{1}{2} \times \sqrt{\frac{2{,}84}{0{,}28 \cdot 10^{-3}}} \approx 50$ Hz.

3.

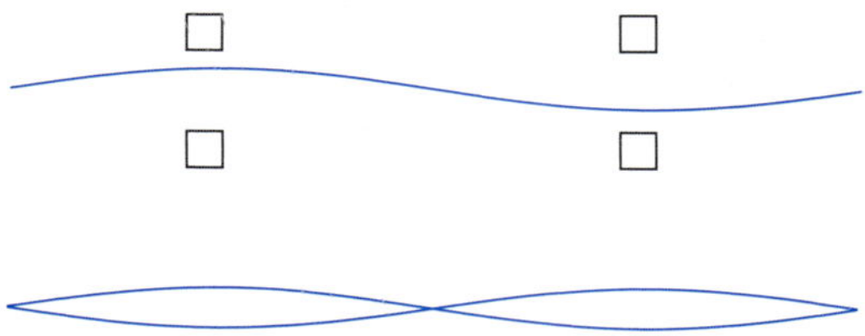

Le ventre de vibration maximale est au milieu d'un fuseau, il faut donc placer un aimant à 25 cm de A et un autre à 25 cm de B.

4. Pour avoir deux fuseaux, il faut une fréquence $2f = 100$ Hz.

$$m = \frac{4L^2\mu f^2}{g}$$

$$= \frac{4 \times 1 \times 0{,}28 \times 10^{-3} \times 10^4}{10} = 1\ 120 \text{ g}$$

5. Sur le croquis de la question **3**, en haut la fréquence d'éclairs est la même que celle de la corde, en bas la fréquence d'éclairs est double de celle de la corde.
On voit donc l'enveloppe des deux fuseaux.

19 Acoustique musicale

LES BASES

1 Les fréquences audibles

L'oreille perçoit les sons de fréquence comprise entre 20 Hz (son très grave) et 20 kHz (son très aigu) environ avec une sensibilité accrue autour des 3 000 Hz.

2 Hauteur et timbre

Un son musical réel est périodique, mais non sinusoïdal comme l'est un son pur. Il est une superposition de la fréquence fondamentale (f_1) et de plusieurs harmoniques ($2f_1$; $3f_1$ etc). Toutes les fréquences harmoniques ne sont pas forcément présentes, et c'est la fréquence du fondamental qui détermine la hauteur du son. Avec la même fréquence fondamentale, la présence des différents harmoniques et de leur intensité donne un timbre différent au son perçu et permet à l'oreille d'avoir des sensations différentes.

3 Intensité sonore

L'intensité sonore se calcule par :

$$I = \frac{P}{S} = \frac{P}{4\pi r^2}$$

où P est la puissance sonore émise par la source (par exemple un haut-parleur) en W et S la surface du récepteur (par exemple la surface du tympan) en m^2, r est la distance à la source dans le cas où celle-ci émet dans tout l'espace autour d'elle. Alors I est en $W \cdot m^{-2}$ (pour l'audition de l'oreille humaine, cela va de 10^{-12} $W \cdot m^{-2}$ à 1 $W \cdot m^{-2}$).

4 Niveau sonore

Le niveau sonore L sert à exprimer combien de fois une intensité sonore est plus grande qu'une autre prise comme référence.

Il s'exprime en dB_A, décibels acoustiques. Pour une intensité I, le niveau est L par rapport à la référence $I_0 = 10^{-12}\ W \cdot m^{-2}$.

$$L = 10\log\frac{I}{I_0}$$

Quand $I = I_0$, alors $L = 0\ dB_A$ c'est le niveau le plus bas, seuil de perception de l'oreille aux environs de 3 kHz.
Quand $I = 1\ W \cdot m^{-2}$, alors $L = 120\ dB_A$, seuil de la douleur pour l'oreille.

5 Spectre de fréquences

Un son musical peut se décomposer en une somme de sons purs sinusoïdaux : un fondamental de fréquence f et des harmoniques de fréquences $2f$, $3f$,… nf.

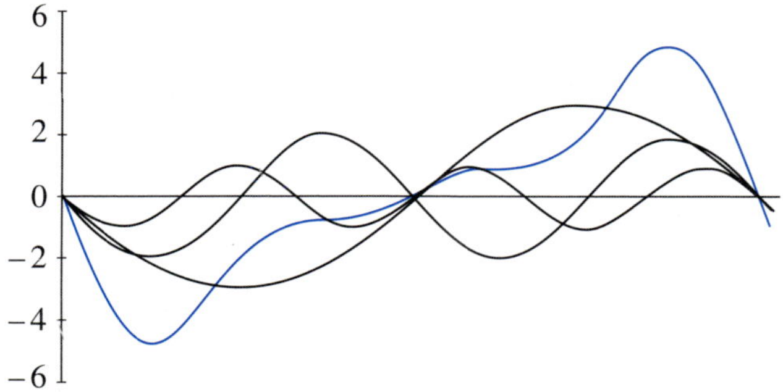

Le son complexe somme est en bleu, il n'est pas sinusoïdal, mais il est périodique, on visualise ici une seule période, on distingue la fréquence fondamentale (flèche) qui a la même valeur que pour le son complexe et deux harmoniques de fréquence $2f$ et $3f$.
Le spectre de ce son a l'allure ci-dessous :

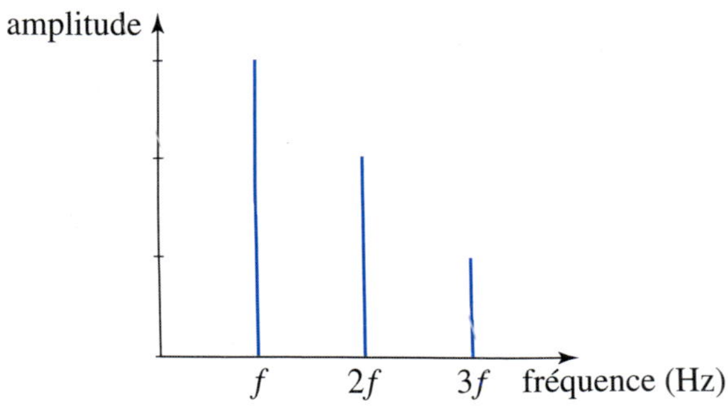

APPLIQUER LES BASES

1 Un haut-parleur de rendement $\eta = 10~\%$ reçoit une puissance électrique $P_e = 100$ W . Calculer la puissance sonore reçue par le tympan situé à $r = 1$ m de ce haut-parleur qui émet dans toutes les directions de l'espace. En déduire ensuite le niveau sonore correspondant.
Données : le tympan a une surface d'environ 10^{-4} m^2 .

2 Dans une salle de classe animée, on mesure une intensité sonore $I = 1{,}5 \cdot 10^{-5}$ W $\cdot$ m^{-2} ; quel est le niveau sonore ?

3 L'oscilloscope visualise la tension aux bornes d'un microphone placé devant une source sonore.
Est-ce un son pur ou complexe ? Calculer sa fréquence.

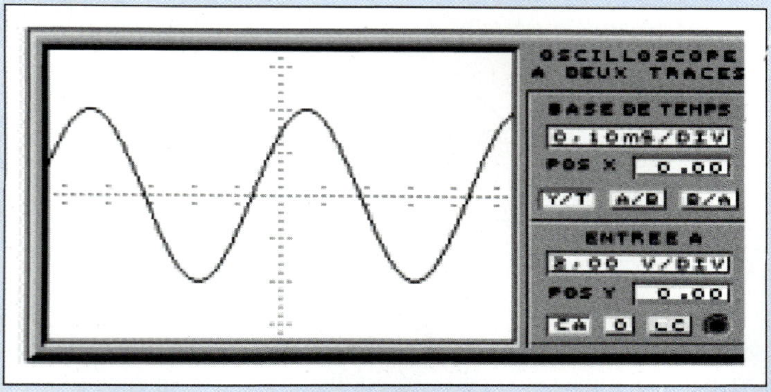

4 Calculer le nombre maximum d'harmoniques audibles du son émis par un instrument jouant le do$_4$ de fréquence $f = 523{,}25$ Hz.

5 Voici le spectre simplifié d'un « A » émit par une voix humaine :

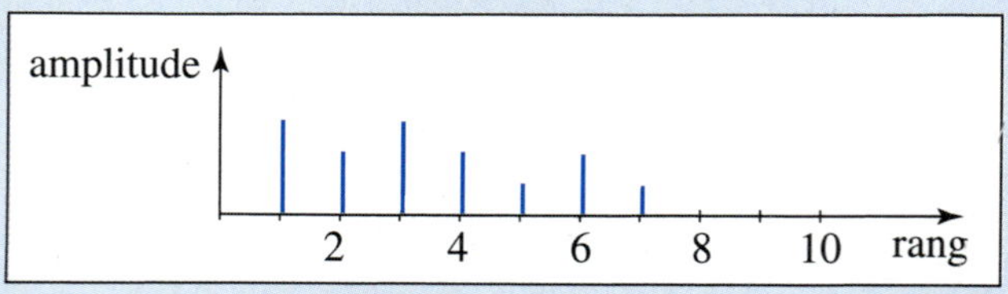

L'harmonique de rang 6 a pour fréquence 881 Hz, déterminer les fréquences des autres harmoniques.

Réponses

❶ La puissance sonore émise est $P = 0{,}1 \times P_e = 0{,}1 \times 100 = 10$ W.

L'intensité sonore est $I = \dfrac{P}{S} = \dfrac{P}{4\pi r^2} = \dfrac{10}{4 \times 3{,}14 \times 1} = 0{,}796\ \text{W} \cdot \text{m}^{-2}$.

La puissance reçue par le tympan est donc :

$$P_{\text{tympan}} = IS_{\text{tympan}} = 0{,}796 \cdot 10^{-4}\ \text{W}.$$

Le niveau est $L = 10\log\dfrac{I}{I_0}$ avec $I_0 = 10^{-12}\ \text{W} \cdot \text{m}^{-2}$ comme référence on trouve $L = 10\log 0{,}796 \cdot 10^{12} = 119$ dB (presque le seuil de la douleur de 120 dB).

❷ $L = 10 \cdot \log(1{,}5 \cdot 10^{-5} \cdot 10^{12}) = 71{,}8$ dB.

❸ La tension est sinusoïdale, et elle traduit exactement la vibration sonore qui l'est donc aussi ; le son est donc pur.
La base de temps de l'oscilloscope est 0,1 ms $\cdot$ div^{-1} et la période correspond à 5 div, on en déduit la période $T = 5 \times 0{,}1 = 0{,}5$ ms et la fréquence :

$$f = \frac{1}{T} = \frac{1}{0{,}5 \cdot 10^{-3}} = 2\,000\ \text{Hz}$$

❹ Le premier harmonique ou fondamental est $f_1 = 523{,}25$ Hz, les harmoniques sont les fréquences multiples et inférieures à 20 kHz pour être audibles :

$$f_2 = 523{,}25 \times 2 = 1\,046\ \text{Hz}$$

puis 1 570 ; 2 093 ; ainsi de suite, le nombre d'harmoniques audibles est donc :

$$n = \frac{20\,000}{523{,}25} \approx 38$$

❺ Le premier harmonique (rang 1) a pour fréquence :

$$f = \frac{881}{6} = 146{,}8\ \text{Hz}$$

Les autres harmoniques d'amplitude non nulles sont de rang :
2 (293,6 Hz), 3 (440,4 Hz), 4 (587,2 Hz), 5 (734 Hz) et 7 (1027,6 Hz).

PROBLÈME TYPE

Le graphique ci-dessous représente trois sons purs.

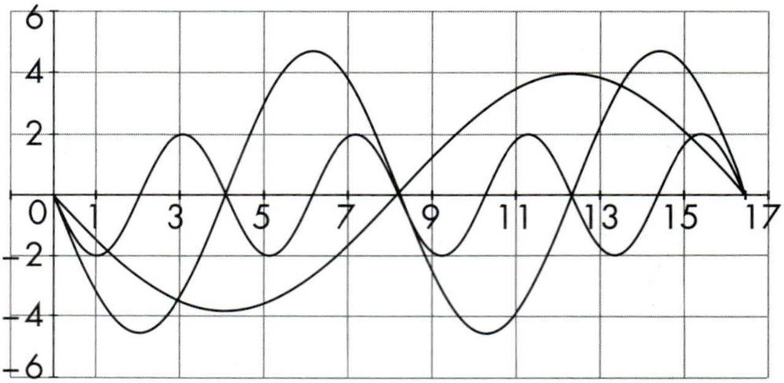

Donner la fréquence du fondamental et la fréquence des deux harmoniques.

Construire point par point la somme des trois sinusoïdes (les abscisses sont graduées en ms) pour retrouver le son complexe.

Tracer le spectre du son ainsi obtenu.

Solution

On reconnaît la fréquence fondamentale (harmonique de rang 1) c'est la plus petite, donc de période la plus grande, ici T_1 = 16 ms donc :

$$f_1 = \frac{1}{T_1} = \frac{1\,000}{16} = 62{,}5 \text{ Hz}$$

L'autre sinusoïde a une fréquence double, c'est l'harmonique de rang 2 avec f_2 = 125 Hz, et la dernière a une fréquence quadruple, c'est l'harmonique de rang 4 avec f_4 = 250 Hz.

Pour reconstituer le son complexe, il faut, pour une abscisse donnée, faire l'addition algébrique des trois ordonnées, on obtient la courbe ci-après :

PROBLÈME TYPE

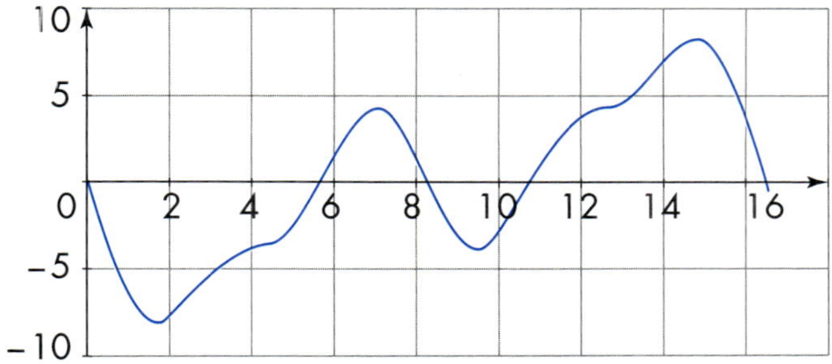

Son complexe

Nous voyons un seul motif correspondant à une période de 16 ms (la même que le fondamental).
Elle est périodique mais non sinusoïdale.
Le spectre tient compte des harmoniques et de leurs amplitudes :

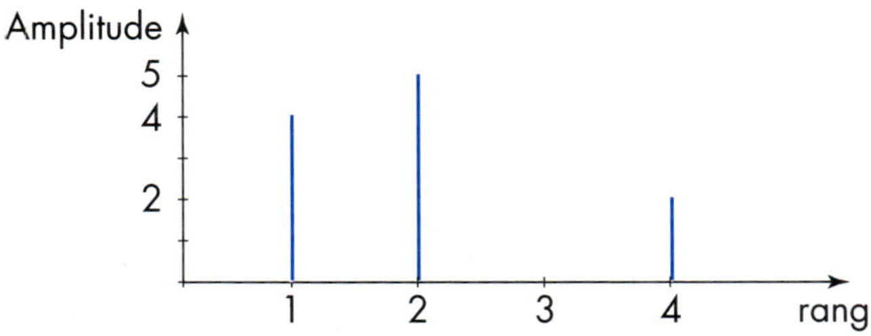

Remarque : l'harmonique de rang 3 est absente.

20 Ondes électromagnétiques

LES BASES

1 Les ondes hertziennes

C'est l'une des familles d'ondes électromagnétiques, dont la longueur d'onde est supérieure au mm, qui sert à véhiculer les informations (sons, images, textes) sur de grandes distances, éventuellement dans le vide, et à la vitesse $c = 3 \cdot 10^8 \text{ m} \cdot \text{s}^{-1}$ qui n'est donc pas l'exclusivité de la lumière, celle-ci faisant elle aussi partie des ondes électromagnétiques dans un domaine restreint de fréquences. Elles comprennent par longueur d'onde croissante :

communications par satellite – radar – TV – FM –

ondes radio courtes – ondes radio longues.

La fréquence varie en ordre inverse : par exemple les communications par satellite ont les plus hautes fréquences des ondes hertziennes. Plus la fréquence est grande plus la pénétration dans l'air est bonne et l'information peut alors aller plus loin.

Pour une bonne propagation, une antenne émettrice ainsi qu'une autre réceptrice sont nécessaires car ces ondes ne se propagent pas dans les métaux, murs et bâtiments.

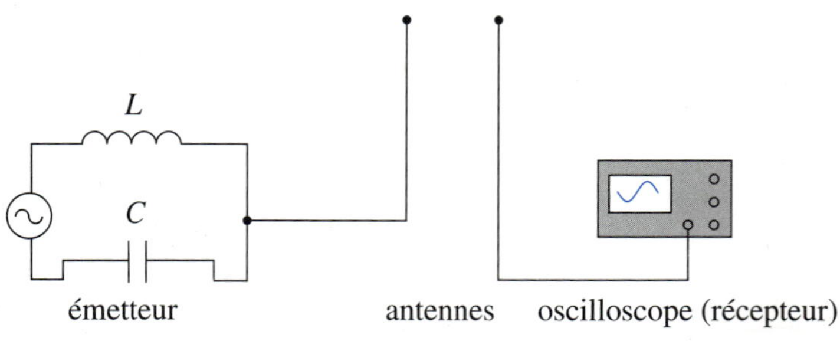

② Modulation d'amplitude (AM)

La modulation d'amplitude (AM) consiste à émettre une onde porteuse hertzienne sinusoïdale (avec un dipôle *LC* série + antenne, oscillant à une fréquence bien choisie qui dépend de l'information et de la distance à parcourir) et à la « moduler » c'est-à-dire lui faire « porter » l'information, par exemple un son qui lui n'est pas sinusoïdal. L'onde porteuse est donc modifiée par l'information « utile ». C'est le multiplieur (multiplicateur) qui effectue l'opération.

L'oscillateur *LC* de l'émetteur émet une onde correspondant à une tension de la forme :

$$u(t) = U_{max}\cos(2\pi f_P t + \phi_0)$$

Dans la modulation AM c'est U_{max} l'amplitude qui « suit » les variations de l'information sans que la fréquence f_P de la porteuse n'en soit affectée. À noter que cette fréquence est la fréquence propre du dipôle *LC*.

La tension modulée devient alors une fonction affine de la tension modulante :

Si l'on écrit $u_S(t)$ la tension modulante (information), la tension porteuse modulée s'écrit :

$$u_m(t) = [au_S(t) + b]\cos(2\pi f_P t)$$

que l'on peut écrire :

$$u_m(t) = k[U_0 + u_S(t)]U_{P\,max}\cos(2pf_P t)$$

La tension de décalage U_0 (ou composante continue) doit être supérieure à l'amplitude de la porteuse pour éviter la surmodulation qui ne permet pas une bonne restitution du signal modulant. Une autre condition est que la fréquence de la porteuse (f_P) doit être nettement supérieure à celle du signal modulant (f_S).

Le spectre d'une onde modulée en amplitude est de la forme suivante :

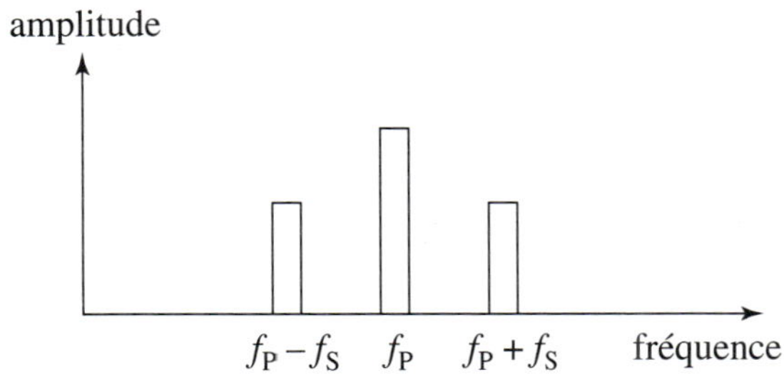

La bande passante de l'émetteur doit englober l'intervalle $[f_P - f_S\,;f_P + f_S]$.

3 Démodulation d'amplitude

Il faut retrouver, à la réception, l'information transmise (l'information modulante).

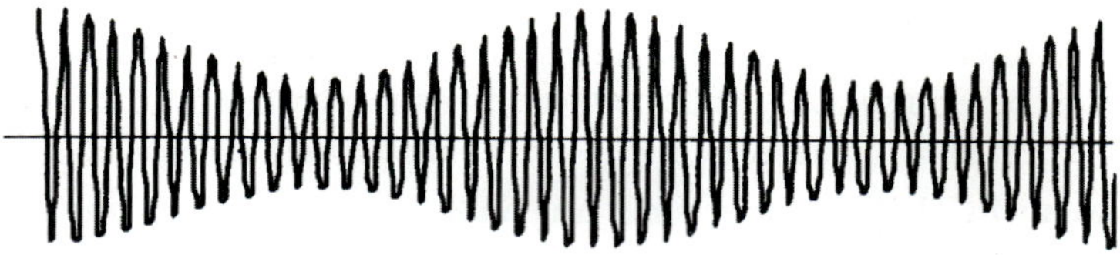

Tension modulée

Étant donné l'allure de la tension modulée, il faut :

– redresser cette tension (voir le croquis a) avec une diode ;

– éliminer la porteuse (détection de crête) avec le dipôle RC (croquis b) ;

– éliminer la composante continue avec un filtre $R'C'$ passe-haut (croquis c).

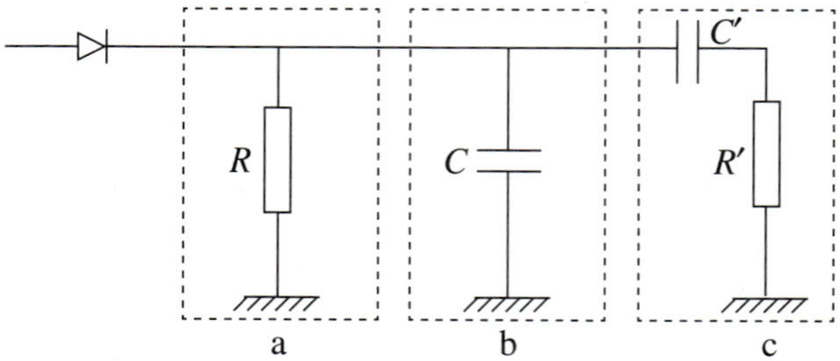

a. **Redressement.**

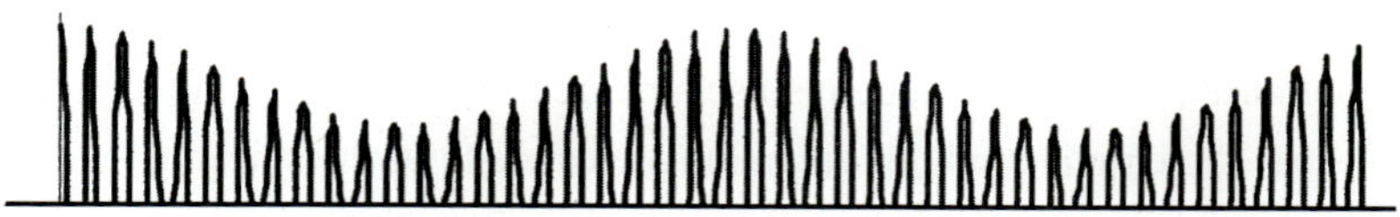

b. **Élimination de la porteuse.**

c. **Suppression de la composante continue.**

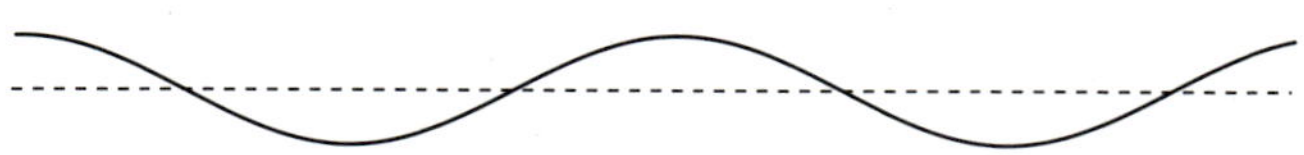

$\tau = RC$ ne doit être ni trop petit ni trop grand pour que le condensateur se décharge juste ce qu'il faut pour bien suivre l'enveloppe, $\tau \geqslant \frac{10}{f_P}$.

4 Récepteur radio en modulation d'amplitude

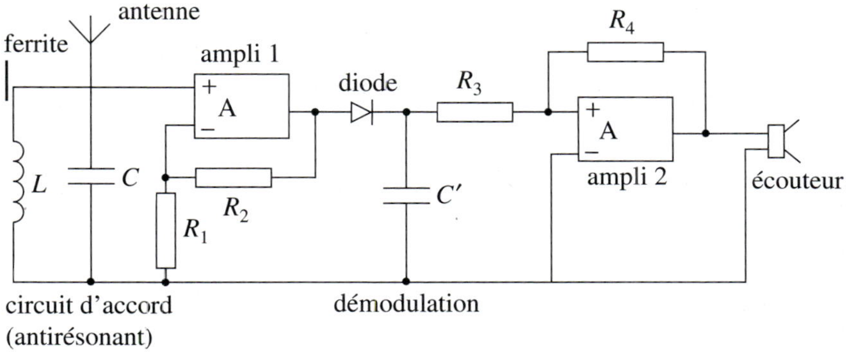

Le circuit d'accord permet, grâce à un dipôle LC parallèle, de ne sélectionner que la fréquence de l'onde porteuse de l'émetteur choisi. La fréquence filtrée a pour valeur :

$$f_0 = \frac{1}{2\pi\sqrt{LC}}$$

On peut ensuite opter pour une capacité variable ou une inductance variable comme sur le schéma avec la tige de ferrite plus ou moins introduite de manière à ajuster la réception.

Le fait d'introduire la ferrite augmente la valeur de L.

Dans un schéma, on peut représenter l'inductance et la capacité variable de la manière suivante :

et

inductance variable **capacité variable**

APPLIQUER LES BASES

1 L'oscillateur d'un émetteur est constitué d'une bobine d'inductance $L = 230\ \mu\text{H}$ et d'un condensateur de capacité $C = 2$ nF.
Calculer la fréquence propre de cet oscillateur puis la longueur d'onde des ondes émises.
Situer le domaine correspondant des ondes électromagnétiques.

2 Quelle est la fréquence d'émission de France-Inter sachant que la longueur d'onde est 1 829 m ?

3 La longueur d'onde d'émission d'une station radio est 1 200 m.
Calculer la fréquence de l'émetteur.
On ne veut sélectionner à la réception que cette station, on utilise donc un dipôle *LC* parallèle.
Calculer *L* sachant que $C = 3$ nF.

4 Une onde hertzienne de fréquence f peut traverser une ouverture de diamètre D si $f \gg \frac{c}{D}$, avec $c = 3 \cdot 10^{8}\ \text{m} \cdot \text{s}^{-1}$.
Transformer cette relation pour y faire apparaître la longueur d'onde λ.
En déduire quelles sont les ondes qui traverseront au mieux un tunnel de diamètre $D = 10$ m (FM, petites ondes ou grandes ondes).

5 Un signal modulée a une fréquence de porteuse $f_p = 1$ MHz, pour la détection de crête, on opte pour un dipôle *RC* tel que $R = 1\ \text{k}\Omega$ et $C = 2$ nF.
La détection de crête sera t-elle efficace ?

Réponses

1 La fréquence propre de l'oscillateur est $f_0 = \dfrac{1}{2\pi\sqrt{LC}}$, soit :

$$f_0 = \frac{1}{2 \cdot 3{,}14 \cdot \sqrt{230 \cdot 10^{-6} \times 2 \cdot 10^{-9}}} = 234\ 661\ \text{Hz}$$

C'est le domaine des grandes ondes (ici $\lambda = 1\ 278$ m).

2 $f = \dfrac{c}{\lambda} = \dfrac{3 \cdot 10^{8}}{1\ 829} \approx 164$ kHz.

❸ $f = \frac{c}{\lambda} = \frac{3 \cdot 10^8}{1\,200} \approx 250$ kHz.

Il faut accorder le récepteur sur la fréquence propre de l'émetteur :

$$L = \frac{1}{4\pi^2 f^2 C} = \frac{1}{4 \cdot 3{,}14^2 \cdot 250 \cdot 10^3 \cdot 3 \cdot 10^{-9}} = 29{,}6 \text{ mH}$$

❹ $f \gg \frac{c}{D}$ équivaut à :

$$\frac{c}{\lambda} \gg \frac{c}{D} \text{ ou } \frac{1}{\lambda} \gg \frac{1}{D} \text{ soit } \lambda \ll D$$

Pour traverser l'ouverture, la longueur d'onde doit être bien plus petite que le diamètre de cette ouverture.
Les ondes courtes, moyennes et longues ont de trop grandes longueurs d'ondes ; en revanche, la FM risque de mieux passer car la longueur d'onde peut être relativement plus petite que 10 m.

❺ Pour une bonne détection de crête, le dipôle RC doit être tel que :

$$\tau = RC \geqslant \frac{10}{f_p} \text{ ou bien } f_p \geqslant \frac{10}{RC}$$

Dans notre cas, les valeurs numériques donnent :

$$f_p \geqslant \frac{10}{10^3 \times 2 \times 10^{-9}} = 5.10^6 \text{ Hz}$$

Pour une bonne détection de crête, il faudrait donc avoir $f_p \geqslant 5$ MHz, ce qui n'est pas le cas ici.

PROBLÈME TYPE

Ci-dessous la visualisation d'une onde modulée simulée par un tableur, les variations de l'amplitude (en V) en fonction du temps (en s, graphique sur 48 ms).

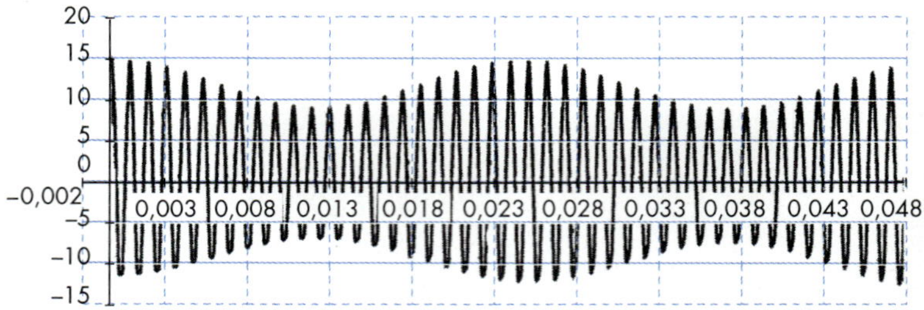

1. Est-ce une modulation d'amplitude ou de fréquence ? Justifier.

2. Calculer l'amplitude de l'onde porteuse.

3. Calculer la fréquence de l'onde porteuse (compter les crêtes).

4. Calculer la fréquence de l'onde modulante.

5. Calculer la composante continue ou tension de décalage U_0.

6. Le taux de modulation est donné par :

$$m = \frac{U_{max} - U_{min}}{U_{max} + U_{min}}$$

Calculer m.

7. Citer les trois opérations à effectuer pour retrouver le signal modulant.

Remarque : dans la modulation de fréquence l'amplitude de la porteuse reste constante (crêtes à la même « hauteur » le signal modulant modilise la fréquence de la porteuse.

PROBLÈME TYPE

Solution

1. La fréquence de la porteuse n'est pas modifiée ; en revanche, son amplitude subit des variations périodiques, il s'agit donc de la modulation d'amplitude.

2. L'amplitude de l'onde porteuse est de 15 V, c'est l'amplitude maximale de l'onde modulée.

3. On compte 43 crêtes en t = 48 ms :

$$T_P = \frac{48}{43} = 1{,}12 \text{ ms soit } f_P = \frac{1}{T_P} = 896 \text{ Hz}$$

Ce n'est qu'une simulation par un tableur. Dans la réalité, la fréquence de la porteuse est bien plus élevée.

4. L'onde modulante ne fait que deux périodes en 48 ms donc :

$$T_m = 0{,}5 \cdot 48 = 24 \text{ ms}$$

Sa fréquence est $f_m = \frac{1}{T_m} = \frac{1\,000}{24} \approx 42$ Hz.

5. C'est la tension à retrancher à chaque point de l'enveloppe positive de l'onde modulée de manière à ce que l'onde modulante se trouve de part et d'autre de la tension 0 V. Graphiquement on note U_0 = 11 V environ.

6. $m = \frac{U_{max} - U_{min}}{U_{max} + U_{min}} = \frac{15 - 9}{15 + 9} = 0{,}25$.

7. Pour démoduler, il faut éliminer l'enveloppe négative (redressement avec diode) détecter l'enveloppe positive (élimination de la porteuse avec un dipôle RC ou détection de crêtes) puis éliminer la composante continue (filtre passe haut RC).

CHIMIE

21 Transformations lentes et rapides

LES BASES

1 Réactions d'oxydoréduction

Une réaction d'oxydoréduction peut avoir lieu entre deux partenaires, l'un est le réducteur (donneur d'électrons) d'un couple et l'autre l'oxydant (accepteur d'électrons) d'un autre couple. Les produits seront alors l'oxydant du premier et le réducteur du deuxième couple.
Exemple : si les couples sont $\boldsymbol{O_1 / R_1}$ **et** $\boldsymbol{O_2 / R_2}$, si l'on met en présence $\boldsymbol{R_1}$ et $\boldsymbol{O_2}$, $\boldsymbol{R_1}$ va donner des électrons que va récupérer $\boldsymbol{O_2}$.

$$R_1 \xrightarrow{\text{oxydation}} O_1 + n \cdot e^-$$
$$O_2 + n \cdot e^- \xrightarrow{\text{réduction}} R_2$$

Bilan $$R_1 + O_2 \longrightarrow R_2 + O_1$$

Si cette réaction a bien lieu, l'inverse n'est pas observé ($R_2 + O_1$ ne donne rien).

2 Transformations lentes et rapides

■ Certaines réactions d'oxydoréduction sont immédiates (instantanées).
En quelques secondes tout au plus, les produits sont formés et la réaction s'arrête faute de l'un des réactifs (ou des deux), comme par exemple :

$$I_2 + 2\,S_2O_3^{2-} \rightarrow 2I^- + S_4O_6^{2-}$$

Le diode I_2 marron se décolore immédiatement.

■ D'autres sont lentes ou très lentes, elles évoluent pendant des minutes entières voire quelques heures, comme par exemple :

$$Cu^{2+} + Zn \rightarrow Zn^{2+} + Cu$$

Si on place une lame de zinc dans une solution de sulfate de zinc, il faut patienter avant de voir la solution se décolorer et le dépôt de cuivre apparaître sur la lame de zinc.
D'une manière générale, une transformation lente peut être suivie à l'œil nu ou par des instruments de mesures pendant plusieurs minutes ; exemple : l'estérification.

3 Facteurs cinétiques

On appelle facteur cinétique une grandeur qui influe sur la durée d'une transformation.

■ Influence de la température

Les aliments placés au froid se conservent mieux, leur oxydation est plus lente. Autrement dit la chaleur accélère la plupart des réactions.
Le froid, au contraire, a tendance à ralentir une transformation.

■ Influence de la concentration des réactifs

Plus les solutions sont concentrées en réactifs, plus la réaction sera rapide.

APPLIQUER LES BASES

1 Écrire les équations d'oxydation et de réduction ainsi que le bilan entre les deux couples suivants sachant que l'ion permanganate est réduit :

$$MnO_4^- / Mn^{2+} \text{ et } I_2 / I^-$$

2 Lors de certains dosages, il est important d'effectuer une « trempe » de l'échantillon prélevé.
Expliquer pourquoi.

3 En travaux-pratiques de chimie, des élèves ayant attaqué du zinc métallique en grenaille par une solution d'acide chlorhydrique ont observé une réaction plus lente que d'autres qui avaient utilisé la même masse de zinc en poudre, alors que tous les autres paramètres étaient les mêmes.
Expliquer le phénomène.

4 Écrire l'équation bilan d'oxydation des ions iodure par l'eau oxygénée.
Quelle est l'espèce chimique responsable de la teinte ?
On prépare ensuite, à même température et acidité, des volumes identiques de solution d'iodure et de solution d'eau oxygénée comme l'indique le tableau suivant.

Bécher	*A*	*B*	*C*
$[I^-]$ (mol · L^{-1})	0,30	0,60	0,30
$[H_2O_2]$ (mol · L^{-1})	0,15	0,15	0,30

On mélange ensuite les deux réactifs et on déclenche un chronomètre.
À t = 1 min, on observe les béchers *A*, *B* et *C*.

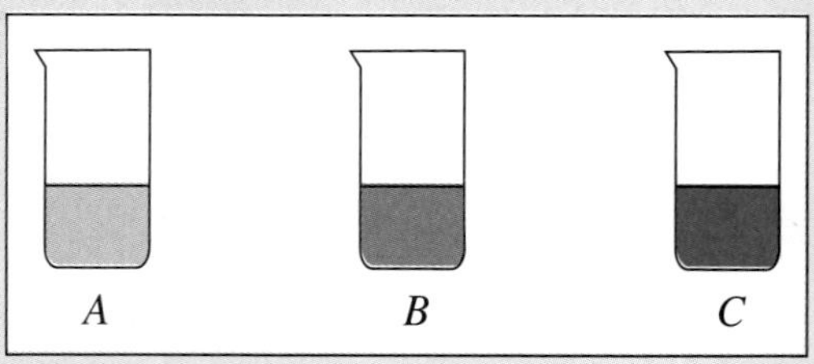

Expliquer ces observations.

Réponses

➡ Dans le bilan d'oxydoréduction, il n'y a pas d'électrons.

1 $$MnO_4^- + 8H^+ + 5e^- \rightarrow Mn^{2+} + 4H_2O \text{ (réduction)}$$

$$2I^- \rightarrow I_2 + 2e^- \text{ (oxydation)}$$

Aucun électron ne peut circuler ou bien être stocké en solution ; il faut donc multiplier la première équation par 2 et la deuxième par 5.
Ainsi ce sont 10 électrons qui sont échangés.
Pour le bilan, il suffit alors d'additionner membre à membre.

$$2MnO_4^- + 16H^+ + 10I^- \rightarrow 2Mn^{2+} + 8H_2O + 5I_2$$

2 La trempe consiste à refroidir brutalement le milieu réactionnel, par exemple en ajoutant de l'eau distillée glacée, ceci afin de stopper la réaction chimique qui avait lieu.
Ce procédé permet ensuite de doser la quantité exacte d'une espèce à un instant précis, car si la chaleur accélère les réactions, le froid, lui, les ralentit.

3 La réaction a été plus rapide avec le zinc en poudre car il y a plus de surface de contact entre les réactifs.

4 $$H_2O_2 + 2I^- + 2H^+ \rightarrow 2H_2O + I_2$$

C'est le diiode I_2 qui donne la teinte marron à la solution.
Dans l'équation bilan, on remarque que la quantité d'ions iodure qui réagit est double de celle des molécules d'eau oxygénée.
Dans le bécher *A*, les réactifs étaient exactement dans les proportions stœchiométriques, car la concentration en ion iodure est double de celle de l'eau oxygénée, les volumes étant les mêmes, la quantité d'ions iodure est double.
Dans le bécher *B*, l'on iodure est en excès, ce qui accélère la réaction, on observe un brunissement plus rapide.
Dans le bécher *C*, c'est l'eau oxygénée qui est en excès, on observe aussi un brunissement plus rapide que dans le bécher *A*.

PROBLÈME TYPE

On pèse $m = 0{,}20$ g de magnésium décapé que l'on immerge rapidement sous un entonnoir renversé dans un grand bécher contenant une solution d'acide chlorhydrique de concentration $C_a = 1{,}0 \text{ mol} \cdot \text{L}^{-1}$.
Au-dessus de l'entonnoir est placé un tube gradué qui permet de lire le volume de gaz échappé. Un chronomètre est déclenché dès l'apparition des premières bulles.

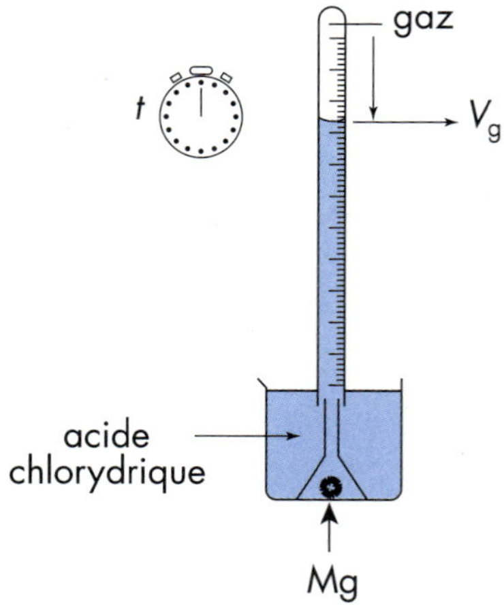

t (s)	V_g (mL)
0	0
10	50
20	98
30	136
40	163
50	181
60	194
70	200

Le tableau ci-dessus représente le volume V_g lu toutes les 10 s.

1. Écrire l'équation de la réaction.

2. Quel est le réactif en excès ? (justifier)

3. Calculer les quantités de matière de gaz produit toutes les 10 s sachant que le volume molaire dans ces conditions est :

$$V_m = 24 \text{ L} \cdot \text{mol}^{-1}$$

4. Faire le graphe de la quantité de matière de gaz formé en fonction du temps $\boldsymbol{n_g = f(t)}$.
Commenter la courbe.

PROBLÈME TYPE

5. La réaction est-elle terminée à $t = 70$ s ?
A-t-elle été totale ?

6. Calculer la concentration en ion Mg^{2+} dans le bécher à la fin de la réaction, quand l'entonnoir sera retiré, sachant que le volume d'acide était $V_a = 200$ mL.
Données : $M(Mg) = 24,3 \text{ g} \cdot \text{mol}^{-1}$.

Solution

1. $Mg + 2H^+ \rightarrow H_2 + Mg^{2+}$

2. La quantité de matière initiale en magnésium est :

$$n_i(Mg) = \frac{m}{M} = \frac{0,20}{24,3} = 8,23 \text{ mmol}$$

La quantité d'ion hydronium H^+ doit être :

$$n_a = C_a \cdot V = 2 \cdot n_i(Mg)$$

Soit un volume d'acide :

$$V = \frac{2n_i(Mg)}{C_a} = \frac{2 \times 8,23}{1} \approx 1,65 \text{ mL}$$

dans un grand bécher comme l'indique l'énoncé, le volume est bien supérieur à cette valeur, confirmée d'ailleurs à la question **6.** ; l'acide est largement en excès, tout le magnésium est oxydé.

3. 4. et **5.**

t (s)	0	10	20	30	40	50	60	70
n_g (mmol)	0,0	2,1	4,1	5,7	6,8	7,5	8,1	8,3

PROBLÈME TYPE

La quantité de dihydrogène est calculée à l'aide du volume molaire :

$$n_g = \frac{V_g}{V_m}$$

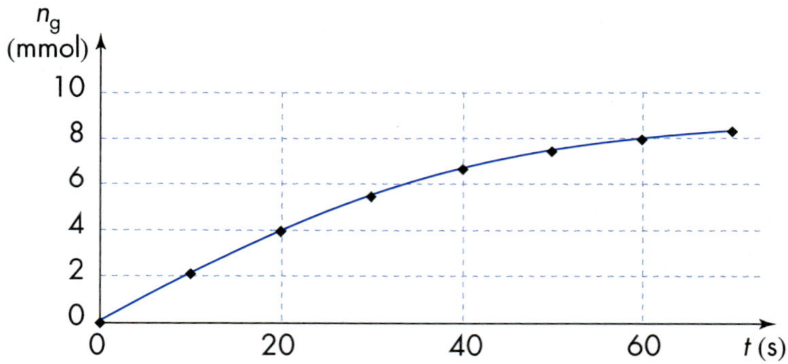

Le dihydrogène se forme d'abord assez vite, puis de plus en plus lentement. La quantité finit par dépasser les 8 mmol, ce qui montre que la réaction est presque terminée à $t = 70$ s puisqu'il s'est formé autant de dihydrogène qu'il n'y avait initialement de magnésium. La réaction a donc été totale.

6. À la fin de la réaction, il y a autant d'ion Mg^{2+} qu'il y avait initialement d'atomes Mg, la concentration est donc :

$$[Mg^{2+}]_f = \frac{n_i(Mg)}{V} = \frac{8,23 \cdot 10^{-3}}{0,20} = 4,1 \cdot 10^{-2}\ mol \cdot L^{-1}.$$

22 Suivi temporel d'une transformation

LES BASES

Pour suivre une réaction, il faut qu'elle soit relativement lente (durée totale entre 5 et 40 minutes), certaines réactions d'oxydoréduction s'y prêtent bien.

1 Les courbes d'évolution

On peut étudier l'évolution des quantités de matière (en mol) de l'un des réactifs ou bien de l'un des produits.
Il existe plusieurs méthodes.

• On peut à intervalle de temps régulier faire un prélèvement et doser l'espèce chimique que l'on veut suivre. Le problème est que l'on diminue un peu le volume total réactionnel.

• Introduire dans le milieu réactionnel une électrode conductimétrique sachant que la conductivité σ ainsi que la conductance G sont proportionnelles à la concentration des ions (à manier avec rigueur car parfois dans un bilan, un ion est remplacé par un autre ! Il faut tenir compte aussi de la conductivité ionique molaire).

• Le suivi pH-métrique peut convenir pour suivre l'ion H^+.

• Une autre méthode est vue plus loin (spectrophotométrie).

Dans chaque cas, on obtient des courbes d'allure suivante, où n est la quantité de matière, C la concentration, X l'avancement de la réaction.

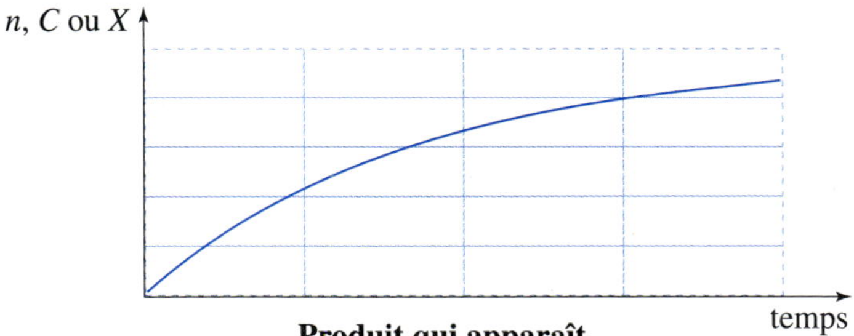

Produit qui apparaît

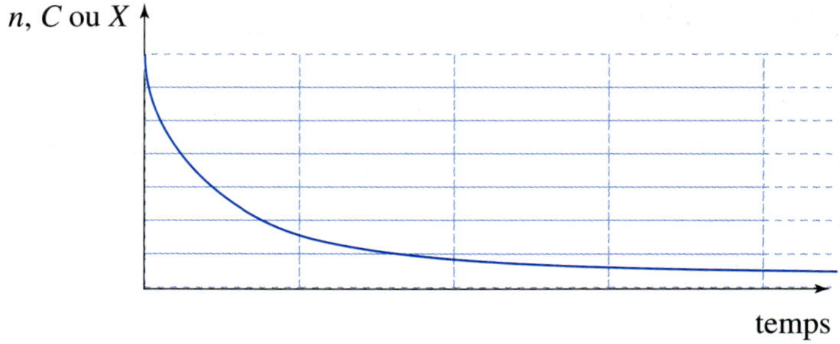

Réactif qui disparaît

La vitesse de formation ou de disparition peut être calculée par plusieurs formules selon les ordonnées choisies.
Sur un petit intervalle de temps Δt, on calcule la variation de C, de n ou de X ;

$$v = \frac{\Delta C}{\Delta t}\ ; \quad v = \frac{\Delta n}{\Delta t}\ ; \quad v = \frac{1}{V} \cdot \frac{\Delta X}{\Delta t}$$

En valeurs instantanées, cela revient à calculer le coefficient directeur de la tangente à la courbe à l'instant considéré.

$$v = \frac{\mathrm{d}C}{\mathrm{d}t}\ ; \quad v = \frac{\mathrm{d}n}{\mathrm{d}t}\ ; \quad v = \frac{1}{V} \cdot \frac{\mathrm{d}X}{\mathrm{d}t}$$

Les unités sont : $\text{mol} \cdot \text{L}^{-1} \cdot \text{s}^{-1}$; $\text{mol} \cdot \text{s}^{-1}$; $\text{mol} \cdot \text{L}^{-1} \cdot \text{s}^{-1}$ (X en mol).

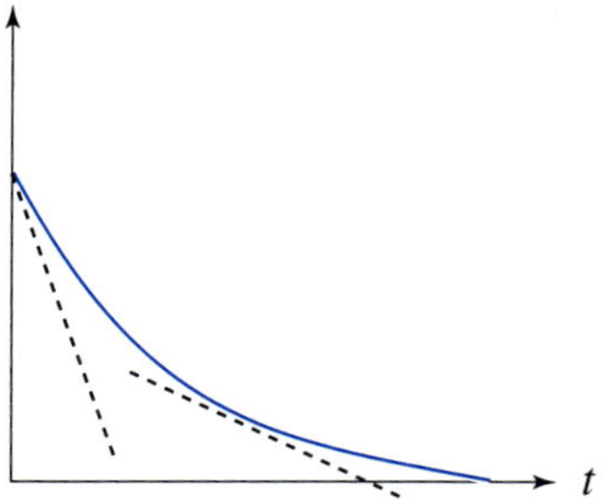

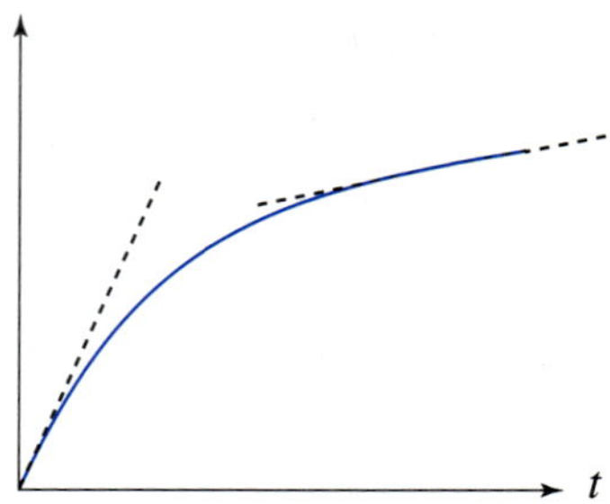

On remarque que la vitesse est d'abord maximale puis diminue progressivement jusqu'à s'annuler (tangente horizontale).
Si le coefficient directeur est négatif, la vitesse est négative (négatif = disparition) ou bien on prend la valeur absolue et on écrit vitesse de disparition.

2 Spectrophotométrie

Quand il y a apparition ou disparition d'une substance colorée, on peut mesurer au cours du temps l'absorbance A de la solution.

On envoie un faisceau de lumière à travers l'échantillon de solution, on constate que l'intensité I de la lumière transmise est inférieure à l'intensité incidente I_0 ; l'absorbance A est définie par :

$$A = \log \frac{I_0}{I}$$

Elle est proportionnelle à la concentration :

$$A = kC$$

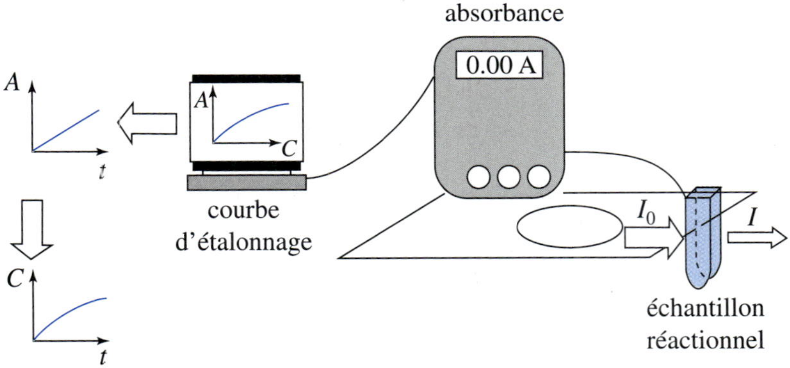

À l'aide de la courbe d'étalonnage $A(C)$, on peut passer de $A(t)$ à $C(t)$.

3 Temps de demi-réaction $t_{1/2}$

Ce temps est la durée au bout de laquelle la moitié du réactif présent au départ a disparu, ou bien la moitié du produit qui peut théoriquement se former est déjà présent.

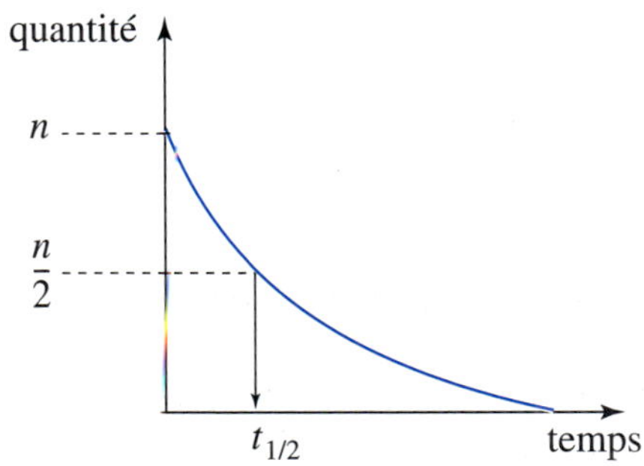

APPLIQUER LES BASES

1 On suit l'évolution de la concentration C en mmol · L^{-1} d'une espèce chimique en solution en fonction du temps en minutes, on obtient la courbe suivante :

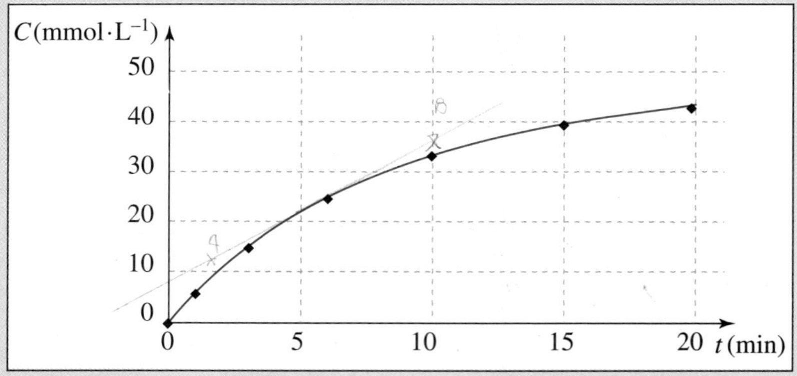

Dire si l'espèce chimique est un réactif ou bien un produit ;
décrire l'évolution de la vitesse de formation (ou disparition) ;
calculer les vitesses de formation à $t = 5$ min, $t = 12$ min, la vitesse moyenne entre $t = 3$ et $t = 15$ min ;
déterminer le temps de demi-réaction.
Tracer l'allure de la courbe si l'on recommence dans les mêmes conditions mais en chauffant assez fortement le milieu réactionnel.

2 On réalise par spectrophotométrie des mesures de l'absorbance d'une solution de diiode en fonction de la concentration afin d'avoir la courbe d'étalonnage.

$[I_2]$ (mmol · L^{-1})	2,0	6,0	10,0
A	0,410	1,25	2,10

Tracer la courbe $A = f(C)$ dite droite d'étalonnage.
Un échantillon d'une solution S inconnue de diiode a une absorbance $A_0 = 0{,}60$.
Déterminer sa concentration en diiode.

3 On réalise l'oxydation des ions iodure par l'eau oxygénée, le milieu réactionnel est suivi par spectrophotometrie pendant 10 minutes et on obtient les résultats de l'absorbance reportés dans le tableau ci-après.

t (min)	0	1	2	3	4	5	6	7	8	9	10
A	0,00	0,49	0,93	1,27	1,50	1,63	1,72	1,80	1,84	1,88	1,90

Construire la courbe $C = f(t)$, en utilisant la droite d'étalonnage de la question 2, puis calculer la vitesse de formation du diiode à $t = 4$ min. Calculer le temps de demi-réaction.

Réponses

❶ Il s'agit d'un produit car à $t = 0$ la concentration est nulle. La vitesse de formation varie comme le coefficient directeur de la tangente à l'instant considéré. Ce coefficient est d'abord grand, donc la vitesse est grande ; puis le coefficient diminue, la vitesse diminue pour finalement s'annuler quand le coefficient est nul (tangente horizontale).

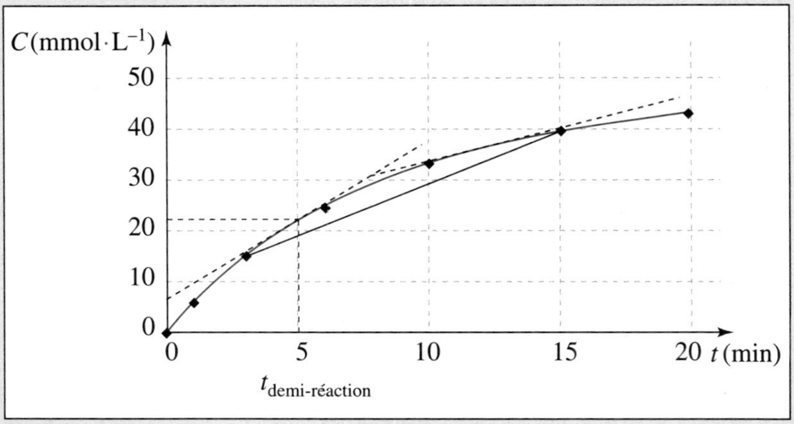

Pour bien tracer une tangente, tracer une corde encadrée par deux points assez proches du point d'étude, la prolonger puis la faire glisser parallèlement jusqu'au point d'étude, c'est la même méthode qui permet en physique la construction d'un vecteur vitesse.

La tangente est presque toujours une fonction affine, il faut donc deux points pour évaluer le coefficient directeur $p = \dfrac{Y_A - Y_B}{X_A - X_B}$.

• à $t = 5$ min, la tangente (pointillé) a pour coefficient directeur :

$$v_5 = \frac{22 - 7}{5} = 3{,}0 \text{ mmol} \cdot \text{L}^{-1} \cdot \text{min}^{-1}$$

• à $t = 12$ min, la tangente (pointillé) a pour coefficient directeur :

$$v_{12} = \frac{41 - 33}{5} = 1{,}6 \text{ mmol} \cdot \text{L}^{-1} \cdot \text{min}^{-1}$$

• Entre $t = 3$ et 15 min la corde a pour coefficient directeur :

$$v_{3-15} = \frac{40 - 15}{12} = 2{,}1 \text{ mmol} \cdot \text{L}^{-1} \cdot \text{min}^{-1}$$

Le temps de demi-réaction est la durée au bout de laquelle la moitié du produit s'est formé. On remarque qu'à $t = 20$ min, la courbe est presque horizontale, on peut estimer que la valeur limite est 45 mmol · L^{-1}, la moitié du produit s'est formé quand la concentration est $\frac{45}{2} = 22{,}5$ mmol · L^{-1}, on lit sur le graphique $t_{1/2} = 5$ min.

Quand la tangente est horizontale, la vitesse est nulle.

Quand on chauffe, l'asymptote reste la même (45 mmol · L^{-1}) seulement cette valeur est atteinte plus rapidement.

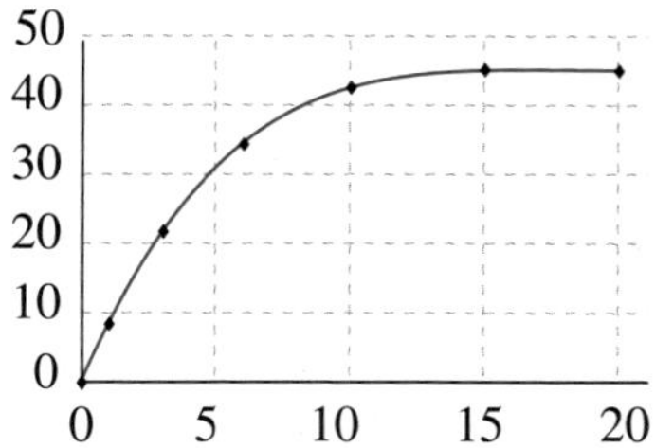

En chauffant

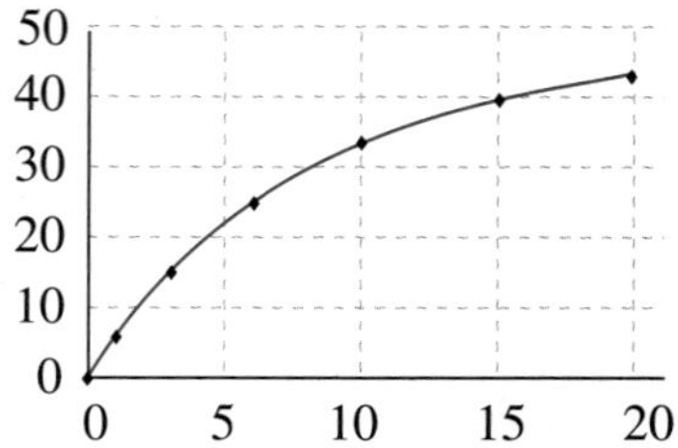

Sans chauffer

2 Cette droite d'étalonnage $A = f(C)$ montre que la concentration est proportionnelle à l'absorbance ; pour une absorbance $A_0 = 0{,}60$, on peut y lire la concentration $C_0 = 3$ mmol · L^{-1}.

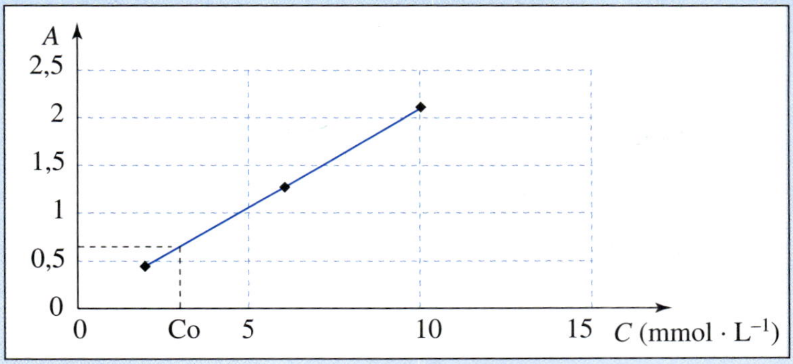

3 L'équation de la droite ci-dessus est $A = 0{,}21 \times C$, avec C en mmol · L^{-1}. Dans le tableau de l'énoncé, on divise A par 0,21 pour obtenir C, ce qui donne :

***t* (min)**	0	1	2	3	4	5	6	7	8	9	10
***C* (mmol · L^{-1})**	0,00	2,33	4,43	6,05	7,14	7,76	8,19	8,57	8,76	8,95	9,05

On obtient finalement la courbe $C = f(t)$ suivante :

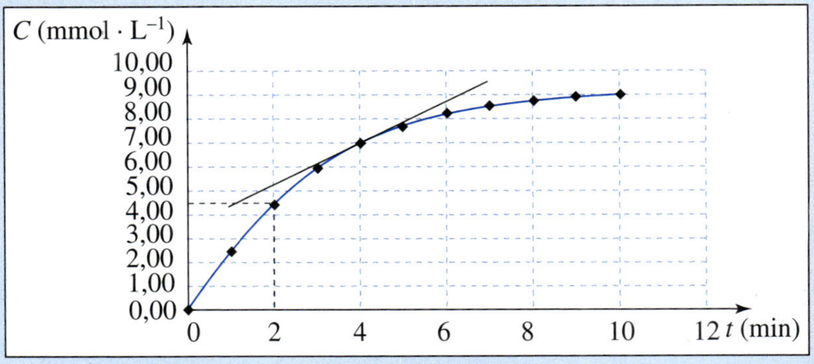

À $t = 4$ min, le coefficient directeur de la tangente vaut :

$$v_4 = \frac{9 - 5{,}5}{6 - 2} = 0{,}875 \text{ mmol} \cdot \text{L}^{-1}$$

On remarque que la courbe est asymptotique à $C = 9{,}0$ mmol · L^{-1}.

Pour $C' = \dfrac{C}{2} = 4{,}5$ mmol · L^{-1}, on lit le temps de demi-réaction $t_{1/2} = 2$ min .

PROBLÈME TYPE

On réalise un mélange réactionnel comprenant $V_r = 100$ mL de solution aqueuse d'iodure de potassium et $V_0 = 80$ mL de solution aqueuse de peroxodisulfate de sodium. Les concentrations sont respectivement $C_r = 50$ mmol · L^{-1} et $C_0 = 20$ mmol · L^{-1}.

1. Identifier les couples et écrire le bilan d'oxydoréduction.

2. Dresser un tableau d'avancement de la réaction dans lequel les quantités restantes seront portées en mmol.

3. Déterminer s'il y a un réactif limitant.

4. Déterminer l'avancement final.

5. Donner l'allure de la courbe de la quantité de matière en ion peroxodisulfate $S_2O_8^{2-}$ en fonction du temps sachant que le temps de demi-réaction est 2 min et que le milieu réactionnel n'évolue plus à partir de $t = 14$ min.

6. Calculer la vitesse de disparition à $t = 4$ min .

7. Quelle est la concentration finale en ions sulfate ?

Solution

Malgré les apparences, l'anion $S_2O_8^{2-}$ est un oxydant, il capte les électrons.

1. Les couples sont I_2/I^- et $S_2O_8^{2-}/SO_4^{2-}$.

L'oxydation est : $2I^- = I_2 + 2e^-$

La réduction est : $S_2O_8^{2-} + 2e^- = 2SO_4^{2-}$

Le bilan s'écrit : $2I^- + S_2O_8^{2-} \rightarrow I_2 + 2SO_4^{2-}$

PROBLÈME TYPE

2.

Avancement X	$2\,I^-$	$S_2O_8^{2-}$	I_2	$2SO_4^{2-}$
$X_0 = 0$	$n_0(I^-)$	n_0(peroxo)	0	0
X	$n_0(I^-) - 2X$	n_0(peroxo) – X	X	$2X$
X_{max}	$n_0(I^-) - 2X_{max}$	n_0(peroxo) – X_{max}	X_{max}	$2X_{max}$

Calculons les quantités initiales :
en ions iodure, $n_0(I^-) = C_R V_R = 100 \times 50 \times 10^{-3} = 5$ mmol ;
en ions peroxodisulfate, $n_0(\text{peroxo}) = C_0 V_0 = 80 \times 20 \times 10^{-3}$
$= 1,6$ mmol.

3. On remarque que les ions iodures sont en excès car :

$$n_0(I^-) > 2n_0(\text{peroxo})$$

Le réactif limitant est donc l'ion peroxodisulfate.

Lors d'une réaction totale, vue dans la suite du programme, on peut confondre avancement maximal et avancement final.

4. L'avancement maximal X_{max} se calcule avec le facteur limitant, car sa quantité finale est nulle : $n_0(\text{peroxo}) - X_{max} = 0$, d'où :

$$X_{max} = n_0(\text{peroxo}) = 1,6 \text{ mmol}$$

Le tableau peut donc être exploité :

Avancement X	$2\,I^-$	$S_2O_8^{2-}$	I_2	$2SO_4^{2-}$
$X_0 = 0$	5 mmol	1,6 mmol	0	0
X_{max} = 1,6 mmol	$5 - 2 \times 1,6$ = 1,8 mmol	0	1,6 mmol	$2 \times 1,6$ = 3,2 mmol

Dans le tableau ci-dessus sont portées (sauf dans la colonne avancement) les quantités de matière *restantes*.

PROBLÈME TYPE

5. La courbe est typique, la vitesse de disparition est d'abord grande puis elle diminue jusqu'à s'annuler pour $t = 14$ min .

Le coefficient directeur de la tangente est proportionnel à la vitesse de réaction.

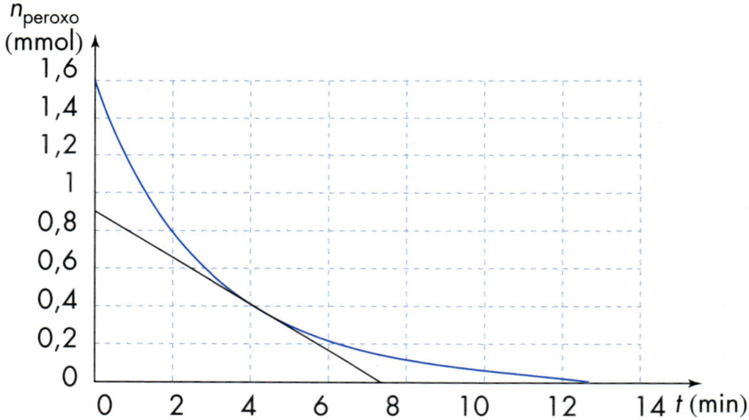

6. À $t = 4$ min, la pente de la tangente à la courbe donne la vitesse :

$$V_4 = \frac{0,9}{7,3} = 0,12 \text{ mmol} \cdot \text{min}^{-1}$$

7. Dans le tableau, on note $n(SO_4^{2-}) = 3,2$ mmol.

Dans un volume total :

$$V = 100 + 80 = 180 \text{ mL} = 0,18 \text{ L}$$

La concentration est :

$$[SO_4^{2-}]_{final} = \frac{n_f(SO_4^{2-})}{V} = \frac{3,2 \cdot 10^{-3}}{0,18} = 0,018 \text{ mol} \cdot \text{L}^{-1}$$

23 Transformations totales et non totales

LES BASES

1 Acides - bases - pH

Selon Bronsted, un acide est une substance susceptible de donner un proton H^+, une base est une substance susceptible d'accepter un proton.

Les propriétés acides ou basiques d'une solution dépendent de leur concentration en ions H_3O^+. Plus cette concentration est grande, plus la solution est acide ; les concentrations pouvant se situer dans une gamme très étendue de valeurs, on utilise pour les solutions diluées une échelle logarithmique :

$$\mathrm{pH} = -\log[H_3O^+] \quad \text{ou} \quad [H_3O^+] = 10^{-\mathrm{pH}}\ \mathrm{mol \cdot L^{-1}}$$

Cette formule convient si $[H_3O^+] < 0{,}1\ \mathrm{mol \cdot L^{-1}}$.

Un appareil permet la mesure directe du pH : le pH-mètre, le pH n'a pas d'unité.

2 Réaction totale

L'avancement X d'une réaction est la quantité de matière apparue (ou disparue) divisée par le coefficient stœchiométrique de l'entité correspondante, il s'exprime en mol ou mmol :

$$X = \frac{n_{\text{disp ou app}}}{\text{coefficient stœchiométrique}}$$

Le chlorure d'hydrogène HCl est un acide fort car il réagit totalement lors de la dissolution dans l'eau, voici un exemple de tableau d'avancement :

Avancement	HCl	+ H_2O →	H_3O^+	+ Cl^-
$X = 0$	1 mol	excès	0	0
$X = 0{,}6$	$1 - X = 0{,}4$ mol	excès	$X = 0{,}6$ mol	$X = 0{,}6$ mol
$X_{max} = 1 = X_{final}$	0	excès	1	1

Ce tableau décrit les quantités de matière présentes (en mol) à trois moments, l'instant initial $X = 0$, un instant quelconque entre l'instant initial et l'instant final par exemple $X = 0{,}6$, et l'instant final à partir duquel les quantités ne varient plus.
L'avancement X_{max} est l'avancement si tout le réactif en défaut a entièrement disparu, il est donc théorique.
On définit le taux d'avancement par :

$$\tau = \frac{X_{final}}{X_{maximal}} \leqslant 1$$

Si, effectivement, tout le réactif en défaut a entièrement disparu alors $X_{max} = X_{final}$, et le taux d'avancement est égal à 1. C'est le cas du chlorure d'hydrogène qui se dissout dans l'eau.

3 Réaction non totale

■ Il est possible que $\tau < 1$, c'est-à-dire $X_{final} < X_{maximal}$. Cela signifie qu'il reste, quand la réaction n'évolue plus, du réactif qui était pourtant en défaut (et donc « appelé » à disparaître entièrement…)
On interprète cela en disant que les réactifs disparaissent d'abord mais les produits de la réaction les reforment avec de plus en plus d'efficacité, d'abord faiblement mais ensuite suffisamment pour aboutir à un état final (nommé état d'équilibre) dans lequel il se reforme statistiquement autant de réactifs qu'il n'en disparaît pendant le même temps.
La réaction n'est donc pas « terminée » comme l'est une réaction totale mais elle est en perpétuel « équilibre ». On symbolise cela par un signe égal (« match nul » en quelque sorte)

■ **Exemple** : $CH_3COOH + H_2O = CH_3COO^- + H_3O^+$

L'acide éthanoïque est un acide « faible », il réagit « partiellement » avec l'eau et on aboutit à un état d'équilibre dans lequel coexistent trois entités chimiques autres que l'eau : l'ion hydronium, l'ion éthanoate et la molécule d'acide éthanoïque.
L'acide éthanoïque est un acide, il tente donc de donner en solution tous les protons possibles. Si la réaction n'est pas totale c'est qu'une entité fait le contraire, c'est-à-dire capte le proton. Cette entité est l'ion éthanoate CH_3COO^- qui est donc une base ; dans l'équation d'équilibre ci-dessus, il apparaît donc logiquement deux couples acide-base :

$$CH_3COOH / CH_3COO^- \text{ et } H_3O^+ / H_2O$$

4 Quotient de réaction $Q_{r,i}$

Pour la réaction en solution aqueuse $aA + bB = cC + dD$, le quotient de réaction est à un instant i :

$$Q_{r,\,i} = \frac{[C]_i^c \cdot [D]_i^d}{[A]_i^a \cdot [B]_i^b}$$

5 Constante d'équilibre K

Un système évolue spontanément vers un état d'équilibre, dans cet état, le quotient de réaction $Q_{r,\,i}$ qui évolue au cours de la réaction prend une valeur K qui est indépendante de la composition de l'état initial, cette valeur dépend bien sûr de la nature des couples mis en jeu et aussi de la température.

$$Q_{r,\,\text{éq}} = \text{K} \quad \text{(sans unités)}$$

En comparant $Q_{r,\,i}$ à l'état initial avec la constante d'équilibre (voir plus loin), on peut déterminer le sens d'évolution du système :
si $Q_{r,\,i} = \text{K}$, le système n'évolue pas macroscopiquement, l'état d'équilibre est atteint ;
si $Q_{r,\,i} < \text{K}$, le sens spontané de la transformation est le sens direct (« vers la droite ») ;
si $Q_{r,\,i} > \text{K}$, le sens spontané de la transformation est le sens inverse (« vers la gauche »).

6 Conductance et concentration

La conductance G exprimée en siemens (S) traduit la facilité offerte au passage du courant ; plusieurs relations sont utiles :

$$G = \frac{1}{R}\,; \quad G = \sigma \frac{S}{L} = \lambda\, C \frac{S}{L}$$

S est la surface de la cellule de mesure, L la distance séparant les deux plaques de la cellule, σ la conductivité et λ la conductivité ionique molaire.
Le produit λC, c'est-à-dire la conductivité σ d'une solution se détaille selon l'exemple d'une solution de K_2SO_4 de concentration C :

$$\lambda_{K_2SO_4} \times C = \lambda_{K^+} \times [K^+] + \lambda_{SO_4^{2-}} \times [SO_4^{2-}]$$
$$= \lambda_{K^+} \times 2C + \lambda_{SO_4^{2-}} \times C = C(2\lambda_{K^+} + \lambda_{SO_4^{2-}})$$

APPLIQUER LES BASES

1 Calculer le pH des solutions aqueuses suivantes telles que :

a. $[H_3O^+] = 0,1 \text{ mmol} \cdot L^{-1}$

b. $[H_3O^+] = 6,8 \cdot 10^{-2} \text{ mol} \cdot L^{-1}$

c. $[H_3O^+] = 3,7 \cdot 10^{-3} \text{ mol} \cdot L^{-1}$

2 Calculer la concentration en ions hydronium des solutions telles que :

a. pH = 6,5 ; **b.** pH = 7,2 ; **c.** pH = 5,0.

3 On dissout dans $V = 500$ mL d'eau un volume $V_a = 150$ mL de chlorure d'hydrogène dans des conditions telles que le volume molaire est $V_m = 23 \text{ L} \cdot \text{mol}^{-1}$.
Écrire la réaction de dissolution dans l'eau, puis calculer la concentration en ions hydronium et le pH de la solution obtenue.
Calculer l'avancement maximal, est-il égal à l'avancement final ?

4 Calculer la conductivité σ (en $S \cdot m^{-1}$) de la solution de l'exercice **3**.
Données : les conductivités molaires ioniques sont les suivantes :

$$\lambda_{H_3O^+} = 35 \cdot 10^{-3} \text{ S} \cdot \text{m}^2 \cdot \text{mol}^{-1} \text{ et } \lambda_{Cl^-} = 8 \cdot 10^{-3} \text{ S} \cdot \text{m}^2 \cdot \text{mol}^{-1}.$$

5 Une solution aqueuse d'acide éthanoïque a pour concentration $C = 1,0 \cdot 10^{-3} \text{ mol} \cdot L^{-1}$, on mesure pH = 3,6 .
Que peut-on en conclure quant à la réaction avec l'eau de l'acide éthanoïque ?
Calculer la conductivité de cette solution.
Que vaudrait-elle si la réaction était totale ?
Données : $\lambda_{H_3O^+} = 35 \cdot 10^{-3} \text{ S} \cdot \text{m}^2 \cdot \text{mol}^{-1}$ et $\lambda_{CH_3COO^-} = 4,0 \cdot 10^{-3} \text{ S} \cdot \text{m}^2 \cdot \text{mol}^{-1}$.

6 Une solution acide de concentration $C = 10^{-2} \text{ mol} \cdot L^{-1}$ a pour pH = 3.
Calculer le pourcentage de molécules ionisées.

Réponses

1 **a.** $\text{pH} = -\log[H_3O^+] = -\log(0,1 \cdot 10^{-3}) = 4,0$;

b. $\text{pH} = -\log(6,8 \cdot 10^{-2}) = 1,17$;

c. $\text{pH} = -\log(3,7 \cdot 10^{-3}) = 2,4$.

2 **a.** $[H_3O^+] = 10^{-pH} = 10^{-6,5} = 3,2 \cdot 10^{-7}$ mol · L^{-1} ;
b. $[H_3O^+] = 10^{-7,2} = 6,3 \cdot 10^{-8}$ mol · L^{-1} ;
c. $[H_3O^+] = 10^{-5,0}$ mol · L^{-1}.

3 La réaction de dissolution est :

$$HCl + H_2O \rightarrow H_3O^+ + Cl^-$$

Cette réaction avec l'eau est totale, c'est-à-dire on retrouve en solution autant d'ions hydronium que de molécules HCl de départ.
Le chlorure d'hydrogène est un gaz, on peut déterminer la quantité de matière introduite dans l'eau :

$$n_a = \frac{V_a}{V_m} = \frac{0,15}{23} = 6,52 \cdot 10^{-3} \text{ mol} = 6,52 \text{ mmol}$$

La quantité d'ions hydronium en solution sera la même :

$$n(H_3O^+) = n_a = 6,52 \text{ mmol}$$

La concentration en ions hydronium est donc :

$$[H_3O^+] = \frac{n(H_3O^+)}{V} = \frac{6,52 \cdot 10^{-3}}{0,5} = 13 \cdot 10^{-3} \text{ mol} \cdot \text{L}^{-1}$$

➡ On peut admettre que la dissolution du gaz dans de l'eau n'augmente pas le volume de solution qui reste égal à 500 mL.

On en déduit $pH = -\log[H_3O^+] = -\log(13 \cdot 10^{-3}) = 1,9$.

➡ L'avancement maximal est calculé avec le facteur limitant.

Ici le solvant eau est largement en excès, l'avancement est donc la quantité de HCl ayant disparu divisé par le coefficient (ici égal à 1).

Donc : $$X_{max} = \frac{n_a}{1} = n_a = 6,52 \text{ mmol}$$

La réaction étant totale, on a $X_{max} = X_{final}$, le taux d'avancement est $\tau = 1$.

4 ➡ La solution étant acide (pH = 1,9) on peut négliger la présence des ions HO^- donnée par la dissociation des molécules d'eau (autoprotolyse).

La solution est électriquement neutre, donc (question c) :

$$[H_3O^+] = [Cl^-] = 13 \cdot 10^{-3} \text{ mol} \cdot \text{L}^{-1}$$

➡ Il faut dans ce cas exprimer les concentrations en mol · m^{-3} :

$$1 \text{ mol} \cdot \text{L}^{-1} = 10^3 \text{ mol} \cdot \text{m}^{-3}$$

On en déduit la conductivité :
$\sigma = [H_3O^+] \cdot (\lambda(H_3O^+) + \lambda(Cl^-))$
$= 13 \cdot 10^{-3} \cdot 10^3 (35 \cdot 10^{-3} + 8 \cdot 10^{-3})$
$= 0{,}56\ S \cdot m^{-1}$.

5 La réaction de l'acide éthanoïque avec l'eau est :

$$CH_3COOH + H_2O = CH_3COO^- + H_3O^+$$

C est la concentration de la solution en acide sans tenir compte du fait que les molécules d'acide, ici CH_3COOH, sont toutes présentes dans la solution ou si au contraire elles se sont plus ou moins dissociées pour donner des ions hydronium ; quand l'entité chimique *X* est vraiment présente dans la solution, on utilise la notation avec des crochets [*X*].

La définition $pH = -\log [H_3O^+]$ est reliée à la présence effective des ions hydronium en solution, $[H_3O^+] = 10^{-pH} = 10^{-3,6} = 2{,}5 \cdot 10^{-4}\ mol \cdot L^{-1}$.
On remarque que $[H_3O^+] < C$, la quantité d'ions hydronium présents dans la solution est inférieure à la quantité maximale de molécules, c'est donc que la réaction avec l'eau n'a pas été totale, de nombreuses molécules d'acide n'ont pas libéré leur proton en solution.

$\sigma = [H_3O^+] \times (\lambda(H_3O^+) + \lambda(CH_3COO^-))$
$= 2{,}5 \cdot 10^{-4} \cdot 10^3 \cdot (35 \cdot 10^{-3} + 4{,}0 \cdot 10^{-3})$
$= 9{,}75 \cdot 10^{-3}\ S \cdot m^{-1}$.

Si la réaction avait été totale, on aurait :
$\sigma_{total} = C \times (\lambda(H_3O^+) + \lambda(CH_3COO^-))$
$= 1{,}0 \cdot 10^{-3} \cdot 10^3 \cdot (35 \cdot 10^{-3} + 4{,}0 \cdot 10^{-3})$
$= 39 \cdot 10^{-3}\ S \cdot m^{-1}$,
elle serait 4 fois plus grande.

6 Si l'ionisation (qui donne les pressions) était totale, on aurait $[H_3O^+] = 10^{-pH} = C$.
Or on constate que $[H_3O^+] = 10^{-3} \neq 10^{-2}$;
la dissociation des molécules n'est donc pas totale.
On peut calculer le « rendement » ou le pourcentage :

$$p = \frac{\text{nombre de molécules dissociées}}{\text{nombre de molécules en solution}} = \frac{[H_3O^+]}{C} = \frac{10^{-3}}{10^{-2}}$$

$p = 10^{-1}$ soit 10 %.

Seules 10 % des molécules ont été ionisées.

PROBLÈME TYPE

La vitamine C est constituée d'acide ascorbique $C_6H_8O_6$. Un comprimé contenant m(vitamine C) = 340 mg d'acide ascorbique est dissous dans V = 200 mL d'eau distillée.
À l'aide d'un pH-mètre, on note le pH de la solution obtenue :

$$pH = 3{,}0$$

Écrire la réaction de cet acide avec l'eau.
Dresser un tableau d'avancement de cette réaction, puis calculer l'avancement maximal, l'avancement final, le taux d'avancement, la constante d'équilibre de la réaction ; conclure.

Solution

La masse molaire de l'acide ascorbique est :

$$M(\text{vitamine C}) = 6 \times 12 + 6 \times 8 + 8 \times 1$$
$$= 128 \text{ g} \cdot \text{mol}^{-1}$$

La réaction avec l'eau est :

$$C_6H_8O_6 + H_2O = C_6H_7O_6^- + H_3O^+$$

La quantité de matière initiale d'acide est :

$$n_i(\text{vita}) = \frac{m(\text{vita})}{M(\text{vita})} = \frac{0{,}34}{128} = 2{,}7 \text{ mmol}$$

Le pH est égal à 3,0 ; on peut donc calculer la quantité finale d'ions hydronium :

$$n_f(H_3O^+) = [H_3O^+]_f \cdot V = 10^{-pH} \cdot V$$
$$= 10^{-3} \cdot 0{,}2 = 0{,}2 \cdot 10^{-3} \text{ mol} = 0{,}2 \text{ mmol}$$

La solution étant acide (pH = 3,0) on peut négliger la présence des ions HO^- donnée par la dissociation des molécules d'eau (autoprotolyse).

La remarque précédente et le fait que la solution est électriquement neutre donnent :

$$n_f(H_3O^+) = n(C_6H_7O^-) = 0{,}2 \text{ mmol}$$

L'avancement maximal est celui correspondant à la disparition totale du réactif en défaut, donc X_{max} = 2,7 mmol.

PROBLÈME TYPE

Dans le tableau suivant on remarque que l'avancement final est bien différent dans la case de l'ion hydronium en fin de réaction, on note X_{final} = 0,2 mmol.

Avancement	$C_6H_8O_6$	+ H_2O →	H_3O^+	+ $C_6H_7O_6^-$
X = 0	n_i(vita) = 2,7 mmol	excès	0	0
X	2,7 – X	excès	X	X
X_{final}	2,7 – X_{final} = 2,5	excès	$n_f(H_3O^+) = X_{final}$ = 0,2 mmol	$n(C_6H_7O^-)$ = 0,2 mmol

Le taux d'avancement est $\tau = \dfrac{X_{final}}{X_{maximal}} = \dfrac{0,2}{2,7} = 0,074$ soit 7,4 %.

L'acide ascorbique est finalement très peu dissocié dans l'eau, c'est un acide faible.

- La constante d'équilibre est la constante de réaction pour l'état final :

$$K = \frac{[H_3O^+]_f \cdot [C_6H_7O_6^-]_f}{[C_6H_8O_6]_f}$$

- On néglige les ions H_3O^+ et HO^- apportés par l'autoprotolyse de l'eau.

$$K = \frac{[H_3O^+]_f^2}{[C_6H_8O_6]_f} = \frac{(10^{-3})^2}{\dfrac{2,5 \cdot 10^{-3}}{0,2}} = 8 \cdot 10^{-5}$$

La faible valeur de K indique que la réaction a peu évolué vers la droite.

24 Réactions acido-basiques en solution aqueuse

LES BASES

1 L'autoprotolyse de l'eau

L'eau pure contient des ions puisqu'elle conduit faiblement le courant. Ce sont les ions H_3O^+ et HO^- qui proviennent de la dissociation de molécules d'eau. Cette réaction très limitée s'appelle l'**autoprotolyse** de l'eau :

$$2H_2O = H_3O^+ + HO^-$$

La constante d'équilibre associée à cette réaction est appelée produit ionique de l'eau $K_e = [H_3O^+] \cdot [HO^-] = 10^{-14}$ à 25 °C ; pour utiliser une gamme moins étendue, on peut utiliser $pK_e = -\log K_e = 14$ à 25 °C.

Dans une constante de réaction ou d'équilibre, on n'écrit que les espèces dissoutes et donc pas l'eau H_2O.

2 L'échelle de pH

- Pour $[H_3O^+] = [HO^-]$, on en tire $[H_3O^+]^2 = 10^{-14}$ soit $[H_3O^+] = 10^{-7}$ $mol \cdot L^{-1}$; c'est-à-dire pH = 7 (valable à 25 °C), la solution est neutre.
- Pour $[H_3O^+] > [HO^-]$, on en tire pH < 7, la solution est acide.
- Pour $[H_3O^+] < [HO^-]$, on en tire pH > 7, la solution est basique.

3 La constante d'acidité

■ Dans l'exemple du couple acide éthanoïque/ion éthanoate, on définit la constante d'acidité $K_a = \dfrac{[CH_3COO^-] \times [H_3O^+]}{[CH_3COOH]}$ associée à l'équilibre pour utiliser une gamme moins étendue, on peut utiliser $pK_a = -\log K_a$

$$CH_3COOH + H_2O = CH_3COO^- + H_3O^+$$

On en tire une relation annexe :

$$pH = pK_a + \log \frac{[base]}{[acide]}$$

Cette relation permet, connaissant la valeur du pH d'une solution ainsi que le pK_a du couple dominant en solution, de prévoir quel partenaire du couple va dominer en solution (la forme basique ou la forme acide).

Exemple : si $pH = pK_a$ alors [base] = [acide]

Si $pH < pK_a$ alors [acide] > [base].

Si $pH > pK_a$ alors [acide] < [base].

■ Quand il y a deux couples acide-base A_1/B_1 et A_2/B_2 de constante d'acidité K_{a1} et K_{a2}, dans quel sens le transfert de protons va-t-il s'effectuer ?

C'est l'acide dont le couple a le plus grand K_a qui aura le plus tendance à donner les protons :

Exemple : pour les couples CH_3COOH/CH_3COO^- et NH_4^+/NH_3, les constantes d'acidité sont respectivement $K_{a1} = 10^{-4,75}$ et $K_{a2} = 10^{-9,25}$.

$$CH_3COOH + NH_3 = CH_3COO^- + NH_4^+$$

Calculons la constante de réaction :

$$K_R = \frac{[CH_3COO^-] \times [NH_4^+]}{[CH_3COOH] \times [NH_3]} = \frac{[CH_3COO^-] \times [NH_4^+]}{[CH_3COOH] \times [NH_3]} \times \frac{[H_3O^+]}{[H_3O^+]} = \frac{K_{a1}}{K_{a2}}$$

$K_R = 10^{4,5} = 3,2 \cdot 10^4$, on peut considérer la réaction quasiment totale vers la droite (car le K_R est très grand) c'est-à-dire :

$$CH_3COOH + NH_3 \rightarrow CH_3COO^- + NH_4^+$$

4 Indicateur coloré

Il correspond à un couple acide/base dont la teinte acide est différente de la teinte basique, exemple le BBT correspond à un couple acide-base dont le $pK_{aIC} = 7,3$.

Pour $pH < pK_{aIC} - 1$ c'est la teinte de l'acide qui domine (jaune).

Pour $pH > pK_{aIC} + 1$ c'est la teinte de la base conjuguée qui domine (bleu).

Pour $pK_{aIC} - 1 < pH < pK_{aIC} + 1$ c'est la teinte intermédiaire qui domine (vert), l'intervalle s'appelle « zone de virage ».

APPLIQUER LES BASES

1 Une solution aqueuse a une concentration en ions hydroxyde HO^- égale à $2{,}5 \cdot 10^{-6}$ mol · L^{-1}.
Quelle est, à 25 °C, la valeur de son pH ?

2 À la température de 20 °C, le produit ionique de l'eau est tel que $pK_e = 14{,}16$.
Pour quelle valeur du pH la neutralité acido-basique est-elle réalisée ?

3 Exprimer K_a en fonction de C, la concentration apportée en molécules d'acide, et de la concentration en ions hydronium $[H_3O^+]$.

4 Quel est le pH d'une solution d'acide méthanoïque, dont $pK_a = 3{,}67$ de concentration $C = 10^{-3}$ mol · L^{-1} ?

5 Quel est le pH d'une solution d'acide éthanoïque, dont $pK_a = 4{,}75$ et dont la concentration est la même que la solution d'acide méthanoïque de l'exercice **4**, c'est-à-dire $C = 10^{-3}$ mol · L^{-1} ?

6 Si l'on considère deux couples acide/base de K_a différents, quel est le couple dont le taux d'avancement final sera le plus grand lors de la réaction de l'acide avec l'eau ?

7 Quel sera le sens dominant si l'on fait réagir l'acide méthanoïque avec l'ion éthanoate ?

8 Le pK_a du BBT est 7,3 à 25 °C.
Expliquer ce qu'est le BBT, puis indiquer quelle forme du BBT domine dans une solution de pH = 3,3.

Réponses

1 Pour toute solution aqueuse à 25 °C, $K_e = [H_3O^+] \cdot [HO^-] = 10^{-14}$ même si d'autres ions sont présents.

$$pH = -\log[H_3O^+] = -\log\frac{K_e}{[HO^-]}$$

$$= pK_e + \log[HO^-]$$

$$= 14 + \log(2{,}5 \cdot 10^{-6}) = 8{,}4.$$

Rappels :
- $\log 1 = 0$; $\log(m \times n) = \log m + \log n$;
- $\log\left(\frac{m}{n}\right) = \log m - \log n$;
- $\log a^n = n \log a$.

2 La neutralité acido-basique n'est réalisée à pH = 7,0 qu'à la température de 25 °C.

$K_e = [H_3O^+] \times [HO^-]$, or la neutralité impose $[H_3O^+] = [HO^-]$.
Finalement, $K_e = [H_3O^+]^2$, soit $-\log K_e = -\log[H_3O^+]^2$.

La notation pK en chimie signifie –log...

La relation devient $pK_e = -2 \cdot \log[H_3O^+] = 2 \cdot pH$.

Il reste $pH = \frac{pK_e}{2} = \frac{14,16}{2} \approx 7,1$.

3 La définition de la constante d'acidité est , pour le couple AH/A^- :

$$K_a = \frac{[A^-][H_3O^+]}{[AH]}$$

En chimie, il ne faut pas confondre la neutralité électrique de toute solution qui impose, pour des ions monoatomiques, une relation du type Σ[anions] = Σ[cations] avec la neutralité acido-basique qui ne concerne que les ions H_3O^+ et HO^- et qui impose pH = 7 à 25 °C.

Cette relation peut se simplifier si l'on considère que la solution est électriquement neutre, qu'il n'y a pas d'autres ions en solution et que les ions hydronium apportés par l'autoprotolyse de l'eau sont en quantité négligeable devant ceux apportés par l'acide *A*H.
Alors, en respectant l'écriture de la réaction :

$$AH + H_2O \rightarrow A^- + H_3O^+$$

on a $[H_3O^+] = [A^-]$.
D'autre part, la conservation de la quantité de matière en acide apporté impose $[AH] + [A^-] = C$.

En chimie, il est souvent possible de transposer une équation en quantité de matière en une équation en concentration, dans le cas où le volume qui contient toutes les entités est le même.

La notation entre crochet représente ce qui est en solution, alors que *C* représente ce qui a été apporté en acide (*C* ne tient pas compte de l'ionisation de l'acide).

La relation du début devient :

$$K_a = \frac{[H_3O^+]^2}{C - [H_3O^+]}$$

On remarque que plus la valeur de la constante d'acidité augmente, plus la quantité en ions hydronium augmente aussi et donc le pH diminue, le milieu est plus acide.

4 En utilisant la relation établie à l'exercice **3**, il faut résoudre une équation du second degré en $[H_3O^+]$:

$$[H_3O^+]^2 = K_a \cdot C - K_a[H_3O^+] \text{ soit } [H_3O^+]^2 + K_a[H_3O^+] - K_a \cdot C = 0$$

Nous proposons ici de la résoudre avec la fonction équation du second degré d'une machine graphique.

$[H_3O^+]^2 + 10^{-3,67}[H_3O^+] - 10^{-3,67} \cdot 10^{-3} = 0$

$[H_3O^+]^2 + 2,14 \cdot 10^{-4}[H_3O^+] - 2,14 \cdot 10^{-7} = 0.$

On trouve une seule solution positive,

$$[H_3O^+] = 3,68 \cdot 10^{-4} \text{ mol} \cdot L^{-1}$$

soit :

$$pH = -\log [H_3O^+] = -\log (3,68 \cdot 10^{-4}) = 3,4$$

5 Le $pK_a = 4,75$ est supérieur à celui du couple précédent, on peut déjà dire que comme la constante K_a est inférieure, le pH sera moins acide pour une même concentration C (voir la fin de la question 3), donc $pH > 3,4$.

L'équation du second degré à résoudre est :

$$[H_3O^+]^2 + 1,78 \cdot 10^{-5}[H_3O^+] - 1,78 \cdot 10^{-8} = 0$$

La seule solution positive, $[H_3O^+] = 1,25 \cdot 10^{-4}$ mol $\cdot$ L^{-1} donne :

$$pH = -\log[H_3O^+] = -\log(1,25 \cdot 10^{-4}) = 3,9$$

6 Le couple qui a le plus grand K_a est celui qui a le plus grand nombre d'ions hydronium (plus petit pH).

Son taux d'avancement final sera supérieur à celui d'un couple dont la constante est plus faible.

7 Le K_a du couple de l'acide méthanoïque est plus grand que celui du couple de l'acide éthanoïque, on peut déjà prédire que le sens qui consomme l'acide méthanoïque sera dominant.

Calculons la constante d'équilibre de la réaction suivante :

$$HCOOH + CH_3COO^- = HCOO^- + CH_3COOH$$

$$K = \frac{[HCOO^-][CH_3COOH]}{[HCOOH][CH_3COO^-]}$$

$$= \frac{[HCOO^-][H_3O^+]}{[HCOOH]} \times \frac{[CH_3COOH]}{[H_3O^+][CH_3COO^-]}$$

$$= K_{a\ \text{métha}} \cdot \frac{1}{K_{a\ \text{étha}}}$$

$$= \frac{10^{-3,67}}{10^{-4,75}} = 12.$$

Le sens « vers la droite » est juste un peu privilégié.

8 Le BBT est une solution susceptible de contenir les deux partenaires d'un couple acide/base.
Si la forme acide domine, elle impose une teinte jaune, si c'est la forme basique qui domine, elle impose sa teinte bleue.
La teinte sensible ou zone de virage, dans le cas du BBT le vert, ne correspond à aucune des deux entités dominantes.

On peut considérer qu'une entité domine si sa concentration est au moins dix fois supérieure à l'entité conjuguée.

Comme pour tout couple acide/base, on peut utiliser la relation :

$$\boxed{pH = pK_a + \log\frac{[\text{base}]}{[\text{acide}]}}$$

$$\log\frac{[\text{base}]}{[\text{acide}]} = pH - pK_a = 3,3 - 7,3 = -4$$

On peut « éliminer » le log en mettent à la puissance 10 : $10^{\log A} = A$.

$$\frac{[\text{base}]}{[\text{acide}]} = 10^{pH - pK_a}$$

$$\frac{[\text{base}]}{[\text{acide}]} = 10^{-4} \quad \text{ou bien} \quad [\text{acide}] = 10^4[\text{base}].$$

La concentration de l'entité acide est 10 000 fois plus grande que l'entité basique, c'est donc la teinte acide qui est observée, le jaune.

PROBLÈME TYPE

Une solution de chlorure d'ammonium de volume $V_a = 80$ mL a pour concentration $C_a = 0{,}05$ mol · L^{-1}.
On mesure au pH-mètre son acidité : pH = 5,0.

1. Identifier le couple de l'ion ammonium.

2. Écrire la réaction de l'ion ammonium avec l'eau.

3. Calculer le taux d'avancement final.

4. On ajoute au volume V_a, un volume V_b de solution d'hydroxyde de sodium de concentration $C_b = 0{,}3$ mol · L^{-1}.
On note alors pH = 9,2.
a. Écrire la réaction dominante qui se produit alors.
Est-elle totale ?
b. Déterminer la valeur de V_b.
Données : pK_a(H_2O/HO^-) = 14 ;
le pK_a du couple de l'ion ammonium est 9,2.

Solution

1. C'est le couple NH_4^+/NH_3.

2. La réaction avec l'eau est :

$$NH_4^+ + H_2O = NH_3 + H_3O^+$$

3. $[H_3O^+] = 10^{-pH} = 10^{-5}$ mol · L^{-1} alors que la concentration en ions ammonium est $C_a = 5 \cdot 10^{-2}$ mol · L^{-1}. Ce résultat est nettement supérieur.
La réaction avec l'eau étant immédiate, on remarque donc déjà que l'avancement final est inférieur à l'avancement maximal.

Si la réaction avait été totale, il y aurait eu autant d'ions hydronium en solution que d'ions ammonium apportés.
L'avancement maximal est :

$$X_{max} = \frac{n_{ammonium}}{1} = C_a \cdot V_a$$
$$= 0{,}05 \cdot 80 = 4 \text{ mmol}$$

En réalité, les ions ammonium vraiment disparus sont en nombre égal aux ions hydronium apparus, donc l'avancement final est :

$$X_{final} = \frac{n_{hydronium}}{1} = [H_3O^+] \cdot V_a$$
$$= 10^{-5} \times 80 = 80 \cdot 10^{-5} \text{ mmol}$$

le taux d'avancement est donc :

$$\tau = \frac{X_{final}}{X_{max}}$$
$$= \frac{80 \cdot 10^{-5}}{4} = 20 \cdot 10^{-5}$$

Cette valeur très faible indique que la réaction écrite à la question 2 n'évolue presque pas vers la droite.

4. a. $K_a = 10^{-pK_a}$.

NH_4^+ n'a pratiquement pas réagi avec H_2O ; la seule réaction est donc :

$$NH_4^+ + HO^- = NH_3 + H_2O$$

La constante d'équilibre est :

$$K = \frac{[NH_3]}{[NH_4^+] \cdot [HO^-]} = \frac{[NH_3] \cdot [H_3O^+]}{[NH_4^+] \cdot K_e} = \frac{K_a}{K_e}$$
$$= \frac{10^{-9,2}}{10^{-14}}$$
$$= 10^{14-9,2} = 10^{4,8} \approx 63\ 100$$

On peut considérer la réaction avec HO^- comme quasi totale vers la droite.

PROBLÈME TYPE

b. On remarque dans l'énoncé que le pH du mélange est égal au pK_a du couple de l'ion ammonium/ammoniac.

On utilise la relation suivante :

$$pH = pK_a + \log \frac{[NH_3]}{[NH_4^+]}$$

Or $pH = pK_a$, donc :

$$\log \frac{[NH_3]}{[NH_4^+]} = 0$$

c'est-à-dire que dans le mélange, on a $[NH_3] = [NH_4^+]$.
La stœchiométrie de la réaction :

$$NH_4^+ + HO^- = NH_3 + H_2O$$

nous informe que l'on a donc apporté par l'hydroxyde de sodium une quantité égale à la moitié de la quantité d'ions ammonium initialement présents.
Ainsi dans le mélange, il y aura autant d'ions ammonium que de molécules d'ammoniaque.
À la question **3**, nous avions calculé une quantité initiale d'ions ammonium égale à 4 mmol, la quantité d'ion HO^- à apporter doit donc être la moitié soit 2 mmol.
Ce qui fait un volume :

$$V_b = \frac{n_{HO^-}}{C_b} = \frac{2}{0,3} \approx 6,7 \text{ mL}$$

25 Titrage pH-métrique d'un acide ou d'une base

LES BASES

1 Le dosage d'un acide

Un acide AH réagit avec l'ion HO^- apporté par l'hydroxyde de sodium selon la réaction :

$$AH + HO^- \rightarrow A^- + H_2O$$

Si le pK_a du couple AH/A^- est tel que $pK_a < 10$, on peut considérer la réaction comme totale et utiliser ce fait pour titrer (doser) une solution acide, c'est-à-dire déterminer la concentration C_a d'une solution de cet acide.

On place dans un bécher un volume initial donné V_a d'acide de concentration C_A inconnue, dans la burette graduée la solution titrante d'hydroxyde de sodium de concentration connue C_b. On introduit l'électrode pH dans le bécher, puis on verse progressivement de la solution titrante.

C'est la détermination du volume équivalent versé $V_{b,\ \text{équiv}}$ qui va permettre de déterminer C_a.

En effet le volume équivalent est celui qui a permis à toute la quantité de matière d'acide de réagir, on a alors l'équation en quantité de matière :

$$n_{\text{init}}(\text{acide}) = n_{\text{équiv}}(\text{hydroxyde versé})$$

$$\boxed{C_a V_a = C_b V_{b,\ \text{équiv}}}$$

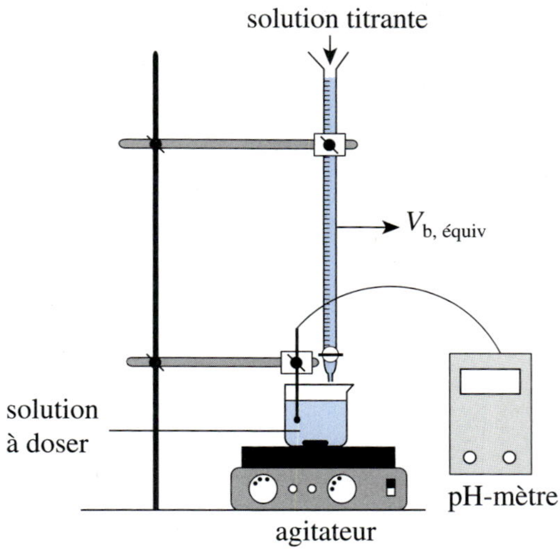

Pour déterminer le volume équivalent, on peut faire le suivi pH métrique en notant régulièrement le pH de la solution, on obtient la courbe **pH = $f(V_b)$**.

Pour déterminer $V_{b, \text{équiv}}$, on peut évidemment s'arrêter quand le pH-mètre indique 7, mais pour plus de précision, il vaut mieux le déterminer graphiquement.

■ **Courbe pour un acide fort** (réagit totalement avec l'eau)

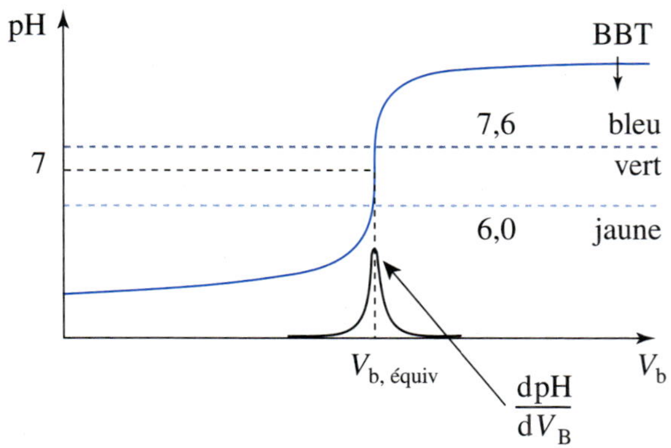

$V_{b, \text{équiv}}$ est l'abscisse de l'ordonnée 7. C'est l'abscisse du maximum de la fonction dérivée $\frac{dpH}{dV_B}$.

Il est aussi possible de remplacer le pH-mètre par deux gouttes d'indicateur coloré introduit dans le bécher au départ et dont la zone de virage est aux environs de 7 (par exemple le BBT), le volume équivalent est noté dès que la teinte verte persiste.

Pour un acide faible, le principe est identique, mais l'indicateur doit avoir une zone de virage légèrement basique (pK_a de l'indicateur autour de 7,5 – 8).

En outre, on observe un petit « décrochement » initial, un point d'inflexion pour $pH = pK_a$ et un saut de pH « moins vertical » que pour un acide fort.

Courbe pour un acide faible

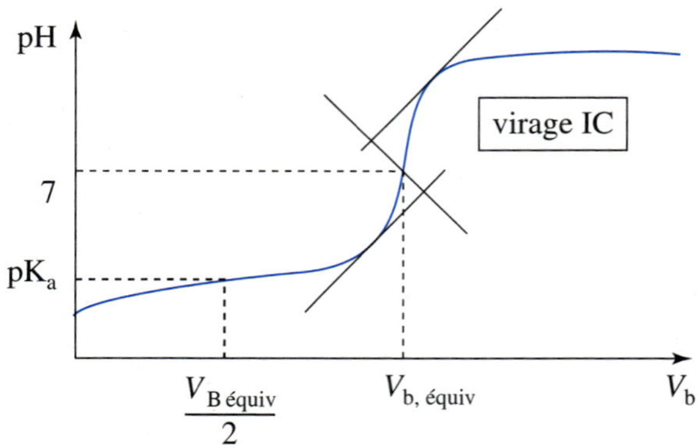

Sur ce graphique, on voit la méthode des « deux tangentes » pour déterminer le volume équivalent.

2 Le dosage d'une base

Le principe reste identique ; les solutions inversent leur contenant et la courbe s'inverse aussi :

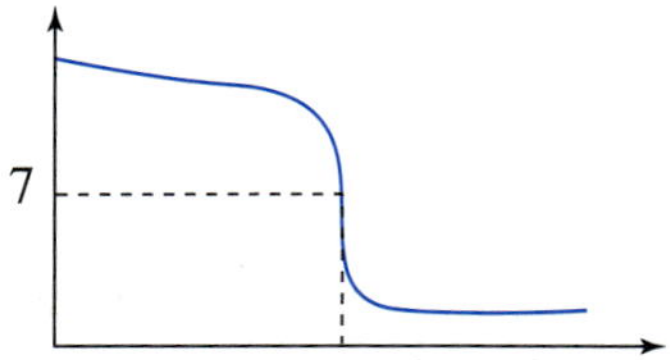

Dosage d'une base forte

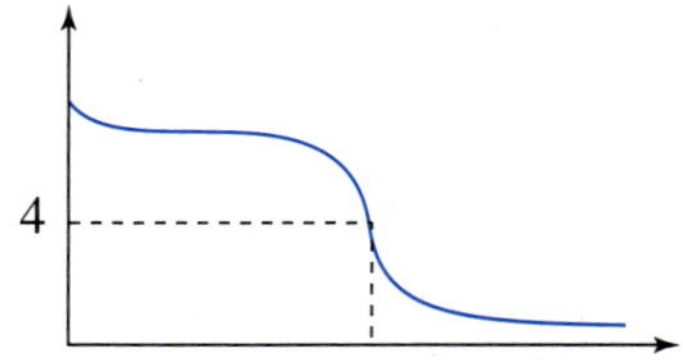

Dosage d'une base faible

APPLIQUER LES BASES

1 Une crème récurante du commerce contient de l'acide chlorhydrique. On la dilue cinquante fois de manière à obtenir une solution S. On prélève $V_a = 5$ mL de S que l'on dose par une solution d'hydroxyde de sodium de concentration $C_b = 5$ mmol · L^{-1}. Le volume équivalent est alors déterminé, il vaut $V_{b,\text{ équiv}} = 12$ mL.
Déterminer la concentration du produit commercial en acide.

2 Un sachet de détartrant contient de l'acide sulfamique en poudre de formule NH_2SO_3H qui est un acide fort. On dissout le contenu du sachet dans de l'eau distillée et on en dose un prélèvement de 10 mL.
Écrire la réaction support de dosage puis déterminer le volume équivalent sachant que la concentration en acide de la solution est $5 \cdot 10^{-2}$ mol · L^{-1}.

3 Quelle est la composition à l'équivalence lors de la réaction d'une solution d'acide chlorhydrique avec une solution d'hydroxyde de sodium dont les concentrations sont égales à 10^{-3} mol · L^{-1} ?

4 La réaction support de dosage doit-elle être lente ou rapide, totale ou limitée ?

5 On prélève 10 mL de liquide déboucheur contenant de l'hydroxyde de sodium que l'on dilue 100 fois. On prélève ensuite $V_b = 20$ mL de la solution diluée que l'on dose avec une solution d'acide chlorhydrique de concentration $C_a = 0{,}2$ mol · L^{-1}. Le volume équivalent est $V_{a,\text{ équiv}} = 13{,}0$ mL.
Expliquer comment faire une dilution par 100, calculer ensuite la concentration en hydroxyde de sodium du déboucheur liquide.
En déduire le pourcentage en masse de NaOH dans ce déboucheur sachant que sa masse volumique est $\rho = 1{,}3$ g · mL^{-1}.

6 Définir l'équivalence, la demi-équivalence.

7 Si l'on dose un acide faible par une base forte de concentration 10^{-2} mol · L^{-1}, vers quelle valeur le pH tend-il largement après l'équivalence ? Et à l'équivalence, le pH est-il égal, supérieur ou inférieur à 7,0 ?

Réponses

1 Pour un volume versé d'hydroxyde de sodium égal au volume équivalent, la quantité d'ions HO^- apportée est égale à celle des ions hydronium de l'acide.

Diluer 50 fois signifie que la concentration sera divisée par 50.
Très souvent, les ions hydronium apportés par l'autoprotolyse de l'eau sont à négliger devant ceux apportés par l'acide.

L'équation d'équivalence est $C_a V_a = C_b V_{b,\,\text{équiv}}$; on en déduit la concentration en acide de l'échantillon :

$$C_a = \frac{C_b V_{b,\,\text{équiv}}}{V_a} = \frac{5 \cdot 10^{-3} \times 12}{5} = 12 \cdot 10^{-3} \text{ mol} \cdot \text{L}^{-1}$$

Pour la crème du commerce, la concentration est 50 fois plus élevée soit :

$$C_{\text{crème}} = 50 \times 12 \cdot 10^{-3} = 0{,}6 \text{ mol} \cdot \text{L}^{-1}$$

2 La réaction support de dosage est :

$$NH_2SO_3H + HO^- \rightarrow NH_2SO_3^- + H_2O$$

Elle est rapide et totale.

La soude désigne la solution d'hydroxyde de sodium.
L'équation d'équivalence est $C_a V_a = C_b V_{b,\,\text{équiv}}$, on en déduit le volume équivalent :

$$V_{b\,,\,\text{équiv}} = \frac{C_a V_a}{C_b} = \frac{5 \cdot 10^{-2} \times 10}{0{,}03} \approx 16{,}7 \text{ mL}$$

3 Dans l'équation d'équivalence précédente, si les concentrations sont les mêmes, il en découle que les volumes le sont aussi. Le volume final étant le double de chaque volume initial, les concentrations en ions Na^+ et en ions Cl^- seront moitié de celles des solutions de départ :

$$[Na^+] = [Cl^-] = \frac{10^{-3}}{2} = 0{,}5 \cdot 10^{-3} \text{ mol} \cdot \text{L}^{-1}$$

Il ne faut pas oublier les ions apportés par l'autoprotolyse de l'eau, et à 25 °C, pH = 7,0, on a alors $[H_3O^+] = [HO^-] = 10^{-7}$ mol · L^{-1}.
On a donc une solution de chlorure de sodium de concentration :

$$0{,}5 \cdot 10^{-3} \text{ mol} \cdot \text{L}^{-1}$$

4 Toute réaction support de dosage doit être totale, afin de pouvoir utiliser l'équation d'équivalence de manière quantitative.
Elle doit être instantanée pour repérer la teinte sensible de l'indicateur coloré en temps réel à l'équivalence.

5 Pour diluer 100 fois, il faut introduire les 10 mL dans une fiole jaugée de volume 100 fois plus grand que ce prélèvement, soit $10 \times 100 = 1\,000\,\text{mL} = 1\,\text{L}$. On complète ensuite jusqu'au trait de jauge avec de l'eau distillée.
L'équation d'équivalence est $C_a V_a = C_b V_{b,\ \text{équiv}}$, on en déduit la concentration en soude de l'échantillon :

$$C_b = \frac{C_a \cdot V_{a,\ \text{équiv}}}{V_b} = \frac{0{,}2 \times 13}{20} = 0{,}13\ \text{mol} \cdot \text{L}^{-1}$$

Pour le déboucheur qui est 100 fois plus concentré :

$$C(\text{déboucheur}) = 100 \cdot 0{,}13 = 13{,}0\ \text{mol} \cdot \text{L}^{-1}$$

Concentration massique et molaire sont liées :
$C_{\text{massique}} = M \cdot C_{\text{molaire}}$ avec M la masse molaire.

La concentration massique est :

$$C_{\text{massique}} = M(\text{soude}) \cdot C(\text{déboucheur}) = 40 \times 13 = 52\ \text{g} \cdot \text{L}^{-1}$$

Or, 1 L de déboucheur a pour masse $m = 1\,300$ g.
Dans 1 300 g de déboucheur, il y a 520 g de soude, pour 100 g cela fait :

$$\frac{100 \times 520}{1\,300} = 40\ \%\ \text{en masse}$$

6 Pour un volume versé d'hydroxyde de sodium égal au volume équivalent, la quantité d'ions HO^- apportée est égale à celle d'ions hydronium de l'acide. La notion de demi-équivalence est utilisée lorsque l'acide est un acide faible, quand le volume versé d'hydroxyde de sodium est égal à la moitié du volume équivalent, il reste alors autant d'acide faible qu'il est apparu de sa base conjuguée, on a alors $\text{pH} = \text{pK}_a$ du couple acide/base.

7 Lorsqu'on dose un acide faible, l'un des produits est sa base conjuguée ; à l'équivalence, le milieu ne peut pas être neutre comme pour un acide fort, il est donc basique ($\text{pH} > 7$).
Si l'on dépasse l'équivalence, le pH va tendre vers celui d'une solution de soude de concentration $10^{-2}\ \text{mol} \cdot \text{L}^{-1}$.
Si l'on suppose que le dosage se passe à 25 °C :

$$[H_3O^+] = \frac{K_e}{[HO^-]} = \frac{10^{-14}}{10^{-2}} = 10^{-12}\ \text{mol} \cdot \text{L}^{-1}$$

$$\text{pH} = -\log[H_3O^+] = 12$$

PROBLÈME TYPE

La Laroscorbine contient de la vitamine C (ou acide ascorbique $C_6H_8O_6$).

On dissout un comprimé de Laroscorbine de 1 000 mg dans 100 mL d'eau, on obtient la solution S.

On dose ensuite un prélèvement de 20 mL de S avec une solution de soude de concentration $C_b = 0,13 \text{ mol} \cdot L^{-1}$. On fait le dosage par suivi du pH.

On obtient le tableau suivant :

V_b (mL)	1,0	3,0	4,0	5,0	6,0	7,0	8,0
pH	3,2	3,9	4,0	4,2	4,3	4,5	5,0

V_b (mL)	8.5	9,0	9,5	10	11	13	16
pH	5,5	9,6	10,4	10,7	10,9	11,1	11,2

1. Écrire la réaction du dosage.

2. Tracer la courbe pH = $f(V_b)$.

3. Déduire du graphe les coordonnées du point d'équivalence ainsi que le pK_a du couple de la vitamine C.

4. Quel type d'indicateur coloré doit-on choisir de préférence ?

5. Quelle est la masse en mg de vitamine C dans le comprimé ? Commenter.

Solution

1. La réaction de dosage est : $C_6H_8O_6 + HO^- \rightarrow C_6H_7O_6^- + H_2O$.

PROBLÈME TYPE

2.

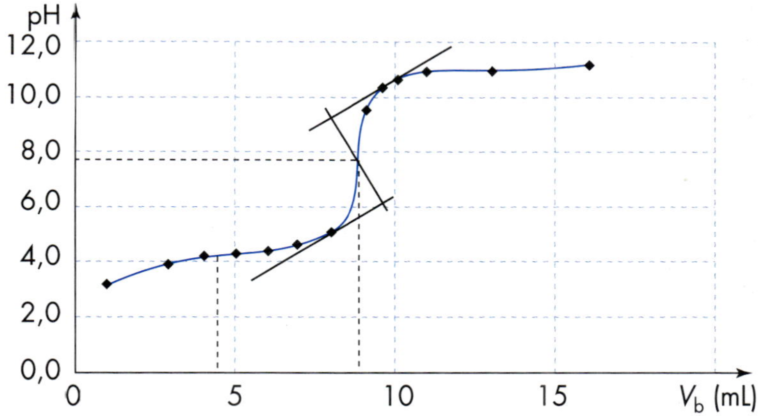

3. Avec la méthode des tangentes parallèles, on peut lire les coordonnées du point d'équivalence : $V_{b,\ \text{équiv}} = 8{,}8$ mL et $pH_E = 7{,}7$ légèrement basique du fait de la présence de l'ion ascorbate qui est une base faible.

Pour $V_b = \dfrac{V_{b,\ \text{équiv}}}{2} = \dfrac{8{,}8}{2} = 4{,}4$ mL, on lit l'ordonnée qui est le pK_a du couple : $pK_a = 4{,}1$.

4. Il faut choisir un indicateur coloré dont le pK_a, c'est-à-dire le milieu de la zone de virage est au voisinage de 7,7, par exemple le rouge de crésol ou le rouge de phénol.

5. L'équation d'équivalence $C_aV_a = C_bV_{b,\ \text{équiv}}$, permet de déterminer la concentration en acide de l'échantillon :

$$C_a = \frac{C_b V_{b,\ \text{équiv}}}{V_a} = \frac{0{,}13 \times 8{,}8}{20} = 57{,}2 \cdot 10^{-3}\ \text{mol} \cdot \text{L}^{-1}$$

La quantité de matière d'acide dans un comprimé est donc pour $V = 100$ mL (tout le comprimé avait été dissout dans 100 mL) :

$$n_a = C_aV = 57{,}2 \cdot 10^{-3} \times 0{,}1 = 57{,}2 \cdot 10^{-4}\ \text{mol}$$

On en déduit la masse d'acide :

$$m_a = n_a \times M_a = 57{,}2 \cdot 10^{-4} \times 176 = 1{,}007\ \text{g} = 1\ 007\ \text{mg}$$

Cette valeur est très proche de l'indication de départ 1 000 mg.

26 Pile et électrolyse

LES BASES

1 Transfert spontané d'électrons

Lors de la mise en présence d'espèces chimiques de deux couples oxydant/réducteur du type ion métallique/métal, il peut se produire un transfert spontané d'électrons. Ces espèces peuvent être simplement « mélangées » (ici Zn et Cu^{2+}), ou mis en contact direct :

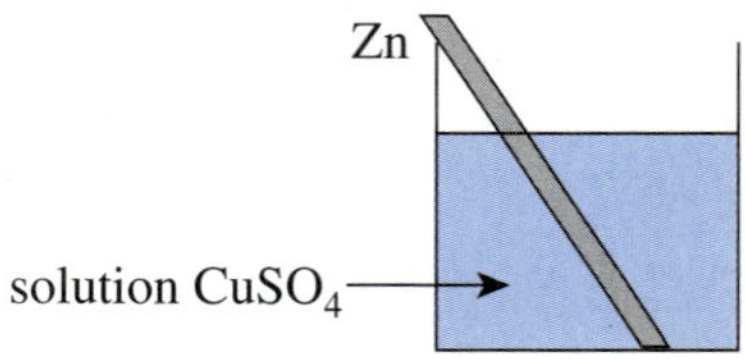

Dans ce cas l'énergie chimique libérée lors de la réaction est difficilement récupérable. En revanche on peut judicieusement les séparer et convertir cette énergie en travail électrique : c'est la pile.

2 Constitution et fonctionnement d'une pile

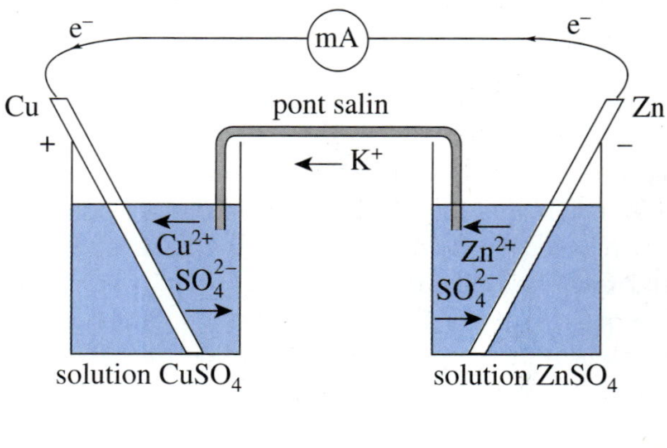

Les lames métalliques sont immergées dans une solution ionique contenant chacune le cation du même métal.
À condition d'avoir placé un pont salin, par exemple un bout de papier filtre imbibé de $K^+ + Cl^-$ et un milliampèremètre joignant les deux lames métalliques, on note le passage d'un courant faible mais qui témoigne de la conversion de l'énergie de réaction en travail électrique.

③ Force électromotrice, réactions aux électrodes

En remplaçant le milliampèremètre du dessin par un voltmètre qui ne laisse donc pas passer le courant, on note la présence d'une tension qui est la force électromotrice de la pile E, dans cet exemple $E = 1{,}1$ V environ.
(En cours de physique, $U_{PN} = E - rI$.)
La réaction est une réaction d'oxydoréduction :

$$Zn \xrightarrow{\text{oxydation}} Zn^{2+} + 2e^-$$

$$Cu^{2+} + 2e^- \xrightarrow{\text{réduction}} Cu$$

Bilan : $$Zn + Cu^{2+} \longrightarrow Zn^{2+} + Cu$$

À la borne moins, le zinc métallique « passe en solution » petit à petit et à la borne plus, un dépôt de cuivre se forme sur la lame de cuivre.
Dans le pont salin et les béchers, ce sont les ions qui assurent le passage du courant, les cations vont dans le sens du courant alors que les anions vont dans le sens des électrons, à l'extérieur de la pile, ce sont les électrons qui circulent.
L'intensité du courant est proportionnelle à la charge qui est passée pendant une durée t :

$$Q = I \times t \quad \text{ou} \quad Q = n_{e^-} \times \mathrm{N} \times e$$

n_{e^-} est la quantité de matière d'électrons (en mol), N est la constante d'Avogadro et e est la charge élémentaire.
On peut en déduire la quantité de matière déposée en cuivre puisque la quantité de matière d'électron est fonction de celle de métal déposée :

$$n_{Cu} = \frac{It}{2\mathrm{N}e}$$

4 Électrolyse

Dans certains cas, il est possible d'imposer un courant de sens inverse à celui observé lorsqu'un système évolue spontanément : il s'agit de réactions forcées. Il faut utiliser un générateur auxiliaire, du côté de la borne plus de ce générateur (l'anode) se produira une oxydation forcée et du côté de la borne moins (la cathode) se produira une réduction forcée.

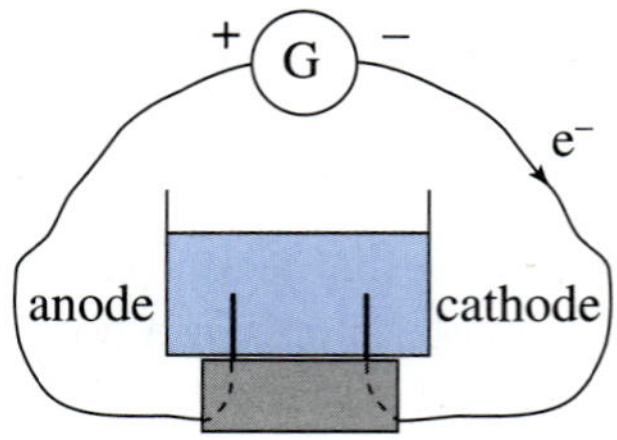

APPLIQUER LES BASES

❶ Écrire les demi réactions d'oxydation et de réduction des couples :

Fe^{3+}/Fe^{2+} ; I_2/I^- ; H^+/H_2 ; MnO_4^-/Mn^{2+}.

❷ On introduit un peu de tournure de cuivre dans une solution de nitrate d'argent. Qu'observe t-on ? Écrire la réaction chimique.

❸ Quand on introduit du fer métallique dans une solution de sulfate de cuivre, on observe les effets d'une réaction d'oxydoréduction.
Préciser laquelle puis indiquer les effets observables de cette réaction.

❹ La solution de sulfate de cuivre a un volume $V(Cu^{2+}) = 100$ mL, elle est de concentration $C(Cu^{2+}) = 0{,}20\ mol \cdot L^{-1}$ et on a introduit $m(Fe) = 0{,}5$ g de fer métallique.
Faire un tableau d'avancement, déterminer les quantités et les concentrations finales.

❺ On introduit $m(Zn) = 0{,}15$ g de zinc dans un volume V_a de solution d'acide chlorhydrique de concentration $C_a = 0{,}20\ mol \cdot L^{-1}$. On récupère $V_g = 50$ mL de gaz.
Écrire la réaction observée, puis déterminer le volume minimal V_a de solution acide qu'il a fallu utiliser.
Déterminer le volume molaire, comparer à la valeur théorique selon la loi des gaz parfaits ($P \cdot V = n \cdot R \cdot T$) sachant que la température lors de l'expérience est $\theta = 22$ °C et la pression $P = 1\,020$ hPa.

❻ Faire le schéma complet de la pile zinc-cuivre sachant que la lame de cuivre constitue la borne plus.

❼ Dans la pile fer-argent, c'est le fer qui est oxydé.
Écrire le bilan d'oxydo-réduction.
Au bout d'une heure de fonctionnement à intensité constante I, l'électrode en fer a vu sa masse diminuer de 12 mg.
Calculer l'intensité I du courant qui est passé.
Déterminer l'augmentation de masse de l'électrode d'argent.

❽ Chaque demi-pile de la pile précédente contenait 50 mL de solution de concentration initiale en ions métalliques $C_i = 0{,}25\ mol \cdot L^{-1}$.
Déterminer la concentration en ions argent au bout de 3 h de fonctionnement à courant constant, $I = 75$ mA.

Réponses

1 $Fe^{2+} = Fe^{3+} + e^-$; $2I^- = I_2 + 2e^-$; $H^+ + 2e^- = H_2$;

$MnO_4^- + 8H^- + 5e^- = Mn^{2+} + 4H_2O$.

- Les demi-réactions électroniques (oxydation dans un sens et réduction dans l'autre sens) font apparaître les électrons, c'est dans le bilan qu'ils « disparaissent ».
- Dans l'écriture d'une réaction chimique, il faut équilibrer les entités (atome ou ion) mais aussi les charges de chaque coté.

2 Le cuivre est oxydé, les ions argent sont réduits, la solution qui était incolore devient petit à petit de couleur bleue ; pendant ce temps un dépôt brillant métallique (de l'argent) se dépose sur la tournure de cuivre.
La réaction est :

$$Cu + 2Ag^+ \rightarrow Cu^{2+} + 2Ag$$

3 Les ions cuivre sont réduits (la solution qui était bleue se décolore, on observe un dépôt rougeâtre de cuivre sur le fer) et les atomes de fer sont oxydés ; si tous les ions cuivre sont réduits, on voit apparaître une couleur vert pâle, celle des ions Fe^{2+} ; cette solution jaunira ensuite en quelques heures (ions Fe^{3+}) :

$$Fe + Cu^{2+} \rightarrow Cu + Fe^{2+}$$

4

Avancement	Fe +	Cu^{2+} →	Cu +	Fe^{2+}
$X = 0$	$n_i(Fe)$ = 8,9 mmol	$n_i(Cu^{2+})$ = 20 mmol	0	0
X_{final} = 8,9 mmol	$n_f(Fe) = 0$	$n_f(Cu^{2+})$ = 20 – 8,9 = 11,1 mmol	8,9 mmol	8,9 mmol

- L'entité qui est oxydée perd des électrons

$n_i(\text{Fe}) = \dfrac{m_{\text{fer}}}{M_{\text{fer}}} = \dfrac{0,5}{56} = 8,9$ mmol ;

$n_i(\text{Cu}^{2+}) = V(\text{Cu}^{2+}) \cdot C(\text{Cu}^{2+}) = 0,1 \times 0,20 = 20$ mmol.

Le facteur limitant est le fer car $n_i(\text{Cu}^{2+}) > n_i(\text{fer})$.

L'avancement final est donc $X_{\text{final}} = 8,9$ mmol.

Au cours de la réaction, le volume reste inchangé.

Les quantités finales sont indiquées dans le tableau, les concentrations finales sont :

$$[\text{Cu}^{2+}]_{\text{finale}} = \frac{n_f(\text{Cu}^{2+})}{V} = \frac{11,1}{100} = 0,11 \text{ mol} \cdot \text{L}^{-1}$$

$$[\text{Fe}^{2+}]_{\text{finale}} = \frac{n_f(\text{Fe}^{2+})}{V} = \frac{8,9}{100} \approx 0,09 \text{ mol} \cdot \text{L}^{-1}$$

5 Les ions H^+ de l'acide sont réduits, le zinc est oxydé :

$$\text{Zn} + 2\,\text{H}^+ \rightarrow \text{Zn}^{2+} + \text{H}_2$$

Avancement	Zn +	2H⁺ →	H_2 +	Zn^{2+}
$X = 0$	$n_i(\text{Zn})$ = 2,3 mmol	$n_i(\text{H}^+)$ = … mmol	0	0
X_{final} = 2,3 mmol	$n_f(\text{Zn}) = 0$	$n_f(\text{H}^+) = \ldots$ $n_i(\text{H}^+) - 2,3 \times 2$ = 0 mmol	2,3 mmol	2,3 mmol

$n_i(\text{zinc}) = \dfrac{m_{\text{Zn}}}{M_{\text{Zn}}} = \dfrac{0,15}{65,4} = 2,3$ mmol,

pour que tout le zinc soit oxydé, l'avancement final doit être $X_{\text{final}} = 2,3$ mmol.

La quantité de matière initiale en acide doit donc être :

$$n_i(\text{a}) = 2,3 \times 2 = 4,6 \text{ mmol}$$

d'où $V_i(\text{a}) = \dfrac{n_i(\text{a})}{C(\text{a})} = \dfrac{4,6}{0,20} = 23$ mL.

Le volume molaire théorique est :

$$V_m = \frac{R \cdot T}{P} = \frac{8,31 \times 295}{102\,000} = 0,024 \text{ m}^3 \cdot \text{mol}^{-1} = 24,0 \text{ L} \cdot \text{mol}^{-1}$$

Dans cette relation, T est en degré K ($T(K) = t(°C) + 273$), P en pascal, le volume molaire est alors en $m^3 \cdot mol^{-1}$.

Par l'expérience, $V_m = \dfrac{V_g}{n_g} = \dfrac{55}{2{,}3} = 23{,}9 \text{ L} \cdot \text{mol}^{-1}$, très proche de la valeur théorique.

6

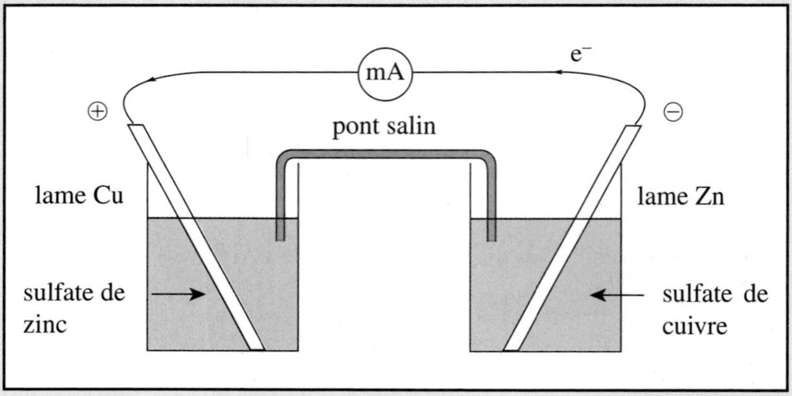

7 Le fer est oxydé et il perd ses électrons ; la lame de fer de la demi-pile constitue donc la borne moins. La lame d'argent constitue la borne plus à laquelle se produit la réduction (gain d'électrons).

Le bilan est donc : $Fe + 2Ag^+ \rightarrow Ag + 2Fe^{2+}$

La quantité de fer disparue est proportionnelle aux électrons fournis du fait de la réaction d'oxydation : $Fe = Fe^{2+} + 2e^-$.

$$n_{e^-} = 2n_{\text{disparue}}(\text{Fe}) = 2 \times \frac{\Delta m_{\text{Fe}}}{M_{\text{Fe}}}$$

or la quantité d'électricité produite est $Q = It = n_{e^-}Ne$; avec N la constante d'Avogadro ($N = 6 \cdot 10^{23} \text{ mol}^{-1}$).

On en déduit :

$$I = \frac{n_{e^-} \times Ne}{t} = \frac{2 \times \Delta m_{\text{Fe}} Ne}{t \cdot M_{\text{Fe}}} = \frac{2 \times 12 \times 6 \cdot 10^{23} \times 1{,}6 \cdot 10^{-19}}{3\,600 \times 56} = 11{,}4 \text{ mA}$$

I est en mA car la masse de fer disparue a été laissée en mg.

Pour l'augmentation de la masse de l'électrode d'argent (dépôt d'argent sur la lame d'argent), on utilise maintenant la réaction de réduction des ions argent :

$$Ag^+ + e^- = Ag$$

La quantité d'argent apparue est égale à celle des électrons captés :

$$n_{e^-} = n_{\text{apparue}}(Ag) = \frac{\Delta m_{Ag}}{M_{Ag}}$$

Or la quantité d'électricité produite est :

$$Q = It = n_{e^-}\text{N}e$$

on en déduit :

$$\Delta m_{Ag} = \frac{I \cdot t \cdot M_{Ag}}{\text{N} \cdot \text{e}} = \frac{11{,}4 \times 3\,600 \times 108}{6 \cdot 10^{23} \times 1{,}6 \cdot 10^{-19}} \approx 46{,}2 \text{ mg}$$

C'est la masse supplémentaire d'argent déposé sur l'électrode d'argent.

8 On suppose que tous les ions Fe^{2+} restent dans le compartiment de la lame de fer (demi-pile) et que tous les ions argent restent dans la demi pile de la lame d'argent.
La quantité d'ions argent de départ est $n_i(Ag^+) = C_i V$.
La quantité d'ions argent qui disparaîtra est fonction de la quantité d'électrons :

$$n_{\text{disparu}}(Ag^+) = n_{e^-} = \frac{It}{\text{N}e}$$

La quantité d'ions argent qui reste au bout de t est donc :

$$n_{\text{restant}}(Ag^+) = n_i(Ag^+) - n_{\text{disparu}}(Ag^+) = C_i V - \frac{It}{\text{N}e}$$

Pour la concentration :

$$[Ag^+]_{\text{restante}} = \frac{n_{\text{restante}}(Ag^+)}{V} = C_i - \frac{It}{\text{N}eV}$$

$$= 0{,}25 - \frac{11{,}4 \cdot 10^{-3} \times 3\,600 \times 3}{6 \cdot 10^{23} \times 1{,}6 \cdot 10^{-19} \times 50 \cdot 10^{-3}} \approx 0{,}026 \text{ mol} \cdot \text{L}^{-1}$$

PROBLÈME TYPE

On réalise l'électrolyse d'une solution de nitrate d'argent avec des électrodes inattaquables.
On observe l'oxydation de l'eau à l'anode, cela se traduit par un dégagement de dioxygène et on observe à la cathode un dépôt métallique.
On laisse l'électrolyse se dérouler pendant $t = 25$ min avec un courant constant $I = 225$ mA.

Faire un croquis complet et annoté de l'expérience.
Écrire les réactions aux électrodes.
Calculer la masse métallique déposée à la cathode, puis le volume gazeux dégagé à l'anode (le volume molaire est $V_m = 25\ L \cdot mol^{-1}$).

Solution

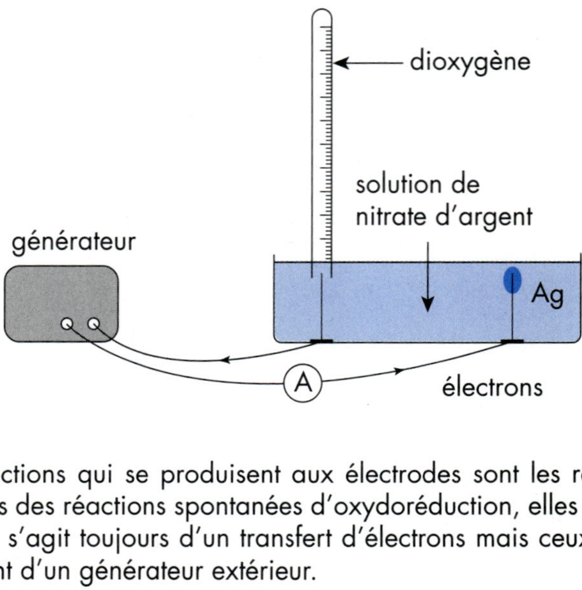

Les réactions qui se produisent aux électrodes sont les réactions inverses des réactions spontanées d'oxydoréduction, elles sont forcées. Il s'agit toujours d'un transfert d'électrons mais ceux ci proviennent d'un générateur extérieur.

À l'anode se produit l'oxydation de l'eau :

$$2H_2O \rightarrow O_2 + 4H^+ + 4e^-$$

PROBLÈME TYPE

À la cathode se produit la réduction des ions argent :

$$Ag^+ + e^- \rightarrow Ag$$

La quantité de matière déposée à la cathode (le métal) est égale à la quantité de matière d'électrons :

$$n(\text{Ag déposé}) = n_{e^-}$$

Or $Q = It = n_{e^-}\mathcal{N}e$, d'où l'on obtient :

$$\frac{m_{\text{Ag déposé}}}{M_{Ag}} = \frac{It}{\mathcal{N}e}$$

$$m(\text{Ag déposé}) = \frac{ItM_{Ag}}{\mathcal{N}e}$$

$$= \frac{0{,}225 \times 25 \times 60 \times 108}{6 \cdot 10^{23} \times 1{,}6 \cdot 10^{-19}} \approx 0{,}38 \text{ g.}$$

Pour le dioxygène, l'oxydation donne $n_{e^-} = 4n_{O_2}$ soit :

$$\frac{4V_{O_2}}{V_m} = n_{e^-}$$

Ainsi : $V_{O_2} = \frac{n_{e^-}V_m}{4} = \frac{ItV_m}{4\mathcal{N}e}$

$$= \frac{0{,}225 \times 25 \times 60 \times 25}{4 \times 6 \cdot 10^{23} \times 1{,}6 \cdot 10^{-19}} \approx 22 \text{ mL.}$$

27 Estérification et hydrolyse

LES BASES

1 Groupes caractéristiques

acide carboxylique	alcool	ester
$-C(=O)-OH$	$R-OH$	$R-C(=O)-O-R'$

2 L'estérification

Un ester peut se former avec comme réactif un acide carboxylique et un alcool, la réaction est lente et limitée car le taux d'avancement $\tau < 1$ (ceci est vrai en récipient fermé ou lors d'un chauffage à reflux et avec des réactifs en proportions stœchiométriques).

On interprète ce rendement inférieur à 1 par l'existence de la réaction inverse dite « hydrolyse de l'ester », on aboutit donc à un état d'équilibre.

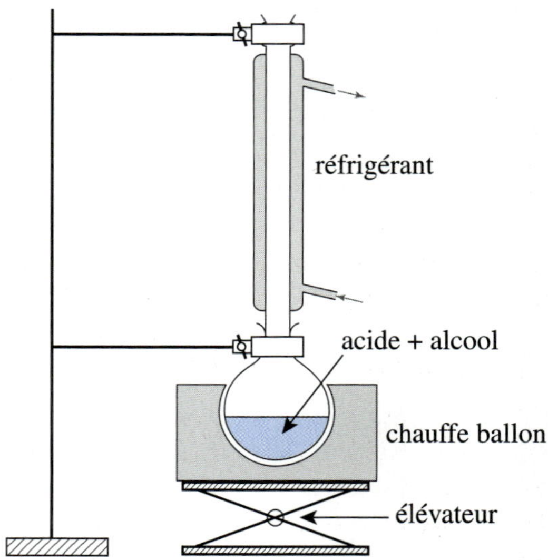

Chauffage à reflux

$$\underset{\text{acide}}{RCOOH} + \underset{\text{alcool}}{R'OH} \underset{\text{hydrolyse}}{\overset{\text{estérification}}{\rightleftharpoons}} \underset{\text{ester}}{RCOOR'} + \underset{\text{eau}}{H_2O}$$

3 État d'équilibre – Rendement

Exemple :

$$\underset{\text{ac. éthanoïque}}{CH_3COOH} + \underset{\text{éthanol}}{CH_3CH_2OH} = \underset{\text{éthanoate d'éthyle}}{CH_3COOCH_2CH_3} + \underset{\text{eau}}{H_2O}$$

Voici les courbes de l'évolution de la quantité d'ester formé en partant d'une mole d'acide et d'une mole d'alcool (courbe du bas) et de la quantité d'ester restant en partant d'une mole d'ester (courbe du haut).

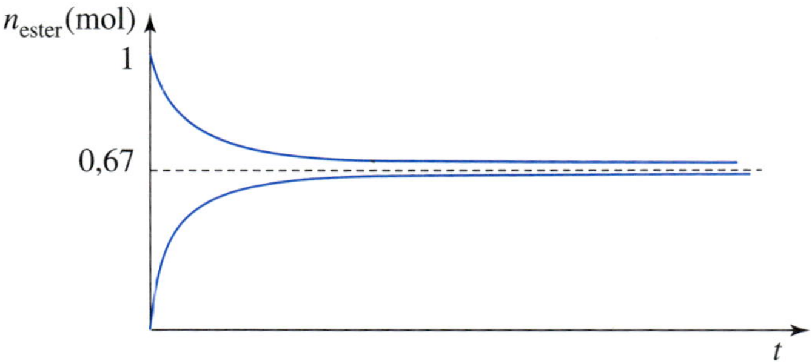

Le rendement de la réaction d'estérification est :

$$\rho = \frac{\textbf{quantité d'ester formé finalement}}{\textbf{quantité d'ester si la réaction était totale}} = \mathbf{0{,}67}$$

On peut raccourcir la durée au bout de laquelle l'état d'équilibre est atteint en chauffant le milieu réactionnel ou en utilisant un catalyseur approprié, le rendement reste inchangé.

4 Modification de l'état d'équilibre

On peut augmenter le rendement :

• en introduisant l'un des réactifs en excès important, l'équilibre sera déplacé dans le sens qui consomme ce réactif ;

• en éliminant l'eau au fur et à mesure du milieu réactionnel (le sens hydrolyse est alors impossible, on peut obtenir un rendement de 1) ;

• en éliminant l'ester au fur et à mesure qu'il apparaît.

5 Estérification totale

Si on remplace l'acide par le chlorure d'acyle ou l'anhydride d'acide avec comme autre réactif l'alcool, on forme rapidement un ester avec un avancement final égal à l'avancement maximal.

$$\underset{\text{chlorure d'acyle}}{RCOCl} + \underset{\text{alcool}}{R'OH} \xrightarrow{\text{totale}} \underset{\text{ester}}{RCOOR'} + \underset{\text{chlorure d'hydrogène}}{HCl}$$

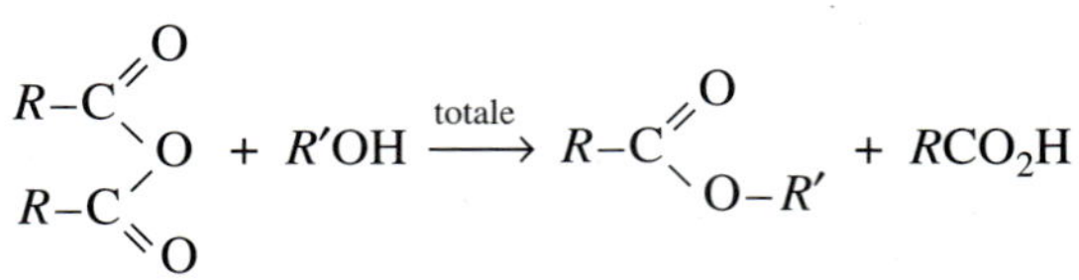

l'anhydride d'acide   ester

Remarque. L'anhydride d'acide peut être synthétisé par élimination d'une molécule d'eau par réaction entre deux molécules de l'acide carboxylique correspondant.

6 Hydrolyse totale en milieu basique

Aussi appelée saponification, elle est lente et totale :

$$\underset{\text{ester}}{RCOOR'} + \underset{\text{ion hydroxyde}}{HO^-} \xrightarrow{\text{totale}} \underset{\text{ion carboxylate}}{RCOO^-} + \underset{\text{alcool}}{R'OH}$$

Appliquée à un corps gras, cette réaction conduit à la formation d'un savon.

APPLIQUER LES BASES

1 Écrire la formule semi-développée de l'éthanoate de 3-méthylbutyle

2 Écrire la réaction entre l'acide butanoïque et l'éthanol, puis donner les principales caractéristiques de cette réaction.

3 Expliquer une méthode permettant de suivre l'évolution de la quantité d'ester formée au cours du temps.
Donner l'allure de la courbe.

4 Expliquer deux méthodes permettant d'améliorer le rendement d'une réaction d'estérification du type de l'exercice **2**.

5 Le fait de chauffer le milieu réactionnel améliore-t-il le rendement de l'estérification ?

6 Écrire l'équation de la réaction de l'hydroxyde de sodium avec le propanoate d'éthyle.

Réponses

1 L'éthanoate de 3-méthylbutyle a pour formule semi-développée :

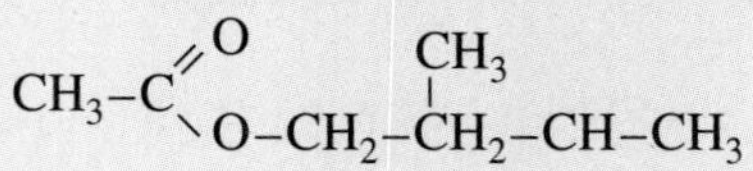

2 $C_3H_7COOH + CH_3CH_2OH = H_2O + C_3H_7COOCH_2CH_3$
ac. butanoïque éthanol eau butanoate d'éthyle
C'est une réaction d'estérification, elle est lente et limitée (non totale).

3 En examinant l'équation bilan, on voit que pour suivre l'évolution de la quantité d'ester formée au cours du temps, il faut doser l'acide butanoïque restant à différents instants (en effectuant une trempe puis un dosage par la soude).
En retranchant cette quantité à la quantité d'acide initiale, on obtient la quantité d'acide ayant réagit qui est justement égale à celle d'ester formée.

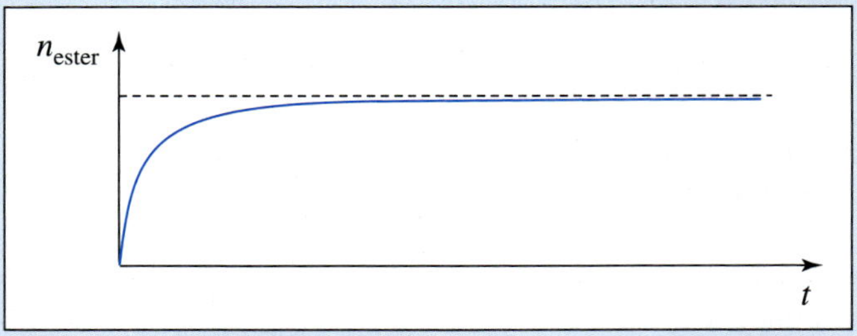

❹ Pour améliorer le rendement, on peut :
a. soustraire l'un des produits pour empêcher l'hydrolyse (réaction inverse de l'estérification) ;
b. mettre l'un des réactifs en excès ;
c. remplacer l'acide par une molécule dérivée, un anhydride d'acide ou chlorure d'acyle.

❺ Le fait de chauffer n'améliore pas le rendement mais fait aboutir plus vite à l'état final en augmentant la vitesse de réaction.

❻ Il s'agit d'une « saponification » :

$$HO^- + CH_3{-}CH_2{-}C\begin{matrix} {\scriptstyle /\!/}O \\ {\scriptstyle \backslash}O{-}CH_2{-}CH_3 \end{matrix}$$

$$\rightarrow CH_3{-}CH_2{-}OH + CH_3{-}CH_2{-}COO^-$$

PROBLÈME TYPE

Dans un ballon, on introduit $V_{ol} = 5$ mL d'éthanol et $V_{ac} = 5$ mL d'acide acétique. On chauffe à reflux pendant 45 min. On verse le contenu du ballon dans une fiole jaugée de 100 mL, on ajoute de l'eau distillée (dans laquelle l'ester est soluble) jusqu'au trait de jauge.
On prélève ensuite $V = 10$ mL de la fiole et on dose l'acide éthanoïque restant par une solution de soude de concentration $C_b = 0{,}2 \text{ mol} \cdot \text{L}^{-1}$.
Le volume équivalent est alors $V_{b\ \text{équivalent}} = 13{,}8$ mL.

1. Écrire la réaction se produisant dans le ballon.

2. Déterminer si le mélange est équimolaire ou pas.

3. Faire un tableau d'avancement de la réaction d'estérification.

4. Déterminer le rendement de la réaction.

5. Calculer la masse et le volume d'ester formé.

6. Expliquer les différentes méthodes pour améliorer ce rendement.
Données : densités 1,05 pour l'acide ; 0,79 pour l'éthanol et 0,90 pour l'ester en question.

Solution

1. $CH_3COOH + CH_3CH_2OH = H_2O + CH_3COOCH_2CH_3$
ac. acétique — éthanol — eau — éthanoate d'éthyle

2. On calcule les quantités de matières initiales.

La densité d équivaut à la masse volumique mais sans unité, exemple : l'eau a pour densité $d = 1{,}0$ et sa masse volumique est $\rho = 1 \text{ g} \cdot \text{mL}^{-1}$.

Les masses volumiques de l'acide et de l'éthanol sont respectivement 1,05 et 0,79 g · mL^{-1} .

- Pour l'éthanol :

$$n_i(\text{éthanol}) = \frac{m(\text{éthanol})}{M(\text{éthanol})} = \frac{\rho(\text{éthanol})\,V(\text{éthanol})}{M(\text{éthanol})}$$
$$= \frac{0{,}79 \times 5}{46} = 86 \text{ mmol}$$

- Pour l'acide éthanoïque :

$$n_i(\text{acide}) = \frac{m(\text{acide})}{M(\text{acide})} = \frac{\rho(\text{acide})\,V(\text{acide})}{M(\text{acide})}$$
$$= \frac{1{,}03 \times 5}{60} = 86 \text{ mmol}$$

Le mélange initial est bien équimolaire.

3. Tableau d'avancement de la réaction :

(mmol)	Réactifs		Produits	
Avancement	CH_3COOH	CH_3CH_2OH	H_2O	$CH_3COOCH_2CH_3$
$X_o = 0$	$n_i(\text{acide}) = 86$	$n_i(\text{éthanol}) = 86$	excès	0
X	$n_i(\text{acide}) - X$	$n_i(\text{éthanol}) - X$	excès	X
X_{final}	$n_i(\text{acide}) - X_{final} \neq 0$	$n_i(\text{éthanol}) - X_{final} \neq 0$	excès	X_{final}

À ce stade, la valeur de X_{final} n'est pas encore connue. On sait simplement qu'elle est non nulle en supposant que la réaction d'estérification n'est pas totale, ce qui sera vérifié par la suite. Par contre on connaît X_{max} = 86 mmol.

La quantité de matière en eau n'est jamais calculée quand l'eau est le solvant, car elle est toujours en quantité énorme et ses variations infimes ne sont jamais décelables.

4. Calcul du rendement

C'est la quantité d'acide restant (celui qui est dosé), déterminée par dosage, qui permet de déterminer la quantité d'ester formée.

PROBLÈME TYPE

La quantité d'ester formée est égale à la quantité d'acide disparue. Et la quantité d'acide disparue est égale à la quantité d'acide initiale (86 mmol) à laquelle on retranche la quantité d'acide restante.

La quantité d'ester sera celle mesurée dans les 10 mL dosés, ne pas oublier ensuite de multiplier par 10 pour l'ester formé dans la fiole...

D'où les équations suivantes :

$n_{prel}(\text{ester final}) = n_{disparue}(\text{acide}) = n_{prel}(\text{acide initial}) - n_{dosé}(\text{acide})$
$= n_{prel}(\text{acide initial}) - C_b \cdot V_{b\ \text{équivalent}}$

$n_{prel}(\text{ester final}) = 8{,}6 - 0{,}2 \times 13{,}8 = 8{,}6 - 2{,}76 = 5{,}84$ mmol

$n_f(\text{ester final}) = 10 \times n_f(\text{ester}) = 10 \times 5{,}84 = 58{,}4$ mmol

(c'est la valeur de X_{final})

58,4 mmol < 86 mmol, la réaction est limitée.

Le rendement vaut :

$$\rho = \frac{n_{formé}(\text{ester})}{n_i(\text{acide})} = \frac{X_f}{X_{max}} = \frac{58{,}4}{86} = 0{,}679 \text{ soit } 68\ \%$$

5. Masse d'ester formée :

$$m(\text{ester}) = n_f(\text{ester}) \times M_{ester} = 58{,}4 \cdot 10^{-3} \times 88 = 5{,}14 \text{ g}$$

Et pour le volume :

$$V = \frac{n(\text{ester})}{\rho(\text{ester})} = \frac{5{,}14}{0{,}9} = 5{,}7 \text{ mL}$$

6. On peut améliorer le rendement en :

a. introduisant un excès de l'un des réactifs ;

b. évacuant du milieu réactionnel l'ester au fur et à mesure qu'il se forme (l'hydrolyse de l'ester est donc impossible) ;

c. remplaçant l'acide acétique par de l'anhydride acétique ou par du chlorure d'éthanoyle.

28 Extraction et identification

LES BASES

1 Extraction par hydrodistillation (entraînement à la vapeur)

Si une substance naturelle contient entre autres quelques molécules odorantes très volatiles (à température d'ébullition assez basse), on l'extrait d'abord à la vapeur d'eau, le distillat comporte une mince phase organique d'huile essentielle, puis par solvant non miscible avec le distillat dans une ampoule à décanter on extrait la phase organique (extraction liquide-liquide).
La molécule odorante recherchée est solubilisée dans le solvant qui constitue la phase organique qui est ensuite récupérée pour purification puis analyse.

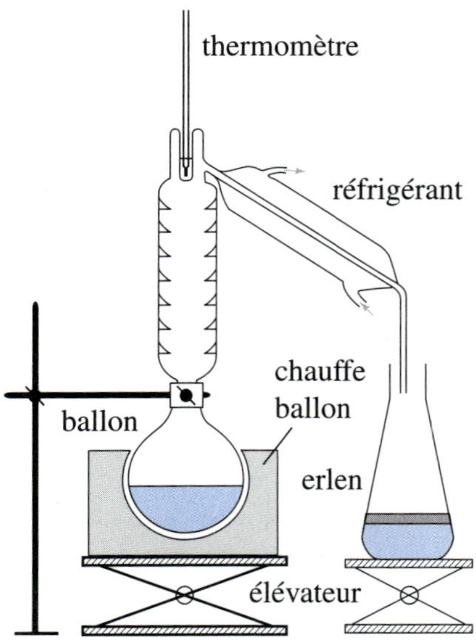

Hydrodistillation

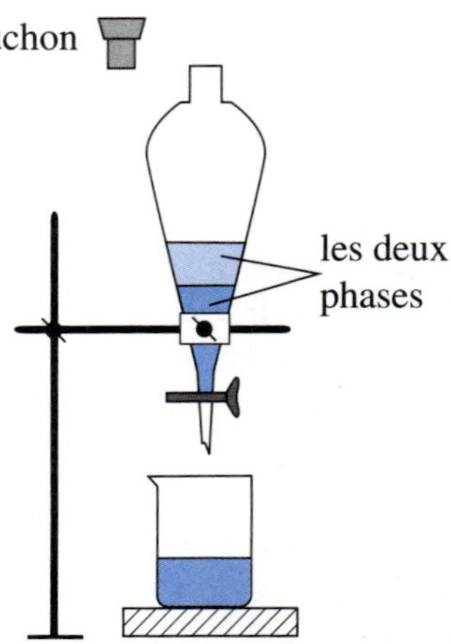

Extraction liquide-liquide

■ Hydrodistillation

La colonne de distillation est fermée en haut par un thermomètre, le condenseur (ou réfrigérant) à eau permet la condensation du distillat dans l'erlen.

■ Extraction liquide – liquide

Dans une ampoule à décanter, on ajoute au distillat de la première étape un solvant organique, parfois un peu d'eau salée pour alourdir la phase aqueuse et aussi parce que les molécules odorantes sont encore moins solubles dans l'eau salée.

Sur l'autre schéma, on voit l'ampoule contenant deux phases, l'une organique (souvent la plus légère) renferme le solvant organique et la molécule odorante, l'autre aqueuse qui est souvent la plus lourde : dans ce cas, on élimine d'abord la phase inférieure recueillie dans le bécher.

Attention, il existe un solvant organique plus lourd que l'eau : le dichlorométhane ($d = 1,33$).

2 Chromatographie sur couche mince (CCM)

Cette technique permet la séparation et l'identification des différents constituants d'un mélange. Selon leur solubilité avec l'éluant (souvent un mélange de molécules organiques) et la phase stationnaire (par exemple couche de silice poreuse), les déplacements par capillarité des molécules diffèrent, on voit des taches dont chacune correspond à un composé chimique, la position de la tache est caractéristique de la molécule (pour un éluant donné et un type de plaque donnée).

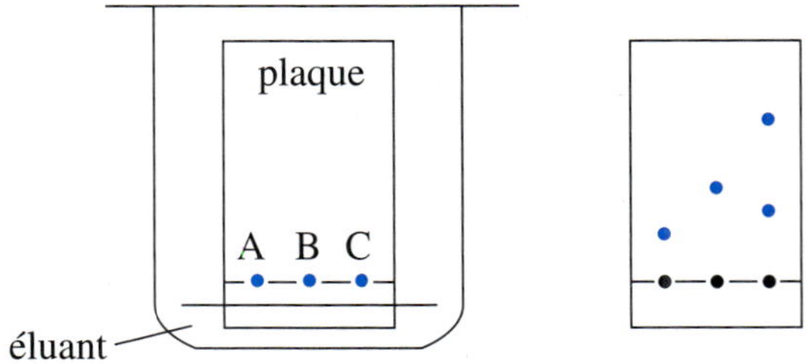

Avant analyse il est nécessaire de révéler les tâches qui seraient sinon invisibles. Les principales techniques sont le rayonnement UV ou bien une réaction d'oxydoréduction qui provoque une coloration.

Dans l'exemple ci-dessus, le dépôt C contenait un mélange de deux molécules, alors que les dépôts A et B sont purs et différents.

APPLIQUER LES BASES

1 Le clou de girofle contient environ 20 % en masse d'une molécule très parfumée : l'eugénol ainsi qu'un peu d'acétyleugénol. L'huile essentielle de clou de girofle obtenue par hydrodistillation a une densité $d = 1{,}03$, elle est peu soluble dans l'eau mais soluble dans le dichlorométhane.
Comme solvant on dispose de dichlorométhane de densité $d_S = 1{,}33$.
Décrire le matériel et la verrerie à utiliser, ainsi que la manière de procéder. Rappeler le principe de l'hydrodistillation.

2 Mettre au point une technique de séparation et d'identification des molécules odorantes de l'huile essentielle de l'exercice **1**.

3 On introduit dans une ampoule à décanter de l'eau, du limonène et du cyclohexane. On agite puis on laisse décanter.
Faire un schéma annoté du contenu de l'ampoule.

Données :

Les densités sont : $d_{\text{cyclo}} = 0{,}77$ et $d_{\text{limonène}} = 0{,}85$.
Le limonène est beaucoup plus soluble dans le cyclohexane que dans l'eau. L'eau et le cyclohexane ne sont pas miscibles.

Réponses

1 On découpe en petits morceaux les clous de girofle puis on les pile. On introduit la poudre dans le ballon et on ajoute un peu d'eau ainsi qu'un peu de pierre ponce pour réguler l'ébullition.
On porte à ébullition douce et régulière, la vapeur d'eau emporte avec elle certaines molécules odorantes et relativement volatiles (à température d'ébullition assez basse) que l'on retrouve dans le distillat après passage dans le condenseur.
Le distillat comporte deux phases, l'une aqueuse et l'autre organique.

2 On place l'ensemble du distillat dans l'ampoule à décanter, le solvant étant le dichlorométhane, plus lourd que l'eau, les molécules odorantes se retrouvent dans la phase inférieure que l'on extrait de l'ampoule à décanter.

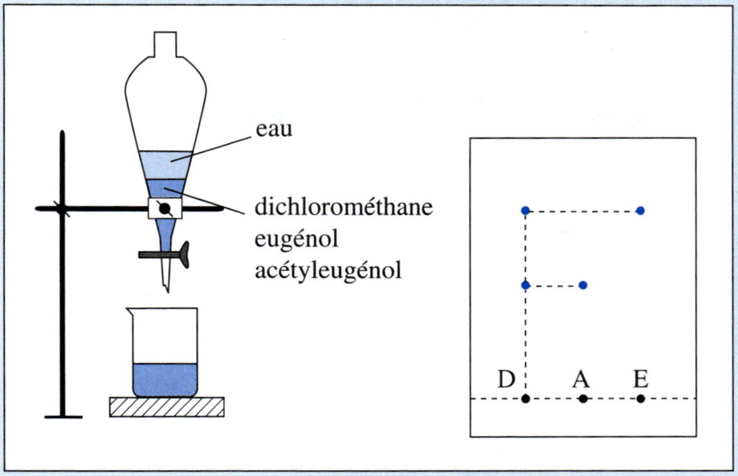

On réalise ensuite une chromatographie sur couche mince (CCM), on dépose une goutte de la phase soutirée de l'ampoule (D), une autre de synthèse d'eugénol (E) et d'acétyleugénol (A), ce qui permet d'identifier ces molécules en comparant leurs migrations respectives dans l'éluant.

3

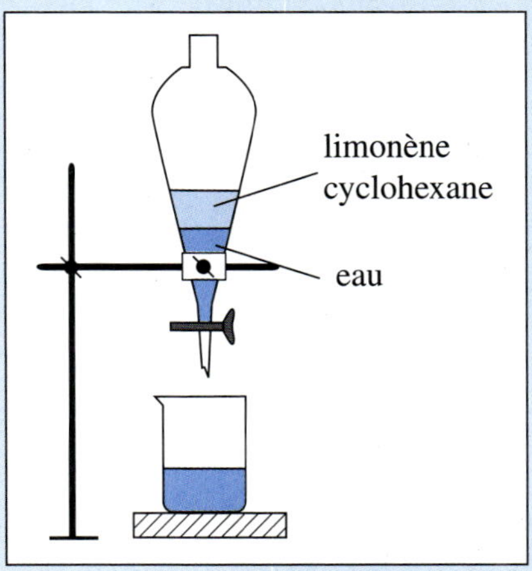

29 Contrôles de qualité

LES BASES

1 Dosage par étalonnage

Il s'agit de déterminer, dans un échantillon de produit courant, la teneur en un ion caractéristique (chlorure, hydrogénocarbonate, calcium, magnésium, nitrate, hydrogène c'est-à-dire l'acidité) ou en molécules (sucres, éthanol).
Les deux principales méthodes sont les suivantes.

■ **Étalonnage colorimétrique par une échelle de teinte**

On prépare une dizaine de tubes de teneur connue, la teinte étant directement proportionnelle à la teneur de la substance cherchée (plus la teinte est foncée, plus la teneur ou concentration est forte). L'échantillon E de teneur inconnue doit être rigoureusement préparé de la même manière que chaque tube 1, 2, 3, 4… 10 de l'échelle de teinte ; il reste alors à trouver sa « place » dans cette échelle. Cette méthode est limitée par la sensibilité de l'œil au dégradé des teintes.

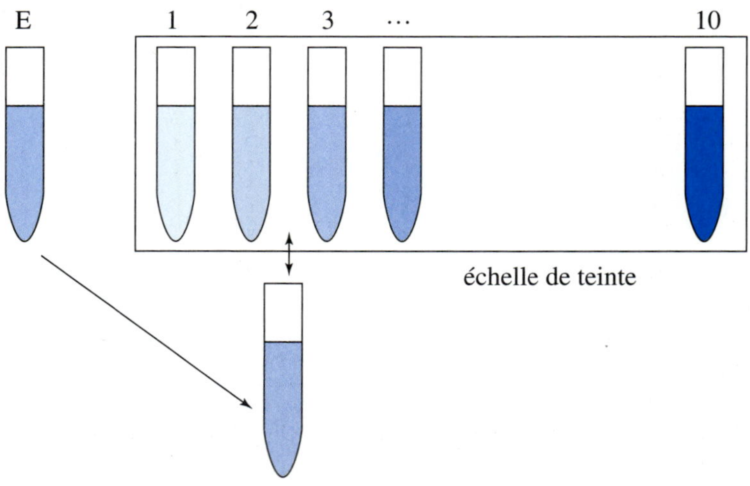

■ Étalonnage spectrophotométrique

On mesure l'absorbance A de quelques solutions de concentrations connues en l'ion cherché et on mesure leur absorbance. Celle-ci est proportionnelle à la concentration, on peut donc tracer la droite d'étalonnage puis mesurer l'échantillon inconnu préparé de la même manière. Il reste ensuite à placer le point de l'échantillon sur la droite de la courbe d'étalonnage $A = f(C)$. La concentration cherchée sera lue en abscisses.

Cette méthode est plus précise que la précédente car ce n'est plus l'œil qui « estime » mais un appareil de détection qui mesure la quantité de lumière qui parvient à traverser l'échantillon.

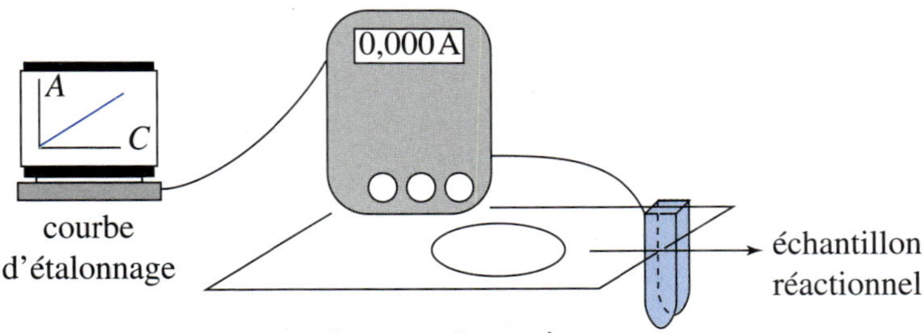

Spectrophotomètre

❷ Dosage direct

La molécule à doser est utilisée comme réactif d'une réaction acido-basique ou redox. Le deuxième réactif est placé dans la burette graduée et le dosage consiste à arrêter de verser ce deuxième réactif à l'équivalence. Lorsque celle-ci est repérée, en général par un changement de teinte, ou par un suivi pH-métrique (voir dans le tronc commun de chimie), on peut déterminer la concentration en molécule recherchée par l'équation d'équivalence de la forme $C_{1\,\text{équivalent}}V_1 = kC_2V_2$ dans laquelle k vient de l'équation bilan.

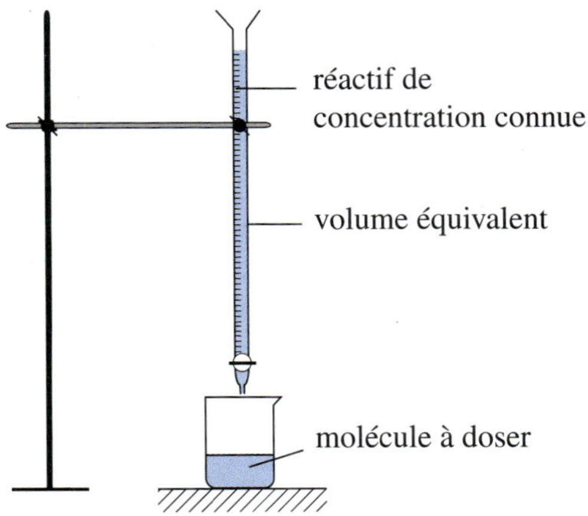

❸ Dosage indirect

La molécule à doser est utilisée comme réactif d'une réaction acido-basique ou d'oxydoréduction, le réactif 1 est introduit en excès mais en quantité connue.
On dose ensuite, par un réactif 2, non pas la molécule recherchée mais la quantité du réactif 1 qui est en excès.
Puis par différence de quantité de matière, on en déduit la quantité du réactif qui a réagit et donc la quantité de matière de la molécule recherchée.

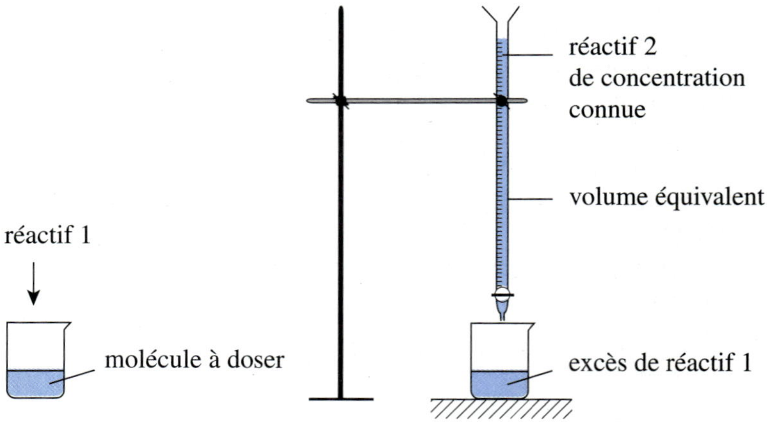

L'équivalence donne :

$$n_{\text{excès 1}} = C_{b_2} V_{b_{2\,\text{équiv}}} \text{ (l'excès)}$$

On obtient la quantité de matière de la molécule recherchée :

$$n_{\text{molécule}} = n_{i\,1} - n_{\text{excès 1}}$$

$$n_{\text{molécule}} = n_{i\,1} - C_{b_2} \times V_{b_{2\,\text{équiv}}}$$

APPLIQUER LES BASES

1 On dissout un comprimé de vitamine de C 500 mg, contenant un acide faible de formule $C_6H_8O_6$, dans 200 mL d'eau.

On en prélève $V = 10$ mL que l'on dose avec de la soude de concentration $C_b = 15\ \text{mmol} \cdot \text{L}^{-1}$.

Avec un indicateur coloré bien choisi, on note un volume équivalent $V_{b\ \text{équiv}} = 9{,}6$ mL.

Calculer la concentration de la solution dosée en acide ascorbique et la masse d'acide ascorbique dans un comprimé (exprimée en mg).

Le comprimé est-il conforme ?

2 **Dosage spectrophotomètrique**

On prépare une échelle de teintes de 5 tubes de concentration en ions fer II connues.

À chaque tube est ajouté une quantité de 5 gouttes de thiocyanate de potassium qui donne une coloration rouge dans le tube.

Puis on prépare de la même manière un échantillon de vin décoloré au préalable avec du noir de carbone.

On mesure ensuite la quantité de lumière absorbée, l'absorbance A pour chaque échantillon. On obtient les résultats suivants :

C_{Fe} (mg · L^{-1})	A
1,90	0,20
4,70	0,45
7,00	0,65
10,00	0,85
12,50	1,00
15,00	1,20

Tracer la courbe d'étalonnage $A = f(C_{Fe})$.

Déterminer la concentration d'un vin dont l'absorbance mesurée dans les mêmes conditions est $A = 0{,}8$.

Réponses

1 La concentration de la solution dosée est :

$$C_a = \frac{C_b V_{b\ \text{équiv}}}{V}$$

$$= \frac{15 \cdot 10^{-3} \times 9{,}6}{10} = 14{,}4\ \text{mmol} \cdot \text{L}^{-1}$$

Cela représente une masse $m = C_a \cdot V \cdot M$.

La masse molaire de la vitamine C est :

$$M = 6M_C + 8M_H + 6M_O$$
$$= 6 \times 12 + 8 \times 1 + 6 \times 16$$
$$= 176\ \text{g} \cdot \text{mol}^{-1}.$$

Soit $M = 14{,}4 \cdot 10^{-3} \cdot 10 \cdot 10^{-3} \cdot 176 = 25{,}34$ mg, dans 10 mL, mais le comprimé a été dissout dans 200 mL et la masse de vitamine C dans ce comprimé est donc 20 fois plus grande, soit :

$$25{,}34 \times 20 = 507\ \text{mg}$$

ce qui correspond bien à l'indication 500 mg.

2

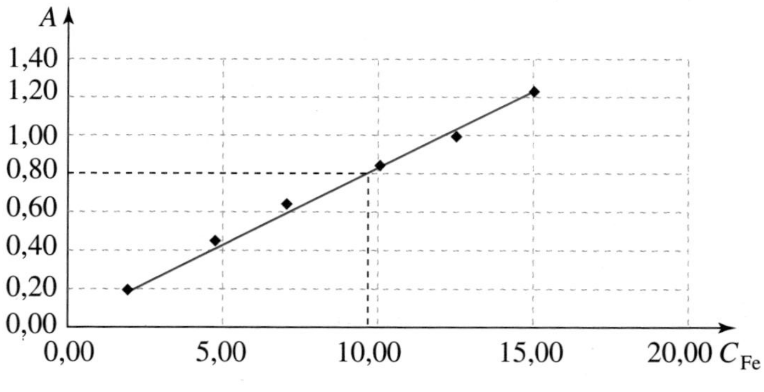

Courbe d'étalonnage

Pour $A = 0{,}8$, on lit sur le graphique $C_{Fe} = 9{,}5$ mg/L.

PROBLÈME TYPE

Dosage direct acide-base

On dose l'acide lactique dans un lait non pasteurisé à l'aide d'une solution d'hydroxyde de sodium de concentration $C_b = 5 \cdot 10^{-2}$ mol · L^{-1}.
On prélève V = 20 mL de lait et on réalise le suivi pH-métrique qui donne les résultats suivants :

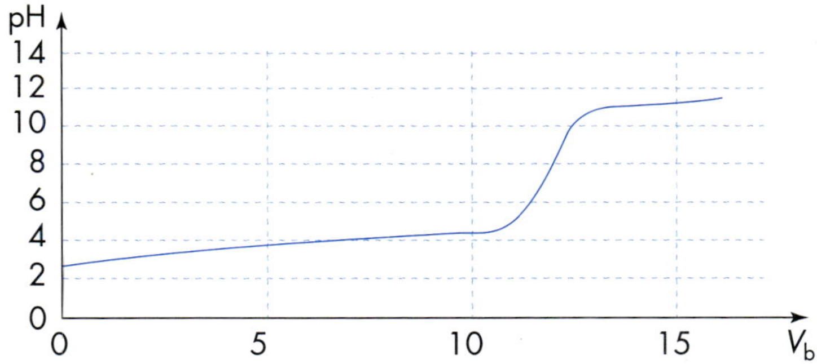

1. Quelle est la substance placée dans la burette ?
Faire un croquis annoté.

2. Écrire la réaction se produisant lors de l'ajout de la soude.

3. Quel est le pK_a du couple de l'acide lactique ?

4. Déterminer la concentration du lait en acide lactique.

5. En déduire la masse d'acide lactique par litre de lait.

6. Ce lait est-il propre à la consommation ? (le lait est dit « caillé » si cette concentration dépasse c_L = 5,0 g · L^{-1}).

Données : L'acide lactique sera écrit C_2H_5OCOOH.

PROBLÈME TYPE

Solution

1. C'est l'hydroxyde de sodium (ou soude) qui est placé dans la burette graduée car c'est la solution titrante dont la concentration est connue.

2. C'est la réaction entre l'acide lactique et l'ion hydroxyde qui peut être considérée comme totale :

$$C_2H_5OCOOH + HO^- \rightarrow C_2H_5OCOO^- + H_2O$$

3. Graphiquement, c'est le pH pour un volume de soude versé égal à la moitié du volume équivalent.

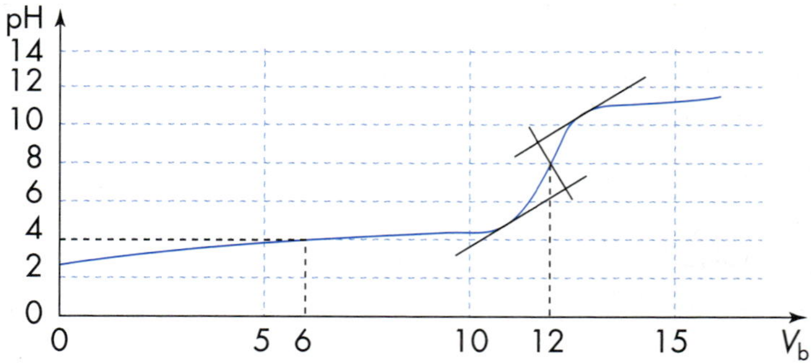

Le volume équivalent, par la méthode des tangentes, est $V_{b\ \text{équiv}}$ = 12 mL.
Pour l'abscisse 6 mL, on peut lire pH = pK_a = 4,0.

4. La concentration est :

$$C_a = \frac{C_b V_{b\ \text{équiv}}}{V} = \frac{5 \cdot 10^{-2} \cdot 12}{20} = 3 \cdot 10^{-2}\ \text{mol} \cdot \text{L}^{-1}$$

5. Pour la concentration massique :

$$c = C_a M = 3 \cdot 10^{-2} \times 90 = 2{,}7\ \text{g} \cdot \text{L}^{-1}$$

6. $c < c_L$, ce lait est donc consommable.

30 Synthèse d'une molécule

LES BASES

1 Chauffage à reflux

Les réactifs sont introduits dans le ballon, on ajoute un peu de pierre ponce pour réguler une ébullition « douce », on ouvre le circuit d'eau froide du condenseur et on chauffe le ballon. Les vapeurs produites se condensent au contact des parois et retombent dans le ballon, et bien que la colonne soit ouverte en haut, aucune vapeur n'en sort.

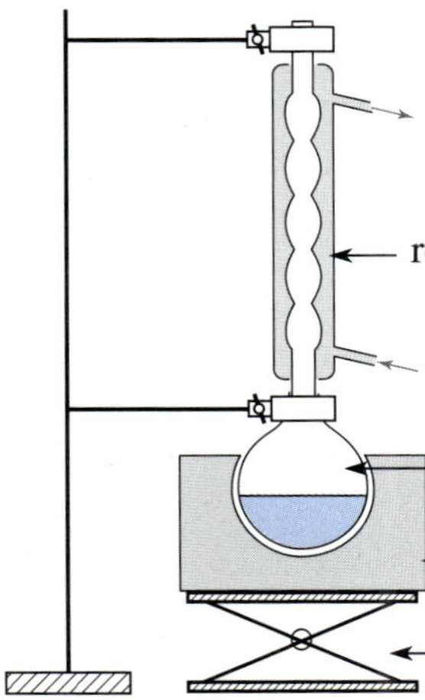

Au bout d'environ 30 minutes, on laisse refroidir puis on procède à la distillation sous contrôle de la température afin de sélectionner le moins de molécules possible dans le distillat, enfin il faut procéder à la séparation et purification (voir chapitre précédant avec l'extraction liquide-liquide) afin de ne garder que la molécule « utile ».

La différence principale étant que le réactif en excès ou bien le produit indésirable sont éliminés par réactions chimiques annexes et changement de phase afin de les faire passer dans la phase qui ne contient pas la molécule « utile ».

Jonglages subtils de réactions acide-base, solubilités et miscibilités parfois désignés par lavage, relargage…

APPLIQUER LES BASES

Synthèse du paracétamol

On dispose des réactifs suivants : 11 g de para-aminophénol solide, 14 mL d'anhydride acétique ($\rho = 1{,}1\ g \cdot cm^{-3}$). On obtient 10 g de paracétamol.

❶ Décrire le mode opératoire de la réaction.

❷ Écrire l'équation de la réaction.

❸ Déterminer quel réactif est en défaut.

❹ Déterminer la masse de paracétamol que l'on obtiendrait si le rendement était de 100 %.

❺ Calculer le rendement de la réaction.

❻ Schématiser un chromatogramme qui permet de vérifier la pureté du produit obtenu.

Solution

❶ On introduit le para-aminophénol avec un peu d'eau distillée et un peu d'acide éthanoïque dans un erlen que l'on chauffe au bain marie. On laisse l'erlen refroidir et on ajoute petit à petit de l'anhydride éthanoïque, puis on refroidit dans la glace. On filtre ensuite avec un filtre bûchner (sous vide) et on récupère le solide (paracétamol) que l'on purifie par recristallisation puis on filtre encore, on sèche et enfin on pèse (10 g).

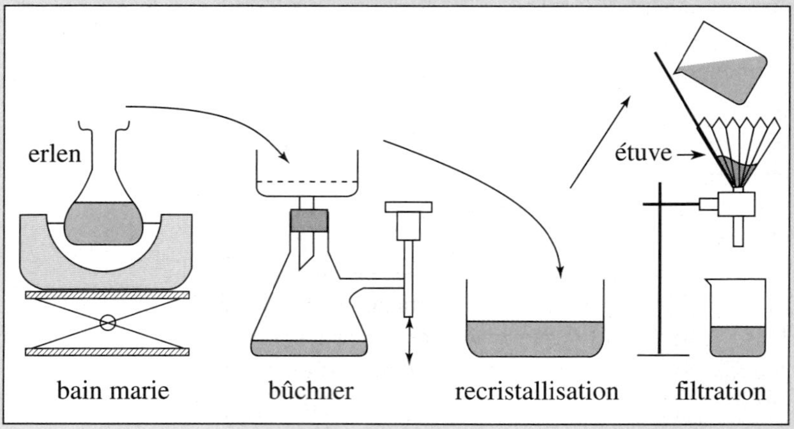

2

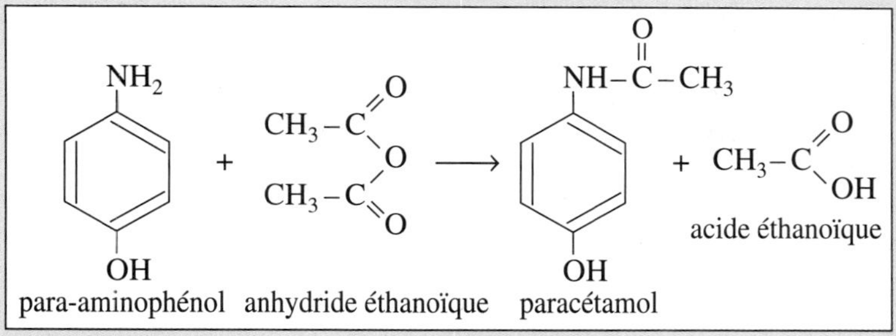

3 Il suffit de calculer les quantités de matière initialement introduites :
$M(\text{amino}) = 109\ \text{g} \cdot \text{mol}^{-1}$; $M(\text{anhydride}) = 102\ \text{g} \cdot \text{mol}^{-1}$;
$M(\text{pacet}) = 151\ \text{g} \cdot \text{mol}^{-1}$.

On obtient : $n(\text{amino}) = \dfrac{m}{M(\text{amino})} = \dfrac{11}{109} = 0{,}10\ \text{mol}$

$$n(\text{anhydride}) = \frac{\rho \cdot V}{M(\text{anhydride})} = \frac{1{,}1 \cdot 14}{102} = 0{,}15\ \text{mol}$$

C'est le para-aminophénol qui est en défaut (facteur limitant).

4 Si le rendement était de 100 %, on aurait $n(\text{paracet}) = n(\text{amino})$.
On en déduit la masse de paracétamol :

$$m(\text{paracet}) = n(\text{paracet}) \times M(\text{paracet}) = 0{,}10 \times 151 = 15{,}1\ \text{g}$$

5 Or la masse obtenue lors de l'expérience est $m(\text{exp}) = 10\ \text{g}$, le rendement est : $\eta = \dfrac{m(\text{exp})}{m(\text{paracet})} = \dfrac{10{,}0}{15{,}1} = 0{,}662$ soit 66,2 %

6 Sur la ligne de dépôt de la couche mince, on dépose une goutte de paracétamol pur de laboratoire (A), une autre du produit recristallisé (B) et purifié de l'expérience décrite, une troisième de para-aminophénol (C). On obtient, après révélation le chromatogramme ci-contre :

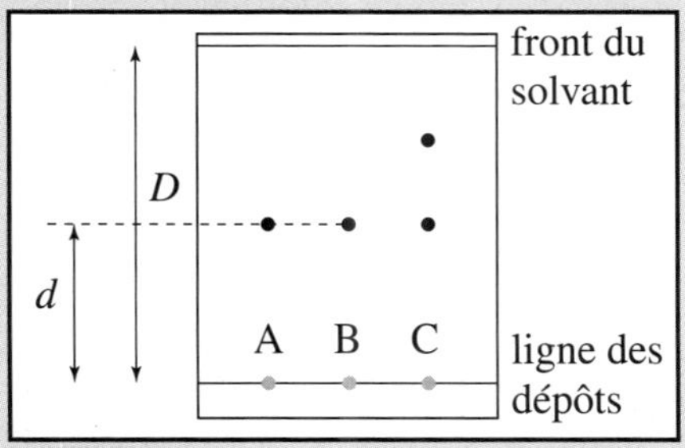

Le produit purifié est bien du paracétamol car le rapport frontal est le même. Le rapport frontal d'une substance est le rapport de la distance dont a migré cette substance à la distance dont a migré le solvant :

$$R_{fA} = R_{fB} = \frac{d_A}{D} = \frac{d_B}{D} = \frac{d}{D} = 0{,}40$$

Imprimé en Italie par

LTV

LA TIPOGRAFICA VARESE
Società per Azioni
Varese
Dépôt légal éditeur : 30604 - Juillet 2004